Merchandising

고객을 사로잡는 머천다이징

허철무
이성순

Merchan
Dising

도서출판
청람

✣ 머리말

1990년대만 해도 MD라는 직무를 찾기가 어려웠다. 이랜드에서 일부의 직원들이 MD라는 명함을 들고 다니는 것에 불과했고 롯데백화점 등의 유통기업에서는 직무 중의 하나로 바이어가 업무를 수행하고 있었다. 바이어라고 하면 구매자를 의미하지만 직업으로서는 비인기 직종의 하나로 선호도가 좋다고는 할 수 없었다.

1994년 홈쇼핑이 설립되고 1995년부터 본격적인 방송판매가 시작되면서 MD라는 직업이 비로소 알려지기 시작했다. 그것은 홈쇼핑에서의 매출성장과 함께 MD라는 직업이 알려졌고 지속적인 채용이 이루어지면서 각광받는 직업으로 자리 잡게 되는 계기가 되었다고 본다.

머천다이징(Merchandising)을 담당하는 사람이 바로 머천다이저(Merchandiser)이다. 머천다이징을 한마디로 정의하면 상품기획화과정이라고 할 수 있다. 1990년대까지만 해도 공급이 수요보다 적은 시기로, 생산되는 대부분의 제품들은 잘 판매되었고 기업에 많은 수익을 가져다 주었다. 그러나 2000년대에 접어들면서 공급과잉과 경쟁이 심화되었고 유통업체들의 판매가 더욱 중요하다는 사실을 인식하게 되었다.

수요가 많을 때는 대중광고를 통해 알려지기만 하면 판매될 수 있는 조건이 되었지만 공급이 많아지면서 광고의 전략에도 변화가 발생한다. 여러 가지 전략 중에서도 중요한 것은 차별화된 강점과 타깃을 파악하고 집중하는 것이다.

머천다이징은 마케팅의 한 부분이라고 볼 수도 있지만 보다 구체적인 마케팅이라고 볼 수 있다. 현재의 마케팅은 회사 전반의 광고와 홍보전략에 초점을 두고 있는 반면에 머천다이징은 제품의 판매에 초점을 두고 있다. 새로운 제품을 기획하기도 하고 기존에 있는 제품을 리뉴얼하기도 한다. 그리고 적절하게 프로모션을 실시하고 판매하는 과정에서 진열과 고객의 동선을 고려하여 쇼핑과 관련된 전반적인 과정을 관리하는 것이다.

기업은 제품의 성공적인 시장진입에 따라 성패가 좌우된다. 또한 지속적인 기업의 성장을 위해서는 계속해서 신제품이 출시되어야 하고 효율을 낼 수 있어야 한다.

성공한 기업을 살펴보면 히트상품 하나 때문에 성장의 원동력이 되었고 계속해서 발전해 나가는 사례를 찾아볼 수 있다.

기업에서 새롭게 만들어지는 제품에 관여하는 사람이 바로 MD이기도 하다. 디자이너는 디자인을 하지만 MD는 시장에 적합한 콘셉트를 전달하고 제품이 출시되면 여러 가지 머천다이징전략을 통해 제품을 많이 판매할 수 있어야 한다. 따라서 기업에서 MD라는 직무는 매우 중요한 업무를 담당하며 핵심인재의 하나라고 볼 수 있다. 트렌드를 찾아내고 예견을 통해 신상품을 기획하고 다양한 프로모션전략을 바탕으로 기업성장에 바탕이 되는 히트상품을 만들어낸다.

이제는 국내뿐만이 아니라 세계 속의 기업들이 무한경쟁체제에 들어서게 되었고 정보의 전쟁, 선점의 위력, 고객편의의 제공, 우리만의 차별화가 경쟁우위의 요소로 나타나고 있는 가운데 과연 누가 이와 같은 업무를 담당할 것인가? MD의 매력은 바로 여기에 있다고 해도 과언이 아닐 것이다.

머천다이징의 기본은 품질과 가격, 장소와 서비스에 있다고 할 수 있다. 가장 기본적인 요소이지만 이 중에서도 향후 가장 중요하게 접근되는 요소는 서비스이다. 서비스는 매우 넓고 다양한 형태를 지니기 때문에 기업과 상품의 차별화를 가져올 수 있는 요소가 될 수 있기 때문이다.

현재 우리가 가장 눈여겨볼 것 중의 하나는 아주 빠르게 변화되는 트렌드이다. 모든 것이 너무도 빠르게 오고 지나가 버린다. 그래서 더욱 중요한 것이 머천다이징전략일 것이다.

머천다이징을 제대로 공부한다면 머천다이저는 물론이고 창업을 하거나 직장생활을 할 때에도 많은 도움이 될 것이다. 본 교재에서는 머천다이징과 유통의 전반적인 지식을 포함하여 현장스킬을 다루고 있으며 이론적인 지식에 치중하지 않고 필자의 현장업무를 바탕으로 현실적인 지식을 전달했기에 더욱 도움이 될 것으로 생각된다.

현재 머천다이징과 관련한 업무를 담당하시는 분들, 취업을 준비하시는 분들, MD업무를 하고 있으신 분들에게 많은 도움이 되기 바라며 독자 여러분의 미래전략을 세우는 계기가 되었으면 한다.

2015년 8월

허철무 · 이성순

✣ 차례

Part 1 머천다이저란

Part 2 머천다이징이란

Part 3 소매업 머천다이징

Part 4 상품에 대한 이해

Part 5 상품소싱과 관리

Part 6 성공사례연구

Part 7 실패사례연구

Part 8 MD트렌드

Part 9 MD전략

Part 13 진열관리

Part 14 레이아웃관리

1 Part

머천다이저란

고객을 사로잡는 **머천다이징**

Chapter

01

MD의 정의

머천다이징이란 상품이라는 영어표현 Merchandise에 ing를 붙여 Merchandising(머천다이징)이라고 표현한 것으로 상품을 제조·공급업체에서 구입하여 일반소비자에게 판매하는 일련의 활동(ing)을 말하며 그 핵심기능인 상품의 공급과 판매를 의미하는 것이다.

최근에는 상품의 공급과 판매를 효과적으로 하기 위하여 그 상품을 누가 필요로 하는가에 대한 관점이 더욱더 중요해지고 있다. 과거에는 상품의 공급량이 적었기 때문에 상품만 있으면 팔려 나갔다. 그러나 최근에는 생산의 효율화로 공급량이 증대되어서 넘쳐나는 상품 속에서 고객의 선택을 받을 수 있는 상품을 기획하고 팔릴 양을 매입하여 관리하는 것이 기업의 이익에 막대한 영향을 주기에 고객분석에 기반을 둔 머천다이징에 대한 중요성이 부각되고 있다. 더욱이 엘빈 토플러의 제3의 혁명인 정보화시대에서 현대는 제4의 혁명인 감성세대, 스토리텔링(Story Telling)시대로 접어들었다고 한다. 단순히 상품이 아닌, 이야기가 있고 오감을 만족하는 감성을 사고파는 시대가 되었다고 할 수 있다. 같은 간장이어도 어머니의 감성과 전통이 담긴 간장이 더 많이 판매되는 시대인 것이다.

Chapter

02

MD의 종류

1. 머천다이저의 정의

머천다이저는 소비자가 필요로 하는 상품을 기획하여 마케팅하고 전체적인 유통의 흐름을 관리하는 자를 말한다. 일반적으로 구매(Buying) 및 소싱(Soursing)업무를 담당한다. 다시 말해 머천다이징을 담당하는 자를 머천다이저라 할 수 있고, 머천다이저는 상품과 진열, 동선 설정 등에 깊게 관여하고 있다.

2. 온라인분야

온라인(On-line)부문에서는 홈쇼핑(방송)MD, 카탈로그MD, 인터넷MD로 나눌 수 있고, 이 부분에서 활동하는 MD를 유통업체MD, 카테고리MD라고 부른다. 특히 인터넷MD의 경우에는 종합몰, 전문몰, 오픈마켓, 포털사이트, 폐쇄몰, M커머스, T커머스, IPTV, 소셜커머스 등으로 구분된다.

각각의 특징을 알아보면 다음과 같다.

2.1 홈쇼핑MD

일반적으로 TV홈쇼핑에서 판매를 담당하는 MD를 말한다. 흔히 라이브MD라는 표현을 사용하고 있으며, 현재 국내에는 7개 홈쇼핑사와 인포머셜(Informercial)방송 판매를 진행하는 홈쇼핑사에서 1,000여 명의 MD가 근무 중에 있다. 홈쇼핑MD의 매력은 주어진 시간 내 성패를 좌우하는 특징으로 실제 히트와 대박의 의미를 즉각적으로 실감나게 하는 분야이기도 하다.

2.1.1 한국의 홈쇼핑

한국의 홈쇼핑은 정부 주도의 케이블TV(Cable TV)산업이었다. 최초 방송은 1995년 8월 1일 시작된 39쇼핑방송이었다. 소수의 시청자수를 만회하기 위해 고(高)객단가 상품을 판매하였다. 또한 방송 콘셉트가 유통회사에서 마케팅회사로 변화한 것에 의의가 있다. 39쇼핑은 설립 이후 흑자 운영을 지속하였다.

39쇼핑과 달리 1995년 8월 16일 방송을 개시한 LG홈쇼핑에서는 대규모 적자가 발생했다. 유통회사로서 과도한 인력과 생방송 활용도 부족이 그 이유였다. 1998년 이후에는 영업 위주의 조직 개편으로 1998년 흑자 운영을 실현하였고 현재까지 흑자 행진을 지속해오고 있다.

2.1.2 홈쇼핑의 시작

최초 홈쇼핑의 시작은 1970년대 말, AM Radio방송을 통한 상품판매였다. 현재 세계 홈쇼핑 매출 1위의 QVC홈쇼핑의 경우, 미국 7,300만 CATV 가구와 1,210만 위성에 방송을 송출하였다. 직원은 12,000명이며 이 중 MD는 140명이다. 1일 배송량은 30만 개 이상이며, 48시간 내 95% 배송하고 있다.

2.1.3 홈쇼핑사업의 특성

유통사업의 개념이 오프라인에서 온라인으로 변화됨에 따른 홈쇼핑사업의 특성은 다음과 같다.

- 무점포 다이렉트 마케팅 소비자와 1:1 다이렉트 마케팅은 재고비용과 고정비를 절감하여 소비자에게 가격만족도를 제고시킨다.
- 온라인미디어 마케팅방송, 통신, DM 등 다양한 온라인미디어를 활용한 마케팅은 가정에서 편리하고 재미있는 쇼핑을 제공하며 시간절약과 더불어 삶의 질을 개선시킨다.
- 정보 마케팅은 쇼핑과 함께 생활 전반에 걸친 유용하고 다양한 정보와 고급문화를 제공한다. 또한 소비자와 쌍방향 정보교환을 가능하게 해준다.

2.2 카탈로그MD

집에서 매월 홈쇼핑사 또는 기타 회사로부터 받아보는 상품판매잡지를 보고 주문하는 형태를 카탈로그 홈쇼핑이라고 부른다. 기업들이 회원을 확보한 후 고객을 대상으로 상품잡지를 만들어 집으로 발송하고 고객은 이를 통해 쇼핑을 하는 것이다. 주요 고객이 가정주부인 점을 감안하여 상품이 기획되고 있으며, 여성MD들의 활동이 두드러진 분야이기도 하다. 카탈로그의 성격상 시간에 구속되지 않고 잡지를 집에 보관하면서 언제든지 쇼핑하고 주문할 수 있는 특징으로 대부분 고객이 고정화되어 있는 경향을 보이고 있다.

2.2.1 카탈로그의 역사

카드사에서 부가서비스 차원에서 자사 고객DB를 활용, 카탈로그 통신판매를 처음 시작했으나, 1996년 이후 TV홈쇼핑업체가 본격적으로 카탈로그사업을 시작한 이후 카드사 통신판매시장이 축소되기 시작했고, 1997년 이후 TV홈쇼핑시장 및 인터넷쇼핑몰이 급격히 확대되면서 전통적 통신판매매체인 카탈로그시장이 위축되었다.

2.2.2 한국의 카탈로그

국내 카탈로그사업은 해외에 비해 짧은 역사 동안 성장했으나 산업이 성숙되기 전에 국내 인터넷 인프라 구축으로 대체적인 인터넷쇼핑몰이 급성장함에 따라 최근 급격히 쇠퇴하고 있으며, 우편료 인상 등으로 원가구조가 악화되어 사업을 중단하는 업체가 속출하고 있다.

현재 일부 대형 쇼핑업체인 CJ와 GS에서 월 150~200만 부가 고객관리 차원에서 발행되고 있으며, 해외기반 전문 카탈로그로 IKEA 등이 있다.

2.2.3 해외의 카탈로그

일본, 미국은 전통적인 통신판매매체인 카탈로그 중심으로 통신판매시장을 이끌고 있으나 최근 인터넷의 성장이 두드러진다. 미국의 경우 전체 통신판매시장의 70% 이상을 인쇄매체가 점하고 있으며 블루밍데일, JC페니, 노드스트롬 등 유명 백화점 카탈로그, 빅토리아 시크릿 같은 이너웨어 전문 카탈로그가 있다.

2.3 종합몰

종합몰은 각종 다양한 상품을 상품사이트상에서 판매하는 곳을 말한다. 대표적인 사이트에는 gsshop.com, lotteimall.com, nsmall.com, cjmall.com 등이 있다. 종합몰의 장·단점은 다음과 같다.

| 표 1-1 | 종합몰의 장 · 단점

장점	단점
• 상품선택의 다양성 • 저렴하고 신속한 주문처리 제공 • 다양한 물류시스템의 적극적인 활용가능 • 뛰어난 경제성 • 동호회 및 카페를 통해 높은 신뢰 구축	• 전문성이 다소 떨어짐 • 충분한 역량을 가지지 못하면 시장에서 도태될 가능성이 존재 • 교환/환불이 까다로움 • 판매자가 판매하는 것에 대한 제약이 있음

종합몰의 향후 전망은 다음과 같다.

- 오픈마켓과의 급속한 융합이 진행되고 있다.
- 오프라인 유통경로와의 경쟁에서 차별화가 관건이다.
- 고품질, 고마진, 기획상품군의 확보가 핵심이다.

2.4 전문몰

전문몰은 특정한 상품을 전문적으로 취급하는 사이트를 말한다. 예를 들어 화장품을 전문으로 취급하는 사이트, 자동차용품만 취급하는 사이트, 패션만 취급하는 사이트 등이 여기에 해당된다. 대표적인 사이트로는 케이푸드마트, 플라이데이, 오피스플러스 등이 있다. 전문몰의 장 · 단점은 다음과 같다.

| 표 1-2 | 전문몰의 장 · 단점

장점	단점
• 명확한 목표시장의 설정 • 취급제품에 대한 전문성 강화 • 데이터베이스 및 구매고객의 안전성을 통해 고객의 욕구에 부합할 수 있음 • 안정적 판로 확보가 가능	• 협소한 시장으로 경제성이 떨어질 수 있음 • 품목의 특성에 따라 충분한 수익을 올리기 어려운 경우가 있음 • 단일품목시장의 한계 • 다수업체 등장으로 경쟁이 치열함

전문몰은 한마디로 전문상품을 취급하는 곳이며, 상품의 구색이 깊어

야 반복구매를 유도할 수 있다.

전문몰의 향후 전망은 다음과 같다.

- 인터넷시장 형성의 견인차 역할을 한다.
- 기업규모의 발전에 따라 수익확보가 가능하다.
- 유통재고와 구색재고의 균형관리가 과제이다.

2.5 오픈마켓

오픈마켓은 흔히 중개몰이라고 말한다. 개인 또는 사업자가 직접 상품을 올리고 판매할 수 있도록 시스템을 갖추어 놓고, 중개수수료만 취하는 형태의 사이트라고 할 수 있다. 대표적인 사이트로는 11번가, 옥션, 이베이지마켓 등이 있다. 오픈마켓의 장·단점은 다음과 같다.

표 1-3 | 오픈마켓의 장·단점

장점	단점
• 저가 또는 초저가 구매가능 • 상품선택의 다양성 • 저렴하고 신속한 주문처리 제공 • 양방향 커뮤니케이션 가능	• 취급품목의 한정으로 인한 불안정한 제품 품질 • 공급자의 영세성으로 인한 배송물의 불안정성 • 온라인쇼핑산업 전반에 대한 신뢰 하락 가능성 • 온라인쇼핑의 가격경쟁에 따른 품질 하락 가능성 • 실제 상품과의 차이

오픈마켓의 향후 전망은 다음과 같다.

- 향후 저가 유통시장의 주력으로 내수유통의 한 축을 이룰 것이다.
- 중소제조업, 중소상인의 안정적 판로 확대에 기여할 것이다.
- 온라인쇼핑몰의 세분화로 지속적인 성장이 어려울 것이다.
- 공급선 안정화과정에서 유통권력 재편이 이루어질 것으로 보인다.

가격적인 매력으로 인하여 최근 가장 성장세가 두드러진 분야였으나 소셜커머스의 영향으로 성장세가 약화되고 있다.

2.6 포털사이트

포털사이트의 본기능은 정보 및 커뮤니티 공간을 제공하는 것이다. 여기에 포털사이트가 확보하고 있는 회원을 바탕으로 상품을 광고하고 판매할 수 있는 기능을 추가하였다. 대표적인 사이트로는 네이버, 다음, 구글, 네이트, 야후, 천리안 등이 있다.

2.7 폐쇄몰

폐쇄몰은 해당 회원만을 대상으로 별도의 서비스를 제공하는 사이트를 말한다. 이는 회원에게만 혜택을 주고 복리후생 증진의 차원에서 진행하고 있으며, 일반적인 사이트보다 10~30% 정도 싼 가격으로 구매할 수 있다는 장점이 있다. 대표적인 사이트로는 웰존, 초성아이, 로그인마켓 등이 있다.

2.8 M커머스

- 모바일 오픈마켓까지 등장

M커머스는 '휴대단말기를 이용한 일련의 상거래서비스'를 의미한다. 무선 네트워크 환경에 기반을 둔 서비스로, E커머스(Electronic-Commerce)가 가지는 특성에 이동성이 추가된 개념으로 이해할 수 있다.

M커머스는 보통 '거래서비스', '부가서비스', '거래지원서비스'의 3가지로 분류된다.

거래서비스는 상품구매, 티켓예매, 은행거래와 같이 최종소비자를 대상으로 하는 상용서비스이다. 부가서비스는 광고, 마케팅, 콘텐츠 수

집 · 가공과 같은 서비스를 말한다. 거래지원서비스에는 거래에 따른 지불, 결제, 인증서비스 등이 포함된다.

여기서는 최종소비자를 대상으로 하는 유형상품의 거래서비스에 국한해서 살펴보도록 한다.

- 제한된 시스템에서 맞춤형 상품 추천

휴대단말기는 컴퓨터에 비해 메모리 용량이 작고, 네트워크 접속이 불안정할 때가 많다. 이처럼 E커머스에 비해 시스템 자원이 제한적인 M커머스는 단품 중심의 목적구매나 반복구매 또는 개인의 기호에 맞는 추천서비스가 가능한 상품의 판매모델에 적합한 특성을 갖고 있다.

한편, M커머스는 산업가치사슬 관점에서 네트워크 제공업체에 대한 의존도가 높다는 맹점이 있다. 휴대단말기를 이용한 쇼핑은 이동통신업체에서 제공하는 폐쇄형 플랫폼을 기반으로 이루어진다.

M커머스의 최대 장점은 맞춤형 서비스의 제공이 가능하다는 것이다. 휴대폰단말기는 고객이 항상 휴대하는 개인화된 의사소통도구이다. 따라서 고객정보와 구매이력을 활용하면 개인별로 최적의 상품을 추천해 줄 수 있는 차별화된 서비스를 제공할 수 있다. 또한 이 같은 서비스를 활용해 '상황적 마케팅(Contextual Marketing)'도 전개할 수 있다.

예를 들어 무더운 여름날 명동성당 인근에서 휴대폰으로 편의점 위치를 검색한 고갼이 있다면, 가까운 A편의점에서 시원한 음료 할인쿠폰을 전송, 내점을 유인할 수 있다. 즉 휴대전화의 위치인식기술이나 여러 가지 상황정보를 활용, 고객에게 최적화된 상황적 마케팅을 실시할 수 있는 것이다.

- 모바일서점과 경매서비스 출발

국내 M커머스시장은 2002년 KTF(현 KT)에서 금융, 쇼핑, 광고 등의 거래가 가능한 'K커머스(K-Commerce)'서비스를 제공하면서 본격적으로 형성되기 시작했다. 쇼핑부문은 초기 상품권판매 중심에서 서적 등으로 상품영역이 확대됐으며, 무선 전용에서 유·무선 연동형 서비스로 변화되고 있다.

특히 2006년 상반기부터 고속 무선인터넷서비스가 가능한 3세대(3G) 이동통신사업이 시작되면서 모바일쇼핑몰의 취급품목 및 판매방식에 많은 변화가 생기고 있다. 각 이동통신사별 M커머스 운영 현황을 살펴보면 서점, 홈쇼핑, 경매 등의 부문에서 두각을 나타내고 있다는 것을 알 수 있다.

먼저 서점에서 판매하는 도서나 음반, DVD는 휴대단말기의 시스템 자원만으로도 충분히 맞춤형 서비스를 제공할 수 있는 상품군이기 때문에 3대 통신사에서 모두 운영하고 있다.

모바일경매의 경우 사용자들이 가격변동사항을 수시로 단문 메시지로 통보받고 경매가를 올리거나 내릴 수 있다는 점에서 M커머스에 적합한 판매방식이다. SKT에서는 옥션과 제휴한 경매 외에 별도의 자체 경매서비스를 운영하고 있다.

모바일TV홈쇼핑은 휴대단말기의 멀티미디어기능을 활용, 홈쇼핑에서 판매 중인 상품들을 동영상으로 시청하고 구매할 수 있는 서비스로, 현재 SKT에서 서비스를 제공하고 있다.

이 외에 KT에서는 꽃배달서비스를 제공하고 있으며, LG유플러스는 패션의류와 액세서리, 디자인 소품을 판매하고 있다.

특히 SKT의 경우 오프라인의 실물상품을 선물할 수 있는 모바일쿠폰 서비스인 '기프트콘'과 TTL회원 전용 유·무선쇼핑몰을 운영하고 있다.

이처럼 M커머스시장을 주도하고 있는 SKT가 최근 유선 오픈마켓인 '11번가'에 이어 '모바일11번가'를 선보여 화제이다. SKT가 새로운 비즈니스모델에 대해 관심을 보이면서 M커머스시장의 주도권 경쟁은 더욱 심화되고 있다.

2.9 T커머스

T커머스는 '양방향 또는 상호작용이 가능한 디지털TV를 통해 발생하는 일련의 상거래서비스'를 의미한다. 온라인쇼핑몰이 인터넷과 연결된 PC를 활용해 상품을 검색하고 주문 · 결제하는 활동인 것처럼 T커머스도 디지털 데이터 방송매체를 활용, 거래가 성립된다. 즉 텔레비전 매체의 특성에 쌍방향 인터넷의 특성이 결합되어 새로운 상거래서비스가 제공되는 것이다.

남녀노소를 불문하고 친숙하게 이용할 수 있는 텔레비전은 매체의 높은 신뢰도를 기반으로 시청자들의 흥미를 유발할 수 있는 특성을 지니고 있다. 그만큼 T커머스시장의 잠재력도 매우 크다.

하지만 시청자가 텔레비전에 무방비로 노출되어 있어 충동구매를 유발하는 등 부작용에 대한 우려도 크기 때문에 사업자에 대한 규제가 이루어지고 있다.

디지털 데이터 방송서비스는 크게 '프로그램 안내서비스', '연동형 서비스' 및 '독립형 서비스', '대화형 서비스'로 구분된다.

- 프로그램 안내서비스(Electronic Program Guide : EPG)란 시청자들이 화면에 표시되는 방송편성표를 보고 채널별, 주제별, 시간대별 프로그램을 검색해 예약시청 및 녹화할 수 있도록 지원하는 것이다.
- 연동형 서비스(Enhanced Service)는 스포츠 생중계나 음악방송 중 선수 프로필이나 노래 가사 같은 관련정보를 연동해 제공하는 것이며, 독립형 서비스(Virtual Channel)는 동일시간에 방송되는 프로그램과 전혀 무관하게 제공되는 서비스로 생활 · 기상정보, 뉴스 속보 등이 이에 해당된다.

• 대화형 서비스(Inter-Active Service)는 쌍방향적인 시청자 참여 퀴즈 프로그램, 대화형 교육방송, 실시간 여론조사 등을 말하는 것으로, T커머스가 바로 여기에 포함된다.

Tip 1-1 T커머스의 유형

- 콘텐츠제공형은 게임, 영화, 음악 등 전자적 콘텐츠를 텔레비전을 통해 유료로 제공하는 등록제 형태로 운영되고 있다.
- 용역제공형의 경우 텔레비전 뱅킹 및 주식거래, 예약 · 매매, 주문 · 배달과 같은 서비스를 제공하는 형태로, 방송위원회 승인을 받은 사업자가 전문용역업체와 계약을 맺은 경우에 한해 운영하도록 규정하고 있다.
- 상품판매형은 방송위원회의 승인을 받은 사업자가 유 · 무형의 상품을 판매목적으로 방송하는 형태를 말한다. 시청자들은 디지털TV를 활용, 온라인쇼핑몰처럼 상품을 검색하고 원하는 상품을 주문 · 결제할 수 있다. 이는 일반적으로 텔레비전 수상기를 이용해 상품을 소개하고 유선으로 주문 · 결제하는 방식으로 운영되는 TV홈쇼핑과 큰 차이가 있는 것이다.

T커머스는 TV와 커머스가 결합된 합성어로서 디지털 데이터방송을 통해 소비자가 상품정보검색 · 구매 · 결제 등의 전자상거래가 가능한 데이터 홈쇼핑으로 미래창조과학부에서 허가권을 갖고 있다.

2.10 IPTV

IPTV(Internet Protocol Television)는 초고속 인터넷을 이용하여 정보 서비스, 동영상 콘텐츠 및 방송 등을 TV수상기로 제공하는 서비스이다. IT와 TV의 융합이라는 측면에서 디지털 컨버전스의 하나라고 볼 수 있다.

컴퓨터 모니터 대신 TV수상기를 이용하고 마우스 대신 리모컨을 사용하는 것이 특징이다. IPTV를 이용하기 위해서는 TV수상기와 셋톱박스,

인터넷회선만 연결되어 있으면 되고, 인터넷검색은 기본이고 영화감상, 홈쇼핑, 홈뱅킹, 온라인게임, MP3 등 다양한 콘텐츠 및 부가서비스를 제공받을 수 있다.

M커머스나 T커머스는 사용매체가 가진 한계로 인해 일반적인 쇼핑서비스를 제공하기 힘든 것이 사실이다. 하지만 이 같은 장애요소를 극복하지 못하고 소비자의 욕구를 충족시키지 못한다면 단순히 E커머스의 보조구매수단으로 전락할 수 있다.

멀티채널시대에 진정한 강자로 등극하기 위해서는 자신들만의 독자적인 비즈니스모델을 개발하려는 노력을 게을리해서는 안 될 것이다.

| 표 1-4 | E커머스, M커머스, T커머스와 TV홈쇼핑 비교

구분	E커머스	M커머스	T커머스	TV홈쇼핑
사용매체	인터넷을 통한 PC	무선 네트워크를 이용한 모바일기기	공중파/위성/케이블/인터넷(IP)TV	케이블TV
주요서비스	온라인 범용 서비스	예약 · 뱅킹 · 결제 · 다운로드, 제한된 쇼핑몰	금융, 영화 · 음악 등 다운로드, 일반쇼핑몰	일반상품, 보험, 증권 등
특성	편의성, 저가격, 합리적 구매	이동성, 즉시성, 개인화, 위치기반서비스	즉시성, 친숙성, 오락성, 충동구매	친숙성, 충동구매
고객	PC에 친숙한 20~40대	모바일에 친숙한 10~ 30대	PC에 미숙한 40대 이상	30대 이상 여성, 특히 전업주부

2.11 소셜커머스

소셜커머스(Social Commerce)는 온라인쇼핑분야에서 '반값 쇼핑'으로 더 잘 알려져 있는 분야이다. 쿠팡, 티켓몬스터, 위메프 등이 선두에서 업계를 이끌어 가고 있으나 소비자의 가격만족 대비 품질불만족 등이 제기되면서 문제가 되기도 했다.

| 표 1-5 | MD의 종류(온라인분야)

분야	직책	업무기반
TV홈쇼핑	MD	CATV
카탈로그 홈쇼핑	MD	잡지
종합몰	MD, CM	IT
전문몰	MD	IT
오픈마켓	MD, CM, 매니저	IT
포털사이트	MD	IT
폐쇄몰	MD	IT
M커머스	MD, PD	스마트폰
T커머스	MD	TV
IPTV	MD	IT + TV
소셜커머스	MD	IT

3. 오프라인분야

오프라인(Off-line)부문은 백화점, 대형마트, 편의점, 프랜차이즈, 전문점, 양판점, 제조업체로 나눌 수 있고 생산기획MD, 바잉오피스MD, 비주얼MD, 브랜드MD, 프랜차이즈MD, 편의점MD, 유통업체MD 등이 있다.

3.1 백화점

백화점은 다양한 상품을 진열하고 판매하는 매장이다. 식품에서 가정용품, 그리고 패션까지 매우 다양한 상품의 폭과 깊이를 갖추어 판매하고 있다.

백화점에서 MD 개편이라고 하면 상품과 진열, 레이아웃을 변경하는 일을 말한다. 물론 이와 같은 업무를 담당하는 사람 중의 한 명이 MD와 '바이어'이다. 대부분의 MD는 매입본부에서 근무하고 바이어는 각 점에서 근무하는 것이 일반적이며, 각 층의 카테고리별로 신규거래선 발굴, 거래선관리, 상품매입, 매장관리, 매출과 이익관리 등의 업무를 담당하고 있다.

3.2 대형마트

대형마트는 할인점이다. 식료품에 강한 상품구색을 보이고 있으며, 상품의 고회전 및 저이익을 목표로 머천다이징을 전개한다. 대형마트에서는 머천다이저라는 호칭을 사용한다. 백화점보다는 상품의 구색이 깊어 카테고리별 매니지먼트를 담당하고 있으며, 주로 신규거래선 및 신상품 발굴, 매입관리, 매장별 교육, 매출 및 이익관리 등을 담당한다.

3.2.1 대형마트와 백화점의 차이

대형마트는 체인스토어 운영방식을 취하는 반면, 백화점은 본점 · 지점경영을 하므로 점장의 권한이 막강하다고 볼 수 있다. 대형마트는 셀프서비스(Self Service)를 원칙으로 하며 발주를 위시한 정보기술시스템에 대한 투자가 상당하며 물류센터도 대규모로 투자가 이루어지고 있다. 상품은 직매입 비중이 크며 발주는 EDI(Electronic Data Interchange)로 물류센터와 연계하고 있다. 재고처분은 매가인하로 하며, EDLP(Every Day Low Price)를 기본으로 한다.

이에 반해, 백화점은 대면판매가를 원칙으로 하고 물류센터보다는 선물배달센터에 투자하고, 정보기술시스템 부분은 상대적으로 적다. 특정매입을 주로 하므로 MD 비중이 낮다. 또한 판촉사원이 발주하고 납품하는 시스템이며 재고처분은 반품 또는 할인판매로 하며, 평상시에는 높은 가격이었다가 세일기간에 가격을 낮추는 하이/로우(High/Low)가격을 기본으로 한다.

3.2.2 대형마트의 경쟁력

대형마트의 경쟁력은 크게 네 가지를 들 수 있다.

첫째, 개별 점포의 입지와 기반시설이다. 점포를 좋은 위치에 선점하는 것, 상권의 질과 양 측면에서 따져 우수한 것, 매장과 주차장이 편리한 것이 좋다.

둘째, MD의 우수성이다. 구색을 갖추고 좋은 품질과 합리적인 가격을 제시하고 차별화하여 대형마트로서의 경쟁력을 가진다.

셋째, 운영체계이다. 물류시스템, 결품보충(발주)시스템 등이 이에 해당한다.

넷째, 카테고리킬러의 도입이다. 소비트렌드에 적합한 상품군을 선택하여 숍인숍(Shop-in-Shop)의 형태로 운영하고 있다.

3.2.3 대형마트의 상품기준

대중적이고 실용적인 상품으로 부담 없는 가격대로 제공해야 한다. 또한 편리한 구매가 가능해야 한다. 사용 자체가 쉽고 식품은 쉽게 먹을 수 있어야 한다. 요즘은 공급이 넘치는 시대이다. 그러므로 팔아야 하는 시대라는 것이다. 이럴 때일수록 소품종 · 대량판매를 지양하고 다품종 · 소량판매를 지향해야 한다. NB 중심의 상품구성에서 PB(PL)상품의 개발로 차별화시키고 수익성을 제고시켜야 한다.

3.2.4 취급상품의 구분

취급해야 하는 상품으로는 필수품, 대중품, 실용품, 고빈도품, HOT상품, 팔리는 상품, 유행상품, SB, PB, NB, 계절상품, 기본상품 등이 있다.

취급을 억제하고 중단해야 하는 상품으로는 취미상품, 객층 한정품, 고급품, 트렌드상품, 선매품, NB상품, 감성풍속상품, 저질품, 최고급상품 등이 있다.

단, 한시판매상품으로는 고가 가구, 보석, 회화, 교복 등이 있고, 품절 상품은 추가 보충 및 대책 수립 후 판매해야 한다.

3.2.5 분류

분류(Assortment)는 머천다이징의 절반이라고 할 정도로 그 중요성이 매우 크다. 분류는 고객이 고르는 입장에서, 또한 사용하는 입장에서 편리하게 분류하고 알기 쉬운 표현을 사용해야 한다.

Tip 1-2 브랜드별 분류

PB(Private Brand)
유통업체가 개발한 상품을 자체 브랜드로 상품에 부착한 브랜드를 말한다.

NB(National Brand)
제조업체가 직접 개발하고 생산해 마케팅하는 상품을 말하며, 전국적인 판매가 이루어지고 있으며, 전 제품의 80% 이상을 차지하고 있다.

PNB(Private National Brand)
디자이너 브랜드와 명산지 브랜드로 구분할 수 있는데 디자이너 브랜드는 유통업체에서 독자적으로 전개하는 브랜드로 주로 기존의 유명 디자이너와 계약하며 브랜드화 하는 방법이고 명산지 브랜드는 유통업체에서 독자적으로 전개하는 명산지 또는 명인의 브랜드를 말한다.

NPB(National Private Brand)
제조업체와 유통업체가 공동개발하여 특정 유통업체에게만 독점적으로 판매하는 상품으로 '위대한 핫도그', '아이스컵', '식객이 제안하는 맛있는 밥상' 등이 있다.

SB(Store Brand)
유명 메이커의 NB에 이것을 판매하는 소매점포의 이름을 같이 표기한 브랜드를 의미한다. PNB와 같은 개념으로 사용되고 있다.

GB(Generic Brand)
아무런 브랜드가 없는 것을 GB라고 한다. 상품에 따라 브랜드 없이 구매가 이루어지는 생수, 소금, 얼음, 고구마, 감자 등이 바로 그것이다. 예를 들어 그냥 '소금 좀 주세요'라며 구매한다.

분류를 잘하면 풍부하다는 인상을 주고 스스로 찾을 수 있도록 편리성을 주며, 상품관리도 쉽고 소구력, 판촉경비가 절감된다.

분류할 때는 정기적으로 조정해야 하고 대분류 · 중분류 · 소분류 · 세분류와 더불어 고객층별로 해야 하며, 구매빈도별로도 분류해야 한다.

3.2.6 MD Mix

초기에는 구색의 넓이가 중요했지만, 점차 깊이가 중요해지고 있다. 시대가 변화하고 경쟁이 치열해지면서 상대적으로 구색의 깊이가 경쟁력을 더 가지게 된다. 부담 없이 살 수 있는 가격대로 보기 좋고 먹음직스럽게 진열하여 풍성하게 보여야 한다. 유통업은 NB의 소품이 아니므로 브랜드상품을 구성할 때는 SB · PB를 개발해야 한다.

3.2.7 품목구성

크게 팔리는 상품, 팔고 싶은 상품, 보여주는 상품으로 나눌 수 있다.

팔리는 상품은 주로 몇 개 이상 팔리는 상품으로, 진열량은 판매량과 비례한다. 이 상품은 진열대의 하단, 중상단 대부분에 진열해야 한다. 팔고 싶은 상품은 최대 페이스를 고려해서 진열량을 결정하여 중간 일부에 진열한다. 보여주는 상품은 동일 품종 중 10% 미만의 품목으로 1개 정도를 상단 일부에 진열한다.

팔고 싶은 상품은 상세한 쇼카드(Show Card)가 필수이다. 진열량과 판매량은 비례가 원칙이나 현실적으로 상품의 크기에 따라서 많은 차이가 발생하기 때문이다.

3.2.8 매가와 품질

지금까지는 상품에 대해 '싸지만 품질이 나쁘다'거나 '품질은 좋은데 가격이 비싸다'라고 상식적으로 생각했다. 품질이 좋으면서 가격이 싸고, 가격이 싸면서도 품질이 좋다고 바꾸는 것이 과제이다. 가치를 제공하고, EDLP를 실현한다. 또한 준거가격을 고려하고 브랜드의 권장 · 희망가격보다 저렴하게 판매해야 한다.

이제 시장에서의 가격은 개방되어 치열하게 경쟁하고 있다. 결국 가격경쟁을 할 수 없다면 시장에서 고객으로부터 외면받게 된다.

3.2.9 특매

수요가 많은 시즌에 사전 대량준비기획에 의해 인기 계절상품을 저가에 판매하거나 평소에 취급하지 않던 상품을 일시적으로 준비하여 특별한 가격으로 판매한다.

특별가격으로 판매할 때는 일정기간 저가판매하여 사내의 의견을 수렴하고 가격수준에 대한 모니터링을 한다. 그 후에 진열위치를 결정하고 POP 등 점내 광고판촉에 힘쓰며 광고매체에 의한 고지를 해준다. 효과를 측정해보고 평가 · 검토한 후 향후 계획에 반영한다.

3.2.10 진열량과 판매량

진열량은 최소 진열량과 발주시점을 고려하여 보충하고, 보충한 시점에는 최대 진열량을 가진다. 재고진열기간은 선입선출이 원칙이나 후입선출도 좋다. 1일 중 식품의 신선도를 고려하여 대량진열시기를 결정한다.

3.2.11 MD의 자질

MD(Merchandiser)는 회사를 대표한다고 할 수 있으므로 언행과 태도에 신중을 기해야 한다. 또한 각종 효율지표나 SKU(Stock Keeping Unit)별 데이터에 대한 수치분석력을 갖추어야 하고, 데이터조사, 시장조사, 식품의 경우 건강 · 위생관련 정보 등의 트렌드에 대한 관심이 높아야 한다.

3.2.12 MD의 업무분장

MD는 상품라인, 진열의 길이, 품목 · 품질 · 기준진열량, 단품 · 발주량, 라인별 재고량의 기준, 중점 판매상품 광고, 곤돌라 엔드(Gondola End), 트러블 조정, 추가 보충, 품질수준 유지, 프레젠테이션(Presentation)관련 업무를 담당한다.

3.2.13 매입정책

- **매입정책의 내용**
- 품종(또는 카테고리별) 추구 포인트(소재, 가격, 사이즈, 디자인)
- 가격라인
- 수량의 기준
- 업체와의 거래조건의 원칙
- 부문별 예산 할당
- 상품의 물류방법(TC, DC)
- 중점 상품
- 보충방법 셀링포인트(Selling Point), 테스트, 시식 등

- **구색 갖추기**
- 풍부감 : 넓이와 깊이 → 업체별 진열 → 분류별 진열
- 신뢰감 : 품질과 가격의 관계
- 편리함 : 사용상 편리(요리 등)
- 신선함 : 유효기간, 생산일자, 외관상 신선도

3.2.14 협력업체(거래선) 선정

- **선정원칙**
- 시장원칙에 의한 선정
- 고객, 점포, 협력업체의 공동이익 추구

- 과거의 실적을 고려하되 미래지향적 기업
- 가급적 반품 억제
- 결정된 룰은 변경 최소화 : 업체 자체, 리베이트 등 각종 거래조건
- EDI 등 시스템에 의한 미납, 지연 납품 예방
- 품종별 주력 2~3개사
- 가격대에 따른 업체 선정도 고려
- 가급적 SKU별 판매량을 확대

• 선정 시 고려사항

- 대표이사의 경영능력, 식견
- 성장성
- 계속 공급의 가능성
- 시장점유율
- 서류관리능력, 도덕성
- 신선식품의 경우 : 산지 정보 네트워크
- 업체별 공헌도

3.2.15 벤더와의 관계

• 벤더와의 기본관계

상호 정기적인 방문, 지불조건 등 거래조건 준수, 개인 리베이트 금지, 자동보충방법 등 효율적인 발주 연구, 상호 수치분석 대책, 회사비전 설명 등의 역할을 한다. 또한 각종 행사 등을 통해 상생할 수 있는 관계를 유지해야 한다.

• 거래방법과 원칙

납품단위, 지불방법 및 수단(현금, 카드 등), 반품조건의 명확화, 물류장소, 입수단위, 운반케이스, 각종 판촉서비스(1+1, 선물부, 시연, 시식,

무료샘플 등), 판매장려금, 물류대행비, PB의 경우 반품불가, 미납 패널티, 거래약정서(상거래관행, 공정거래 관련사항 등) 등이 있다.

3.2.16 MD의 실제

90% 조사와 분석이고, 10% 상담이다. 점포, 기간 등 지정 시험판매 후 확대하거나 중지를 결정한다. 매입예산관리는 OTB(Open to Buy)방법으로 월말 재고금액을 결정하고, 매입액을 조정하며, 재고보유기간, 재고회전율로도 조정을 한다. 인터넷비딩(Internet Bidding)에 의해 가격을 결정하기도 하고, SCM(공급망관리)관련업무, 자동 발주 카테고리 매니지먼트에 관여하기도 한다.

3.2.17 PB(PL)의 개발

PB(PL)은 상품을 차별화하고 수익성을 확보하기 위해 개발한 것이다. 이런 PB의 형태로는 SB(Store Brand), PB(또는 PL), 공동 브랜드, 독점수입 브랜드 또는 라이선스 브랜드 등이 있다.

초기에는 저가PB가 주가 되었지만, 단계적으로 프리미엄PB가 늘어나고 있는 추세이다. 캐나다의 유통업체인 Low blow의 경우, PB의 비율이 1978년 2%, 1984년 12%, 2001년 42%에 이르렀다.

3.2.18 상품개발의 부진

남은 재고의 문제와 회사의 기업문화로 인한 리스크 문제로 인해 상품개발이 부진하기도 하고, 현재 업무에 급급하여 여유가 없고 조사정보의 부족이 원인이 되기도 한다. 시제품을 제작하고 연구하는 등의 비용처리가 문제되기도 하며 제대로 된 업체의 물색 또한 매우 어렵다.

대부분 PB개발을 희망하는 업체는 영세하고 거래개설목적을 가지고 있다. 또한 매장에서의 협조 문제를 들 수 있다. 메이커 측의 협조가 어려워 판매 면에서 기피를 하고, 재고가 부담되고 결품의 문제가 발생할 수 있다. PB, SB의 특징, 의도가 불명확하기 때문이다.

3.2.19 유통업환경의 변화요인

해외상품(중국)의 급증, 해외여행의 증가로 인해 국제화가 보편화되었고, 저출산과 고령화로 구매력의 신장이 둔화되고 있다. 건강에 대한 관심이 높아지면서 저염, 저트랜스지방, 저콜레스테롤, 저당이 화두가 되고 있다. 여행, 교육, 통신, 취미, 레저 등의 서비스관련 지출이 증가하고 있으며 간편식, 손질한 생선을 찾는 것을 볼 때 편리성을 추구한다는 것을 알 수 있다. 가장 크게 두드러지는 요인은 온라인판매의 증가를 볼 수 있다. 기타 주5일제, 카드매출의 증대, IT기술의 발달 등이 변화의 요인이 되고 있다.

3.2.20 점포관리

첫째, 상품관리에 힘쓴다. 상품회전율을 높여 재고금액을 축소시킨다. 일본 대형 유통업체인 이토요카도는 수년간 재고금액을 축소시킨 결과 매출을 증가시켰다. 상품관리방법으로는 안 팔리는 상품은 축소하거나 없애버림으로써 창고보관면적을 축소하여 쉽게 상품을 찾을 수 있게 한다. 또한 관리가 용이하도록 팔리는 상품을 보이게 한다. 이로 인해 점포운영자금이 적게 들고 신상품을 갖다 놓을 장소가 생기며 손실은 감소하고 이익은 증가하게 된다.

둘째, 매출 상위 20%의 상품을 집중관리한다. ABC분석을 통해 보았을 때 상위 20%에 해당하는 상품이 대체로 80%의 매출을 차지하므로 상위 20%에 해당하는 상품을 집중관리해야 한다.

셋째, 손실관리에 힘써야 한다. 손실에는 분실 손실, 판매기회 손실, 폐기 손실, 업무처리 손실이 있으며, 판매기회 손실이 가장 치명적이므로 이를 특히 주의해야 한다.

넷째, 각종 지표관리를 해야 한다. 손익분기점 매출관리는 점포운영에 따른 이익·손실이 0인 매출액을 구하여 손익분기점을 파악한다. 기타 각종 효율지표에는 3.3m^2(평)당 매출, 1인당 매출, 회전율(=연매출/평균재고), 매출액 대비 영업이익률, 경상이익률, 매출액 신장률, 인건비 비율(=인건비/매출액), 각종 판매관리비/매출액 등이 있다. 이러한 지표의 계산 및 관리가 필요하다.

3.2.21 유통기업의 이익개선

유통기업의 MD는 늘 이익개선에 노력해야 한다. 이익개선을 위한 방법은 [그림 1-1]과 같다.

그림 1-1 | 유통기업의 이익개선을 위한 방법

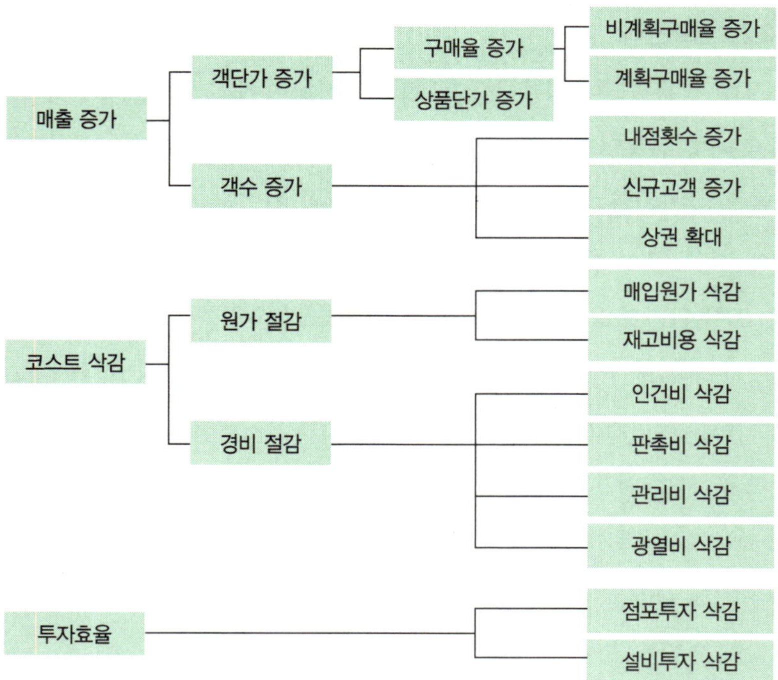

3.3 편의점

편의점에서는 머천다이저라는 호칭을 사용하고 있다. 편의점은 대부분의 상품구색이 고회전, 고이익에 맞추어져 있고 머천다이저는 본사에서 신상품 및 신규거래선 발굴, 매입관리, 매장별 교육, 매출 및 이익관리 등의 업무를 담당한다.

3.4 프랜차이즈

프랜차이즈(Franchise)란, 기본적으로 본사를 바탕으로 가맹점을 모집하고 사업을 진행한다. 따라서 머천다이저의 주요 업무는 신상품기획, 매입 및 재고관리, 가맹점관리, 매출 및 이익관리 등의 업무를 담당한다.

3.5 전문점

전문점은 근래에 각광을 받고 있는 업태 중의 하나이다. 전문적인 상품의 구색을 갖추어 취급하고 있어 전문품을 구매하고자 하는 고객에게 좋은 반응을 얻고 있다. 이곳에서의 머천다이저는 주로 신상품기획, 마케팅, 매출 및 이익관리 등의 업무를 담당하고 있다.

3.6 전통시장

우리나라는 전통시장을 법률에 따라 등록시장과 인정시장으로 구분하고 있다. 등록시장은 3,000m^2 이상의 면적 등의 요건을 갖추고 있는 대규모 점포이고 인정시장은 1,000m^2 이상의 면적과 50개 이상의 점포를 갖추고 있으며 지방자치단체장이 인정한 시장이다. 최근 공동구매, 공동물류가 진행되고 있어 머천다이저의 역할이 중요해지고 있다.

3.7 제조업체

제조업체는 생산업체를 말한다. 다시 말해 공장이라고 부른다. 2000년대 이전까지만 해도 제조업체에는 머천다이저라는 직책이 없었다고 할 수 있다. 그러나 고객과의 직거래가 활성화되고 인터넷시장이 확대되면서 머천다이저를 채용하기 시작했다. 이곳에서 머천다이저는 신상품 개발에 관여하고 고객을 분석하고 매출과 이익을 관리하는 등의 업무를 담당하고 있다.

| 표 1-6 | MD의 종류(오프라인분야)

분야	직책	업무기반
백화점	Buyer, MD	점포
대형마트	Buyer, MD, CM	점포
편의점	MD	점포
프랜차이즈	MD	가맹점
전문점	MD	점포
전통시장	MD	시장
제조업체	PM, MD	생산, 유통, 마케팅

4. 신유통

신유통부문은 네트워크(Network) 비즈니스와 아웃바운드(Outbound : DB/UBM)로 나눌 수 있고 프로덕트 매니저(Product Manager), 카테고리 매니저(Category Manager)라고 부른다.

4.1 네트워크 비즈니스

네트워크 비즈니스는 직판의 개념으로 방판과 다단계판매로 구분한다. 방판은 판매자를 통해 고객에게 직접 다가가서 판매하는 것이다. 다단계판매는 본사와 사업자, 그리고 회원에게 판매되는 방식이다. 이 곳의 머천다이저는 신상품과 신규거래선 발굴, 매입관리, 상품관리, 매출 및 이익관리 등을 담당하고 있으며, 일반적으로 PM이라고 부른다.

4.2 아웃바운드

아웃바운드(Outbound)는 출고라는 의미를 갖는다. 즉, 안에서 밖으로 무엇인가를 보낸다는 것이다. 기업이 갖고 있는 고객정보를 바탕으로 전화 또는 문자, 메시지를 보내 상품판매 또는 소개를 하는 방식이다. 이곳에서 머천다이저는 신상품과 아이디어를 발굴하고 고객관리를 담당한다.

| 표 1-7 | 신유통

분야	직책	업무기반
네트워크 비즈니스 (방판/다단계)	PM	회원
아웃바운드	MD	전화, IT

Chapter 03

MD의 역할

1. 머천다이저의 활동영역

머천다이저의 활동영역은 크게 상품기획, 마케팅, 분석 및 평가로 나눌 수 있다. 상품기획부문에서는 시장조사, 기획, 개발, 글로벌소싱을 담당하며, 마케팅부문에서는 영업, 판매를 담당한다. 분석 및 평가부문에서는 매출분석, 판매분석, 지속 여부 결정, 고객분석 등의 업무를 수행한다.

2. MD의 조건

뛰어난 MD가 되기 위해서는 올바른 윤리관과 주인의식, 건강유지를 위한 자기관리를 철저히 해야 하고, 배려와 겸손을 바탕으로 다양한 인맥관리를 해야 한다. 그 바탕 위에 상품지식, 디자인감각, 어학능력, 전산능력, 손익계산 이해 등의 직무능력을 겸비한다면 최고의 MD가 될 수 있다.

- 자기관리의 조건은 책임감을 갖고, 자신이 맡은 일에 최선을 다해서 그에 대한 성과를 내며, 다른 사람의 가치를 인정하는 배려심을 가지고 있어야 한다는 점이다.
  또한 항상 자신을 분석하면서 6개월마다 자신의 이력을 추가하고 갱신해야 하며, 비전 수립과 목표 설정이 선행되어야 한다.
- 인맥관리는 이미지관리를 통해 형성할 수 있다. 자신을 파악하고 상대를 칭찬 · 배려 · 경청하고 웃으면서 먼저 인사를 한다. 대화 속에서 유연성을 발휘하고 어떠한 만남이라도 균형감각을 잘 갖춘다면 상대에게 성공적인 이미지로 보일 수 있다.
  인맥관리의 구체적인 활동으로는 직접 찾아가거나 멘토(Mentor)를 만들고 온라인을 활용하여 오프라인에서 만남을 가지면 좋다. 어느 정도의 리스트를 만들고 만남의 기회를 늘려가면서 내 편이 되어 줄 수 있는 인맥을 형성해 나간다. 관리 차원이 아니라 '돌봄'이다.
- 직무능력의 향상을 위해서는 평소에 상품, 유통, 법률, 무역, 물류 등의 전문지식을 함양하고 다양한 경험을 통한 문제해결능력을 배양한다. 구매협상기술, 정보수집과 활용능력을 향상하고 트렌드 파악능력을 강화하는 것도 필요하다.
- 뛰어난 MD가 되기 위해서는 리더십이 있어야 한다. MD는 조직 내에서 핵심적인 업무를 수행하기 때문에 대부분의 회의에서 주된 역할을 담당한다.
  여러 지원부서의 협조를 구하고 업무를 해결하기 위해서는 무엇보다 뛰어난 리더십이 필요하고, 의사소통방법에 대한 연구가 필요하다.

Tip 1-3 유능한 상품기획자

- 차별화된 상품구성을 할 수 있는 자
- 풍부한 상품관련지식(법률지식 포함)을 지닌 자
- 기획/마케터를 앞서가는 상품기획자
- 풍부한 인적 네트워크를 확보하고 있는 자
- 유연한 업무협조성을 지닌 자
- 새로운 시장 발굴 및 개척능력을 지닌 자
- 전략적 제휴를 할 수 있는 자
- 일관성을 지닌 자세를 갖추고 있는 자

Tip 1-4 유통산업의 핵심인재가 되기 위한 자질

기업에서의 핵심인재는 과연 어떤 사람일까? 대부분은 성과, 역량, 가치 등을 갖춘 사람이라고 한다. 그렇다면 유통산업의 핵심인재가 되기 위해 필요한 기본적인 자질은 무엇일까?

첫째, 전문지식을 갖춰야 한다. 유통업에 대한 정확한 이해, 환경변화에 대한 분석, 유통관련법의 이해, 글로벌시대의 어학지식 등은 꼭 필요한 지식일 것이다.

둘째, 분석력과 기획력이 필요하다. 시장에 대한 미래예측, 우수한 PC활용능력, 흐름을 읽는 감각, 정보를 수집하여 활용하는 능력, 논리적 접근력 등의 기초를 튼튼히 해야 할 것이다.

셋째, 원가계산 및 재무지식이다. 무엇보다 성과를 내기 위해서는 손익계산에 대한 이해, 비용구조의 이해, 영업이익의 이해 등으로 경영의 손실을 예방하는 것이 최선책일 것이다.

넷째, 소통하는 리더십이다. 기업을 사랑하는 마음은 물론이고 개인과 조직의 이해관계, 권한과 책임의 연계 등 탁월한 주인의식은 절대적으로 바탕이 되어야 할 것이다.

다섯째, 업무에 대한 열정이다. 강한 추진력과 도전성, 창의력을 바탕으로 하는 열정이야말로 유통기업에서 필요로 하는 자세일 것이다.

Chapter
04

MD로 성공하는 길

1. 역경지수(AQ)를 높여라

역경지수(AQ)는 힘들고 어려운 일들을 참아내고 극복해 가는 인간의 능력이다. MD에게 있어 역경은 반드시 넘어야 할 산이다. 역경에 부딪쳤을 때 포기하기보다는 온갖 정성을 다해 극복할 수 있어야 비로소 히트상품이 탄생하게 된다.

Tip 1-5 역경 극복의 결실

땡감은 매우 단단하고 떫어 맛이 없지만, 세찬 비바람을 견뎌내고 따가운 햇살을 감내하며 익어간다.

그 과정에서 칠흑 같은 어두운 밤에 내리는 찬 서리를 수십 번 견뎌내야 비로소 단맛을 내는 홍시가 되는 것이다.

– 윤종용 삼성전자 전 부회장의 '홍시론'

Tip 1-6 역경과 신념

'역경을 극복할 수 있는 신념'은 역경을 만나 곤란으로 괴로움을 당할 때마다 질을 높여 점점 능력을 발휘하게 되며, 사업가가 될 수도 있고, 비즈니스맨이 될 수도 있고, 또한 인간 완성으로 나갈 수 있는 큰 요소가 될 수도 있는 것이다.

– 다이라 데쯔오, 『성공하는 삶을 위한 13가지 방법』 중에서

2. 실행력을 가져라

대부분의 사람들은 하나의 치명적인 약점을 가지고 있는데 그것이 실행력의 부족이다. 실행해봐야 결과를 알 수 있고 문제점을 찾아내 보완할 수 있다.

Tip 1-7 실행력

실패하는 리더의 70%는 단 하나의 치명적인 약점을 가지고 있다.

그것은 바로 실행력의 부족이다. 오늘날 미국 경영자의 95%가 옳은 말을 하고 5%만이 옳은 일을 실행에 옮긴다.

– 구본형 외, 『공익 비즈니스』 중에서

3. 항상 혁신을 통해 변화해야 한다

MD는 타성과 무기력에 빠지면 안 된다. 타성은 발전을 저해하고 무기력은 책임회피를 가져올 수 있기 때문에 항상 변화해야 성공할 수 있다.

Tip 1-8 혁신의 걸림돌

아쉬운 것은, 타성적 무기력과 책임회피가 혁신의 걸림돌이라고 그렇게 강조했건만, 결국 끝에 가서는 그 한계를 넘지 못하고, 현실이라는 타성에 손을 들고, 현실이라는 편리한 책임용 회피 구실을 찾는 것이 따분할 뿐입니다.

– 조벽, 『나는 대한민국의 교사다』 중에서

4. 꿈을 향한 열정을 가져라

꿈이 있다면 이룰 수 있다. 비록 지금은 미흡함이 많아도 꿈을 갖고 열정으로 도전한다면 성공신화를 만들어 낼 수 있다.

Tip 1-9 꿈을 향한 열정

선천성 사지 기형 1급 장애인 이희아 씨의 직업은 피아니스트이다. 그녀의 손에는 선천적으로 손가락이 두 개밖에 없고, 무릎 이하로는 절단수술을 하여 넓적다리뼈로 걸어야 한다.

그녀는 1999년 청와대 초청 연주, 2000년 호주 시드니 장애인 올림픽 축하 연주, 2003년 문화예술인상 수상 등 신체가 건강한 피아니스트로서도 쉽게 이룰 수 없는 경력을 쌓고 있다.

'장애인들도 모든 것을 당당하게 잘할 수 있다는 것을 증명해 보이겠다'는 그녀의 꿈은 매년 열리는 독주회와 순회공연에서 이루어지고 있다.

– 백정군, 『열정의 중심에 서라』 중에서

5. 늘 공부하라

MD는 지식을 갖추어야 한다. 특히 과거의 지식보다는 현재 벌어지고 있는 일을 이해하고 해결할 수 있어야 한다. 과거는 경험일 뿐 현재보다 중요하지 않고 미래가 있기 때문에 지금 하는 일에 최선을 다해야 한다.

Tip 1-10 해야 합니다

부족한 사람은 있어도 부족한 재능은 없다고 했다.

부족해도 끊임없이 노력하면 어느 순간 길이 열린다.

단순무식한 노력 앞에서는 배겨 낼 장사가 없다.

하지만 그 어려운 책을 몇 번 읽고 줄줄이 외웠던 천재들의 글은 지금 한 편도 전해지지 않는다.

– 정민, 『미쳐야 산다』 중에서

2

Part

머천다이징이란

Chapter 01

머천다이징의 정의

머천다이징(Merchandising)이란 한마디로 상품화과정으로 표현된다. 상품화는 공장에서 생산할 제품을 기획, 생산을 하고 만들어진 제품을 마케팅하여 소비자를 만족시키는 일련의 과정을 말한다.

소매업체들은 상품을 매입하고 판매하는 행위를 하는데, 이러한 과정에서 가장 중요한 것이 상품이다. 상품(Merchandise or Item)이란 판매를 목적으로 만들어진 특정한 형체 또는 구성체를 의미한다.

모든 상품에는 가치를 나타내는 가격이 정해져 있고, 사람들은 자신의 욕구를 충족시키기 위해 상품을 구매하여 소비한다. 결국 소매점이란 상품을 매입하여 소비자에게 판매함으로써 매출을 발생시키고 수익을 창출하는 장소이다. 좀 더 포괄적인 의미에서 원료가 공장으로 공급되고 생산품이 도매 또는 소매로 유통되는 과정에 있어 상품의 공급과 판매라는 핵심적인 기능이 발생되는데, 이것을 머천다이징이라 볼 수 있다.

머천다이징의 정의를 분석해보면 크게 두 가지의 중요한 요인들로 구성되고 있음을 알 수 있고 왜 중요한지를 파악할 수 있다.

첫째로 머천다이징은 '수익창출을 목적으로 하는 것'이다. 사업활동을 하고 있는 모든 기업체는 수익을 목적으로 하고 수익이 있어야 존재할 수 있는 것이다. 기업뿐만 아니라 작은 규모의 소매업체도 수익을 통해 지속적인 투자를 할 수 있고 유지가 가능하다.

둘째로 머천다이징은 '고객니즈를 파악'하고 '소비자에게 판매하는 것'이 매우 중요하다. 상품은 교환의 대상으로 가치를 만들어 주며 그 가치를 극대화시키는 것이야말로 성공의 핵심인 것이다.

머천다이징은 왜 중요할까? 세상에는 수많은 기업들이 존재하고 있으며, 수많은 상품들이 판매되고 있다. 기업성장의 원동력은 신상품이 개발되어 히트상품으로 자리 잡는 것이며, 한 개의 히트상품이 수천억 원의 매출을 만들어 낼 수 있는 것이다. 따라서 머천다이징을 통해 성공할 수도 있지만 실패할 수 있는 경우도 있기 때문에 값싸게 매입하여 비싸게 판매할 수 있어야 하고 잘 판매하는 것이 성공적인 머천다이징이다.

대형마트에는 일반적으로 30,000개 이상의 제품이 진열되어 판매되고 있다. 상품분류에도 체계가 있어 대부분의 유통기업들은 네 단계의 분류체계를 사용하고 있다. 다시 말해 대분류, 중분류, 소분류, 세분류로 나누어서 체계적인 코드관리를 하고 있다.

예를 들어 '황충길 명장 옹기쌀독'이 있다고 하면, 상품분류에 있어 '주방용품－쌀독－옹기－황충길 명장－옹기쌀독'이라는 형태로 분류될 수 있다. 또한 카테고리에 따라 분류하는 경우에는 '가정용품－화장품－전기전자용품' 등 각각 기업별로 성격에 맞추어 분류하는 경우도 있다.

또한 PB상품의 확대에 따라 브랜드별 분류가 가능한데 주로 PL/NB/PNB/NPB/SB/GB가 사용되고 있다.

앞서 설명한 바 있지만 다시 한 번 살펴보면, PL이란 Private Brand로 유통업체가 개발한 상품으로서 자체 브랜드를 상품에 부착한 브랜드를 말한다.

NB란 National Brand로 제조업체가 직접 개발하고 생산하여 마케팅하는 상품을 말하며 전국적인 판매가 이루어지고 전 제품의 80% 이상을 차지하고 있다.

PNB는 디자이너 브랜드와 명산지 브랜드로 구분할 수 있는데 디자이너 브랜드는 유통업체에서 독자적으로 전개하는 브랜드로 주로 기존의 유명 디자이너와 계약하여 브랜드화하는 방법이고 명산지 브랜드는 유통업체에서 독자적으로 전개되는 명산지 또는 명인의 브랜드를 말한다.

NPB는 특정 유통회사를 위해 NB회사가 특별 브랜드를 만들어 운영하는 브랜드를 말한다.

SB는 Store Brand를 말하는데 유명 메이커의 NB에 이것을 판매하는 소매점포의 이름을 같이 표기한 브랜드를 의미한다. PNB와 같은 개념으로 사용되고 있다.

GB는 Generic Brand를 말하는데 브랜드가 없는 것이 그냥 브랜드라는 것이다. 상품에 따라 브랜드 없이 구매가 이루어지는 생수, 소금, 얼음, 고구마, 감자 등의 구매에서는 그냥 '감자 좀 주세요'라고 구매한다는 것이다.

지금까지 머천다이징의 개념에서 머천다이징이란 무엇인지, 왜 중요한지, 상품과의 관계는 무엇인지에 대해 살펴보았다. 최근 이마트에서는 PL(PB)상품을 확대하겠다는 전략과 함께 상품의 가격을 20~40%까지 낮추고 있다. 1996년 유통시장이 개방되면서 이마트는 글로벌소싱에 대한 준비를 해왔고 이제는 소비자를 집객하고 매출을 확대하는 전략으로 PL(PB)의 개념을 더욱 내세우고 있다. 이와 같이 상품에 대해 무엇인가를 기획하고 이루어 가는 과정을 머천다이징이라고 하며, 머천다이징이 얼마나 중요한지를 다시 한 번 생각해야 할 것이고 머천다이징을 잘 하기 위해서는 보다 전문적인 지식이 있어야 함을 인정하고 머천다이징을 이해하는 노력이 필요할 때이다.

Chapter

02

머천다이징 프로세스

1. 머천다이징 프로세스의 포괄적 개념

머천다이저는 어떻게 상품을 구성하고, 연중 가격정책을 수립하며 카테고리별 면적을 어느 정도 할당할 것인가를 결정한다. 상품의 종류에 따라 런칭시기, 프로모션전략 등이 달라질 수 있기 때문에 여기서는 가장 포괄적인 프로세스 세 가지에 대해 살펴본다.

1.1 시즌적인 머천다이징 프로세스 6단계

- 1단계 : 시즌 전 계획

고객이 구입하고자 하는 상품을 시즌 전 세부계획을 수립하고 결정하기 위한 단계로 이 계획은 과거 데이터 및 트렌드를 예측하고 준비하는 단계이다. 계획과정은 머천다이저가 각 점포에 재고 초도할당을 하기 위하여 필요하다. 머천다이저는 점포가 달성할 수 있는 판매목표를 초과달성할 수 있도록 재고를 확보하고 점검해야 한다.

- 2단계 : 시즌 중 머천다이징

시즌 동안 머천다이저는 판매 트렌드에 대한 반응과 각 점포의 실행

여부를 항상 검토해야 한다. 이것은 상품 부분이나 점포에 대한 판매예측을 시즌 중간에 시정하기 위하여 필요한 것으로 판매계획과 재고수준의 보충을 개선하고 시즌 중의 점포 재고를 적절하게 보충하기 위한 수단이다.

- 3단계 : 실행 검토

모든 재고를 시즌 초에 할당하지 않고 일부만 시즌 초에 진행한다. 디테일한 계획은 시즌 초의 판매예측에 의존하기보다 시즌 중의 실지 판매트렌드 반응을 분석하고 시즌 말에 판매달성과 재고보유 상태를 보고 재고보충 여부를 검토하는 것이다.

- 4단계 : 판매목표 및 재고의 수정

판매가 진행되는 동안 매출의 증가, 축소 등의 변화가 있는 경우는 판매목표의 수정이 필요하다. 판매목표의 수정은 재고수준, 수요예측이

그림 2-1 | 시즌적인 머천다이징 프로세스 6단계

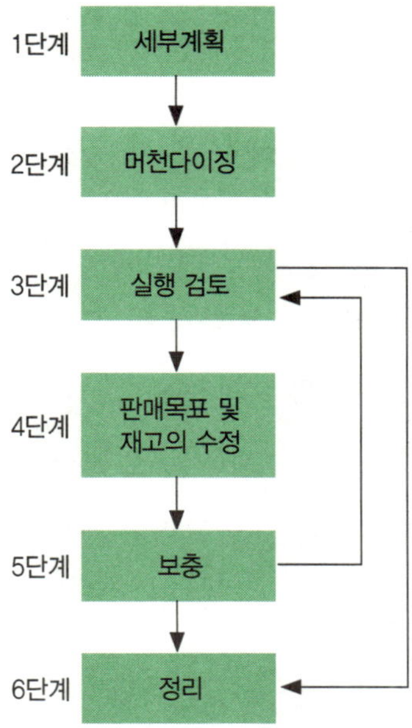

변함에 따라 그에 맞게 다시 수정하여 변화시킨다.

- 5단계 : 보충

상품보충은 이러한 수정에 따른 변화와 재고수준의 지속적인 유지로 품절이 일어나지 않도록 주의한다. 고객이 매장에서 그 상품을 구입하고자 하는 순간에 상품이 품절되면 판매기회의 손실이 발생되기 때문이다. 계획적인 머천다이징 프로세스를 체크하여 어디가 문제가 있고 어디에서 사고가 발생하는지 그 원인을 규명하여 시정해야 한다.

- 6단계 : 시즌 후 정리

시즌 후에 그동안 얻은 정보를 분석 · 검토하여 차기 시즌을 위한 실질적인 계획을 세우는 데 있어서 머천다이저에게 도움을 주는 것이다.

이처럼 머천다이징 프로세스는 지속적으로 반복되는 상황에 따라서 수정하고 조정하면서 반복적으로 프로세스를 진행하여 합리적인 계획과 최소의 비용(매입, 인적자원)으로 목표를 달성하는 데 그 목적이 있다고 할 수 있다.

1.2 일반적인 머천다이징 프로세스 7단계

머천다이징이란 한마디로 바잉(Buying)과 소싱(Sourcing)이라고 할 수 있다. 바잉과 소싱이라는 것은 다시 팔기 위해 매입하고 가치가 있는 상품을 찾아내어 마케팅을 하는 과정이라고 설명할 수 있다. 어떤 상품이든 간에 최초 소비자동향, 경제현황, 법률적 문제, 사회적 이슈 등의 외부정보와 개인역량과 스킬 등을 고려한 내부정보를 바탕으로 표적시장이 정해지게 된다.

그림 2-2 | 일반적인 머천다이징 프로세스 7단계

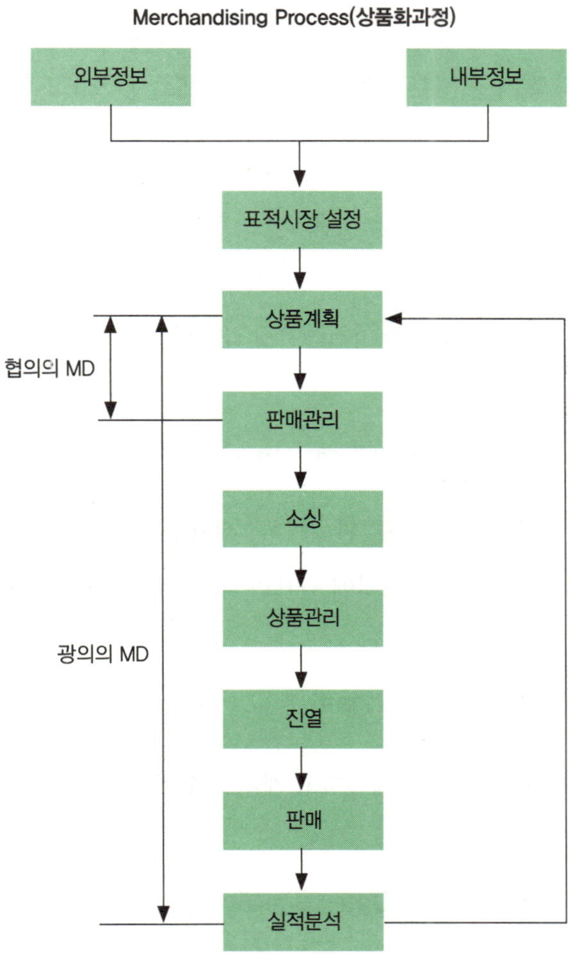

다음에는 어떤 상품을 어떤 조건으로 판매해야 하는가에 역점을 두고 머천다이징에 임한다. 상품의 조건이 결정되면 즉각 구매를 거치게 된다. 물론 구매에 앞서 계약체결이 이루어지면서 여러 가지 조건 하나하나를 검토하여 문제가 발생되지 않도록 해야 한다. 구매가 된다는 것은 투자가 되었다는 것을 의미하며 상품관리에 대한 전반적인 조치가 요구된다.

상품관리의 핵심은 상품정보관리, 종업원관리, 고객관리로 구분할 수 있다. 우수한 진열을 통해 많은 판매가 이루어지게 되고 판매된 결과를 분석하여 다시 진행할 것인가를 결정하는 절차가 반복된다. 이와 같은 일련의 절차를 기본적인 머천다이징 프로세스라고 할 수 있다.

2. 소매 머천다이징 프로세스 실행

소매 머천다이징을 포함한 머천다이징 과정의 세부설명은 다음과 같다.

2.1 이행과정분석(Analysis of Performance History)

사전분석의 절차로 점포별 판매기록, 재고수준, 가격인하(마크다운), 마진 등 차기 시즌 상품의 계획에 필요한 데이터(Data)를 분석한다.

2.2 상품계획(Merchandise Plan)

과거분석을 통해 미래를 예측하고 계획을 수립한다.

2.3 스타일, 상품소싱 결정(Determine Style/Products & Sourcing)

계획달성을 위하여 각 부분의 스타일과 상품을 검토하고 공급의 융통성이 있는 국내벤더, 혹은 저렴한 해외벤더로 할 것인가 등의 중요도에 따라 소싱처를 결정하고 각 상품의 수량과 점포의 재고수준을 결정한다.

2.4 관계와 계약(Commitment and Contracts)

기업의 거래 여부는 관계와 계약에 의하여 효력이 발생한다. 계약을 통하여 벤더가 상품을 납품하게 되는데 일반적으로 적은 초도입고를 하게 되는 것은 소매업체의 SCM(공급망관리) 차원이며 향후 발주의 세부 사항이 변경될 수 있다.

2.5 벤더의 실행 모니터링(Vender Performance Monitoring/Check)

벤더의 품질관리와 입고의 정확성 등을 모니터링해야 하며, 모니터링에 대한 결과를 통해 개선, 패널티, 거래중지 등의 의사결정에 도움을 줄 수 있다.

2.6 초도할당(Initial Allocation)

머천다이저는 시즌 초에 각 지점에 할당할 재고량을 결정해야 한다. 소매업체는 적당한 상품연출을 위하여 최대한 융통성을 가지고 초도할당을 축소하기 위한 노력을 한다.

2.7 수령(Receiving)

발주한 상품들이 배송되어 오면 확인하고 수령한다. 수령방법은 소매업체 물류센터에서 수령하거나, 점포직송(DSD)을 추진한다. 수령 시에는 재발주한 물량과 기 수령을 확인하고 수령한다.

2.8 물류(Distribution)

창고나 물류센터의 초도할당과 보충을 위해 머천다이저는 시간표에 따라 상품을 배송하도록 하는 것을 확인할 책임이 있다. 또한 장소할당도 미리 준비해야 한다.

2.9 판매와 재고 모니터(Monitor Sales and Inventory)

시즌 동안 머천다이저는 초도계획에 대한 판매와 재고를 모니터링해야 한다. 머천다이저는 재발주, 마크다운, 프로모션이나 재고처리방법을 고려해야 하는데 특히 재고에 대한 모니터를 통해 품절이 발생되지 않도록 해야 한다. 고객이 원할 때 공급하지 않으면 판매기회의 손실이 발생되며 이는 투자, 예산, 비용이 낭비되기 때문이다.

2.10 재예측(Re-forecast)

시즌 중에 판매 재예측을 계획하여 이에 대한 분석, 대비, 실행이 필요하다.

2.11 재발주(Repeat Orders)

상품이 시즌 중에 계속적인 판매가 예상되면 계속 발주할 것을 결정한다. 추가 발주물량 산정뿐만 아니라 공급시기의 적절성도 함께 검토해야 한다.

2.12 점포 재발주(Store Re-orders)

소매업태는 그 회사의 적합한 재고보충방법을 활용하고 있는데 각 점포에서 보충수준을 결정하는 경우도 있다.

2.13 푸시/풀시스템(Push/Pull System)

보충결정을 본사가 관리할 때 푸시시스템(Push System)이라 하고, 점포가 보충결정을 할 때 풀시스템(Pull System)이라고 한다.

2.14 보충 및 점포 간 이관 결정(Determine Replenishment/In-Store Transfer)

본부의 머천다이저는 보충이나 점포 간 이관을 결정해야 하며 그 상세 내용(일정, 수량, 대상점포)을 배송센터에 통보하여 배송하게 해야 한다.

그림 2-3 | 소매업 머천다이징

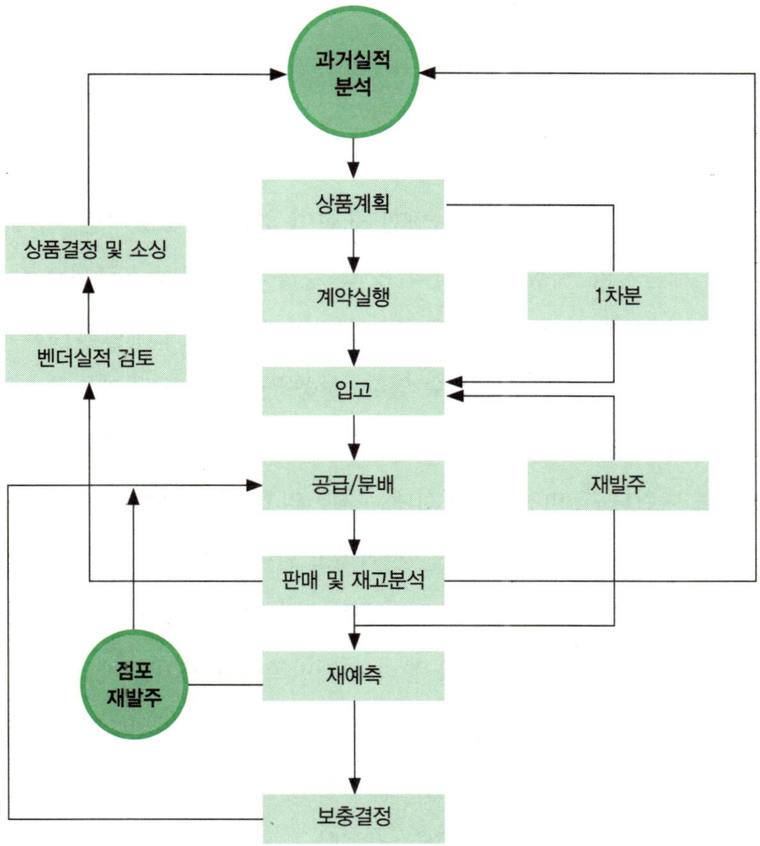

Chapter
03

마케팅과 머천다이징의 차이

마케팅에 관한 정의는 다양한 표현이 있을 수 있겠지만, 마케팅은 제품기획, 시장조사, 가격, 광고, 유통 등의 토털 프로세스로 고객에 초점을 맞추는 것으로써 이익이 있는 고객니즈를 연구하고 창조하며, 만족하게 하는 것이라고 할 수 있다. 상품공급의 주도권 개념을 바탕으로 마케팅시대를 도매나 제조사가 주도적으로 상품을 기획하는 것으로 정의를 내린다면, 머천다이징시대는 최근의 PL이나 PB와 같이 유통회사가 주도적으로 상품을 기획하는 것이라고 할 수 있다.

물론 머천다이징은 마케팅 프로세스의 한 부분이며 이는 제품과 서비스의 개발, 공급, 가격, 연출을 통한 고객만족이나 가치를 제공하는 것이다. 머천다이징의 정의는 마케팅 콘셉트에 의한 고객만족이나 가치를 주요 기준으로 하는 것이고 매입, 가격, 상품, 기타 서비스의 연출을 통한 고객만족이나 이익을 최대화하는 것이다.

그림 2-4 | 제품계획, 상품화활동

Input Factor(투입요소)

자금, 원료, 기술, 설비, 기계, 노동력, 아이디어

↓

Output Factor(산출요소)

고객만족과 감동, 매출증대, 이익향상

최상의 결과물을 낼 수 있도록 수립된 계획을 실행하는 활동
제품계획(Product Planning), 상품화활동(Merchandising)

| 표 2-1 | 마케팅의 종류

전환 마케팅	어떤 제품이나 서비스 또는 조직을 싫어하는 고객들에게 그것을 좋아하도록 바꾸려는 마케팅
개발 마케팅	시장조사 또는 고객의 욕구를 파악한 후 그것을 충족시킬 수 있는 제품을 개발하는 마케팅
재마케팅	기존의 수요가 점차 감소되는 상황을 되살리려는 마케팅
유지 마케팅	지금의 수준을 유지하려는 마케팅
역마케팅	초과수요의 경우에 적정한 수요의 수준으로 이끌어 가는 마케팅
심바오틱 마케팅	2개 이상의 기업이 제품개발, 시장개척, 유통경로, 판매원관리 등을 공통으로 전개하는 마케팅
감성 마케팅	고객의 심리적 상태를 중시하고 소비자의 감성에 호소하는 마케팅
데이터베이스 마케팅	고객의 DB를 적극 활용하여 제품을 판매하는 마케팅

현재는 제조업체 마케팅 파워가 소매업체로 이관되어 마케팅시대에서 머천다이징시대로 전이되었다고 볼 수 있다. 즉 도매나 제조업체에서 매입한 상품은 총이익률이 낮은 편이며, 소매점포의 개성을 살리는 특화된 상품이 부족하므로 개성 있는 연출로 고객에게 차별성을 내세우지 못하고 있어서 점포의 판매스킬(판매촉진)을 통해 매출액을 올리는 것이 가장 중요한 수단이었다.

그러나 머천다이징시대에는 소매업체가 만든 상품으로 총이익률이 높고 상품 자체의 개성이 있고 각 점포별 고객특성에 맞는 가격대와 구성

등으로 차별적인 상품제안이 가능해진 것이다.

향후 경쟁수단의 변화와 차이를 살펴보면 [표 2-2]와 같다.

| 표 2-2 | 마케팅과 머천다이징의 차이

구분		마케팅시대	머천다이징시대
기준		• 매장별(단위면적별) 판매효율 • 매출액 • 매출 없이는 안 되는 점포	• 자본수익률 • 총이익률 • 일정매출이 가능한 점포
경쟁의 수단	상품	• 마케팅상품 • 공급 • 매입(총이익) • 저가, 종류 다양	• 머천다이징상품 • 머천다이징 • 영업이익 증가 • 상품개성화(차별적 상품)
	점포	• 넓은 상권 • 연출의 개성과 편리함	• 지역상권 • 상품의 개성과 편의성
	사람	매장요원(점포의 판매기술)	머천다이저(상품에서 승부)
	기술	판매촉진기술	머천다이징기술

머천다이징은 '상품과 이와 관련된 서비스를 제공하고 매입, 가격을 통해 고객만족 및 가치를 최대화하는 것'이라고 말할 수 있다. 다시 말해 머천다이징의 중요성을 살펴보면 [그림 2-5]와 같이 정리해볼 수 있다.

그림 2-5 | 머천다이징의 중요성

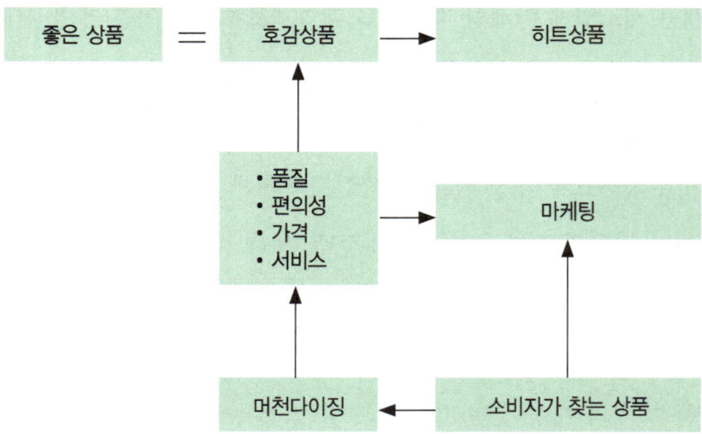

그리고 머천다이징에서 성공하기 위해서는 5가지 부문의 역할이 중요하다고 할 수 있고 다음과 같이 설명할 수 있다.

첫째, 소매업체의 역할이다. 소매업체는 소비자와 직접 대면하게 된다. 이에 따라 소비자가 원하는 바에 대해 충족시켜 주는 것이 무엇보다 중요하다. 예를 들어 소비자는 포장, 배송, 사용법 등에 대한 정보를 원하기 때문에 이를 만족시켜야 한다.

둘째, 제조업체의 역할이다. 과거 제조업체의 가장 큰 역할은 생산으로 제한되었다. 그러나 공급이 수요보다 많은 현재는 가격협상은 물론 시장의 정보를 파악하고 공급조건을 결정하게 된다.

그림 2-6 | 제조업체의 역할

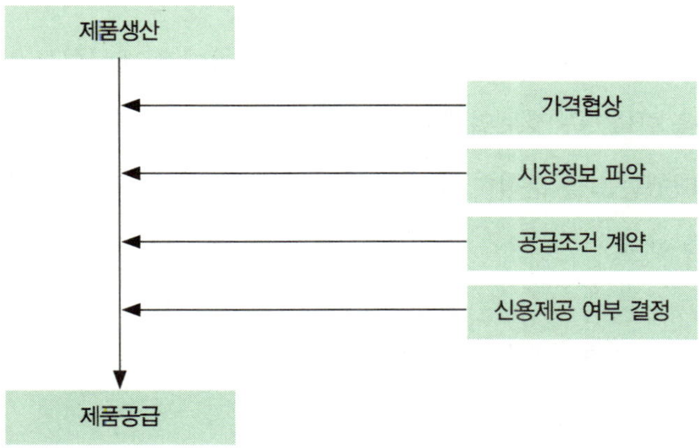

셋째, 물류업체의 역할이다. 물류는 각 단계에 모두 관여하고 있다. 특히 전자상거래시장의 확대로 물류의 중요성이 더욱 증대되고 있다. 소비자가 소비를 위해 최종적으로 수령받는 대상이 물류업체이기 때문이다.

그림 2-7 | 물류업체의 역할

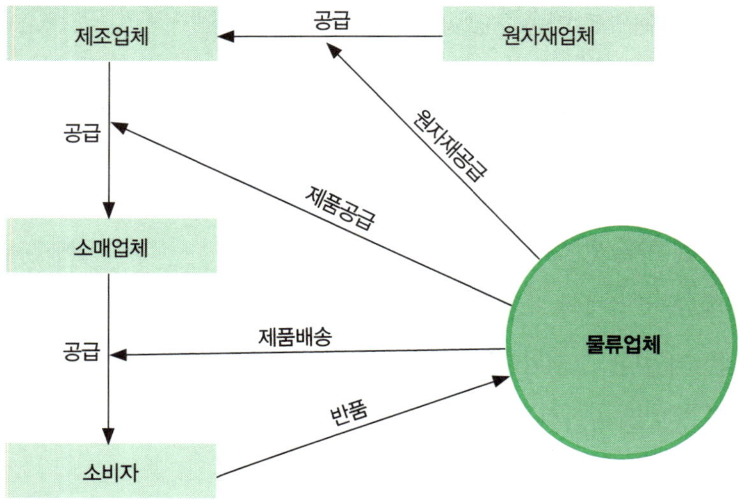

넷째, 정보업체의 역할이다. 정보업체는 한마디로 데이터를 분석해주는 역할을 한다. 즉 정보업체는 누가, 무엇을, 어떻게, 어떤 방식으로, 얼마나 구매했는지를 분석하여 그 결과가 효율적인 마케팅의 방안으로 활용되도록 한다.

그림 2-8 | 정보업체의 역할

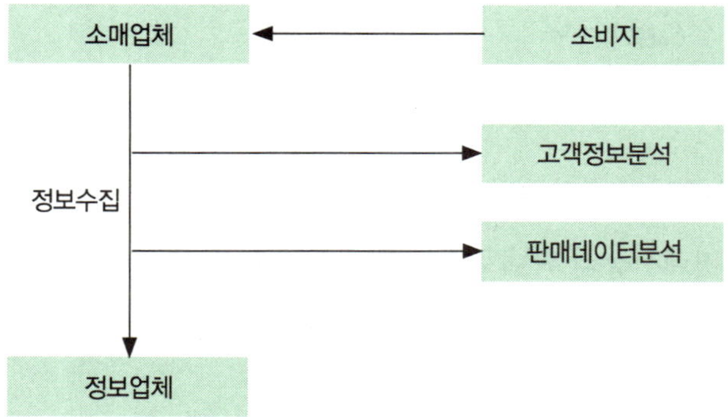

다섯째, 금융업체의 역할이다. 금융업체의 대표적인 형태는 카드회사

이다. 카드를 사용하고 구매함으로써 신용을 제공받고 보증을 받을 수 있는 것이다.

그림 2-9 | 금융업체의 역할

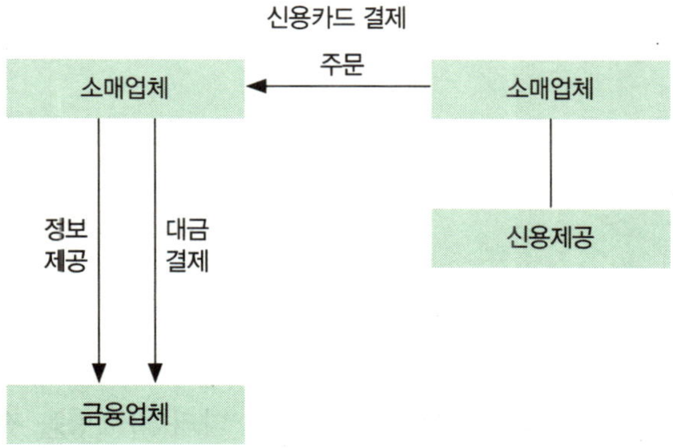

Chapter 04

과학적 상품운영을 위한 MD지표 관리방안

현대는 고객분석을 우선시하고 근거에 따라 마케팅을 전개하는 시대이다. 이에 계수관리는 상품운영을 함에 있어 매우 중요한 영업지표로 활용되고 있다. 계수관리란 각 개별 업무활동에 대한 객관적 목표 부여와 성과 측정을 위해 각 개별 활동에 대한 내용을 수치화한 것을 말한다.

계수관리의 목표는 이윤창출에 있으며, 이윤창출을 위해서는 업무활동을 체크하고, 관리하고, 평가하고, 예측하는 활동이 이루어진다. 다시 말해 계수관리는 단순한 문서업무(Paper Working)가 아닌 이윤창출을 위한 현재와 미래의 업무에 대한 지표를 산출하고 활용하는 데 그 목적이 있음을 알 수 있다.

그림 2-10 | MD지표 활용목적

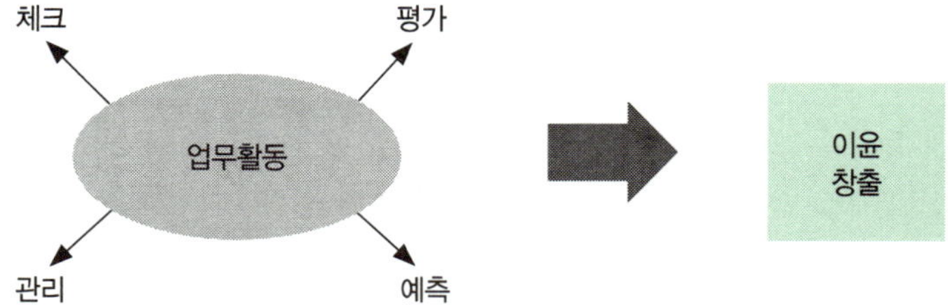

MD지표의 활용은 크게 세 가지로 구분하여 설명할 수 있다.

첫째, 과거 실적에 근거하여 분석하고, 현재 환경에 대한 분석을 통해 미래 결과치를 예측하는 것으로 매출추정 및 손익추정이 가능하다.

둘째, 관리가 가능한 항목을 구분하여 세분화된 계획을 수립하는 것으로 손익계획, 매출계획, 매가변경계획 등이 있다.

셋째, 수행된 결과에 대해 분석하고 원인을 규명하여 반영하는 것으로 매출분석 및 매가변경분석이 있다.

영업현장에서 사용되고 있는 주요 영업지표에는 영업실적을 활용한 분석과 과거 실적을 활용한 예측이 있으며, 다음과 같이 구분되고 있다.

| 표 2-3 | 매출항목분석

상품매출액	상품의 판매금액	객수×객단가
매출구성비	점포매출에 대한 해당 부서의 매출점유율	부서매출÷점포매출×100
매출이익률	매출에 대한 매출이익액의 점유율	매출이익÷매출×100
매가변경률	매출에 대한 매가변경액의 점유율	매가변경÷매출×100
객단가	고객 1인당 구매금액	상품매출액÷객수

| 표 2-4 | 효율항목분석

인당 매출액	직원 1인당 매출액	매출액÷직원수
인당 매출이익액	직원 1인당 매출이익액(노동생산성)	매출이익액÷직원수
인건비 비율	매출액 대비 인건비 비율(인건비 효율)	인건비÷매출액÷100
노동분배율	매출이익액 대비 인건비 비율(인건비 효율)	인건비÷매출이익액÷100
평당 매출액	매장면적 평당 매출액(공간생산성)	매출액÷면적(영업면적)
평당 매출이익액	매장면적 평당 매출이익(공간생산성)	매출이익÷면적(영업면적)
재고회전율	점포보유재고의 일정기간 회전수준	매출액(월)÷평균재고액
재고보유일수	점포보유재고의 매출액 기준 판매일수	평균재고액÷일평균매출

| 표 2-5 | 과거 실적을 활용한 월별 매출예측

구분	1월	2월	3월	4월	5월	6월	7월	8월	9월	10월	11월	12월	합계	월 평균
2012년	1,152	704	926	891	913	887	913	929	1,052	787	735	825	10,726	896
2013년	808	651	690	767	787	772	830	826	846	712	676	778	9,143	762
2014년	762	741	795	787	783	753	817	822	809	760	671	760	9,260	772
평균	907	699	804	815	828	804	853	859	903	753	694	788	9,706	809
계절 지수	112	86	99	101	102	99	105	106	112	93	86	97	1,200	100

또한 지표를 관리하는 데 있어 필요한 기본적인 관리지식으로써 판매관리비를 이해해야 한다. 판매관리비란 점포경영을 위해 지출되는 고정비, 변동비 등의 영업비용과 경비를 말한다. 판매관리비의 증감은 점포의 영업이익에 절대적인 영향을 주기 때문에 더욱 중요한 계수관리지식이다.

그리고 손익계산서를 이해해야 하는데 손익계산서는 손익관리를 목적으로 일정기간 점포의 영업성과를 수입과 비용으로 대응시켜 일정한 규칙에 따라 작성한 점포의 성적표이고 이를 바탕으로 영업의 개선점을 도출해 낼 수 있다.

그리고 필요한 관리지식 중의 하나가 손익분기점의 이해이다. 점포의 매출액과 제비용이 일치하는 시점의 매출한계를 손익분기점이라 할 수 있다. 즉 매출이 이 수치에 미치지 못하면 적자상태이고 매출이 이 수치를 넘어서야 이윤이 발생하게 되는 매출한계점이다.

| 표 2-6 | 손익계산서의 구조

항목		항목설명
총매출액	상품매출	상품매출액
	부대영업수입	임대(갑+을)+입장료
	기타영업수입	장려금+기타+광고수입
	계	상품매출+부대수입+기타수입
총매출 이익	상품매출이익	상품매출이익액
	부대영업수입	부대영업수입액 = 매출이익액
	기타영업수입	부대영업수입액 = 매출이익액
	계	상품매출이익+부대영업수입+기타영업수입
판관비	인건비	직원급여+수당+상여+퇴직충당금
	기타경비	영업활동에 소요된 제비용
	계	인건비+기타경비
영업이익		매출이익 – 판매일반관리비 계
영업외비용 및 수익		영업활동 외에 소요된 제비용
경상이익		영업이익–영업 외 비용(수익)

이와 같이 적극적인 계수관리를 통해 판매계획을 수립하게 되고 판매계획의 목표는 '판매금액과 수량', '비용계획', '구매계획' 등 전체적인 숫자를 누가, 언제, 어느 정도로 세분화하여 수립하여야 한다.

Part 3

소매업 머천다이징

Chapter 01 고객 중심의 새로운 머천다이징 변화

Chapter 02 소매업 머천다이징

Chapter 03 이제는 머천다이징의 시대

고객을 사로잡는 **머천다이징**

Chapter

01

고객 중심의 새로운 머천다이징 변화

현대 소비자의 다양한 욕구는 소매업이 고객이 원하는 상품을 공급하도록 노력하게 하며, 고객이 즐겁고 편리하게 이용할 수 있도록 점포 디자인, 점포 레이아웃, 점포 설비와 장식, 고객서비스 등을 강조하게 되었다. 이는 온라인 전면(Front Page)을 어떻게 디자인할 것인가와 동일한 개념이라고 할 수 있다.

머천다이징의 새로운 의미는 소매업태, 점포 운영, 점포 디자인, 점내 상품진열, 가격정책, 고객서비스, 점내 프로모션과 상품기획 및 상품선정과 운영을 전체적인 일반소비자 및 불특정다수의 군중 속에서 어떻게 차별화하고 구별하여 목표고객 중심으로 결정하고 선택할 것인가를 말한다.

즉 고객의 입장에서 고객이 만족할 수 있는 상품과 서비스를 창조하고 제공하여 고객이 즐거운 마음으로 그것을 구매하고, 구매한 상품과 서비스를 이용한 후 그 가치에 대하여 만족하며 재구매할 수 있도록 하는 것이다. 이를 위하여 고객이 원할 때 즉시 공급하고, 고객이 구입할 수 있는 점포에 정확한 시간, 품질, 적절한 가격으로 서비스를 제공할 수 있도록 프로세스화하는 것이 필요하다.

다시 말해 머천다이징은 과학적이고 시스템적이어야 하며, 이를 통해 적절한 양의 매입과 재고관리, 매력적인 상품개발과 효율적인 유통시스템을 구현하는 것이다. 그러므로 머천다이징은 다음과 같은 사항에 유의해야 한다.

첫째, 목표고객을 중심으로 연구하고 실행해야 한다.

둘째, 고객이 만족할 상품, 서비스를 창조해야 한다.

셋째, 고객이 원할 때 즉각 공급할 수 있는 방식에 대한 연구, 즉 물류 유통시스템이 필요하다.

넷째, 고객이 선호하는 브랜드를 개발하고 확보해야 한다.

다섯째, 고객의 입장에서 즉시에 상품, 서비스를 제공받기 위해서는 점포 운영을 고객이 원하는 방식으로 운영해야 한다.

Tip 3-1 머천다이징의 6R

- Right Time : 필요로 하는 정확한 시간에 공급한다.
- Right Price : 자사와 고객의 이익에 맞는 합리적인 가격으로 결정한다.
- Right Quality : 좋은 품질의 상품을 선정한다.
- Right Quantity : 예상수요에 대비한 적절한 양을 매입한다.
- Right Place : 구입에 적절한 장소 및 위치를 확보한다.
- Right Goods : 고객이 기대하는 상품을 제공한다.

Chapter 02

소매업 머천다이징

유통산업에서의 상품화과정을 한마디로 머천다이징이라고 부른다. 머천다이징의 프로세스는 내 · 외부정보 파악 → 표적시장 선정 → 상품계획 → 판매관리계획 → 구매관리 → 상품관리 → 상품진열 → 판매 → 평가 · 분석을 통해 이루어진다.

여기에서 상품계획과 판매관리계획을 협의의 머천다이징이라 볼 수 있으며 상품계획에서부터 평가 · 분석까지를 광의의 머천다이징라고 할 수 있다. 이와 같은 머천다이징에서 가장 핵심에 있는 것은 바로 소비자를 직접적으로 상대하는 소매(Retail)라고 할 수 있는데 단계별로 요구되는 사항에 대해 알아본다.

1. 내 · 외부정보 파악

모든 상품의 기획은 문제와 필요성에 의하여 시작된다. 특히 대외적으로 소비자정보, 경제의 흐름, 법률의 변화, 사회적 이슈 등을 조사하여 분석하고 내부적으로는 회사와 개인의 역량과 스킬을 파악해야 표적을 선정할 수 있기 때문이다.

2. 표적시장 선정

표적시장 선정은 내·외부정보를 파악하여 분석한 결과에 기초한다. 동종업계는 물론 제품별 경쟁력에 대한 표적시장을 철저하게 분석하고 포지셔닝 설정을 통해 표적시장을 선정하고 이에 따른 마케팅전략을 수립해야 한다.

3. 상품계획

최적의 상품계획은 성공적인 머천다이징을 가져오기 마련이며, 상품계획의 핵심은 5가지로 요약된다. 시장에 적합한 아이템과 적정한 가격의 설정, 아주 적절한 시기, 재고로 남지 않을 적정한 수량, 소비자가 원하는 적절한 장소의 선정을 통해 상품의 폭과 깊이를 계획하고 상품을 개발해야 한다.

4. 판매관리계획

판매관리계획은 상품계획의 하나라고 볼 수도 있겠지만 판매관리계획에서 요구되는 것은 유통에 필요한 전문인력과 유통채널의 선정에 따라 판매시스템을 구축하는 것이다. 오프라인에서는 바코드체계와 POS시스템, 온라인에서는 ERP, SCM, VMI 등이 활용되고 있다.

5. 구매관리

구매(Sourcing)관리는 어떤 상품을 어느 기업으로부터 어떤 조건으로 구매할 것인가를 결정하는 것이다. MD들의 가장 중요한 업무라고 할 수 있으며, 신중하고 정확한 판단이 요구되는 과정임에 틀림없다.

6. 상품관리

상품관리의 두 가지 핵심은 재고관리와 적정재고 유지에 있다. 소비자가 찾는 상품을 소싱(Sourcing)하는 것도 중요하지만 고객들이 구매하고 싶은 상품이 품절된다면 판매기회를 놓치는 경우가 발생되어 기업성장에 장애요소가 될 수 있기 때문이다. 더욱이 지금의 소비자는 많은 상품과 생산자에게 노출되어 있어 언제든지 다른 곳에서 좋은 상품을 구매할 수 있다는 점을 명심해야 한다.

7. 상품진열

홈쇼핑, 인터넷쇼핑, 매장 등의 모든 판매는 상품진열 후에 발생된다. 특히 진열(Display)이라는 것은 단순하게 상품을 전시한다는 의미도 갖고 있지만 상품분류를 통한 진열은 매출을 확대시키는 방법으로 활용되고 있다. 다시 말해 주력상품과 보조상품, 구색상품과 신상품 등의 비율 조정을 통해 상품을 진열하고 진열의 높이를 어떻게 하는가에 따라 매출은 달라질 수 있다.

8. 판매

판매란 소비자와의 만남으로 결과를 만들어 내는 고객과의 접점이다. 소비자를 이해하고 만족시키지 못한다면 재구매와 기업발전을 기대할 수 없다. 지금은 소비자들이 많은 정보와 해박한 지식을 소유하고 있기 때문에 판매에 대한 전문인력과 교육이 선행되지 않는다면 결코 소비자를 감동시킬 수 없다.

9. 평가 · 분석

머천다이징의 과정을 평가하고 분석하는 것은 지표관리의 방법을 활용하고 있다. MD지표의 체계적인 관리와 분석을 통해 향후의 영업정책을 결정하고 기업의 전략을 수립하는 수단으로 활용하고 있다. 모든 일에는 늘 평가와 분석이 있어야 하고 이러한 과정을 이어갈 때 기업은 발전될 수 있다.

유통산업에서의 리테일이란 유통소매를 의미하며 소매는 오프라인에서의 점포 또는 전자상거래의 B to C거래를 통해 이루어지고 있다. 리테일에서 성공하기 위해서는 리테일 머천다이징을 성공적으로 수행해야 하는데 그 마케팅의 방안으로 점포의 상품구색을 어떻게 해야 할지, 고민하고 상품분류체계를 통해 구색을 정립해야 한다.

상품구색에 있어 가장 중요한 것은 소비자가 원하는 방향을 사전에 조사 · 분석하는 일이다. 진열기법에 대한 변화와 혁신이 요구되며 고객의 편리성을 추구하는 동선의 개념을 확립하는 것이 필요하고, 고객과의 접점에 놓여 있는 임직원의 체계적인 교육을 통해 고객을 대하는 마인드를 혁신해야 한다. 점포와 쇼핑몰을 경영함에 있어 고객에게는 서비스 마인드를, 기업에는 주인정신으로 무장한다면 고객을 감동시키고 상품을 변하게 하는 요인으로 작용할 수 있다. 또한 점포를 운영함에 있어 필요한 것은 노하우로서 지역상권을 분석 · 관리하고 매장운영에 대해 경험을 바탕으로 혁신할 수 있다면 매출과 이익을 창출하는 요인으로 작용한다.

지금의 소매 포인트는 1:1 마케팅이며 무엇보다 고객관계관리가 중요한 시점이다. 시스템을 개발하고 쇼핑 분위기를 편안하고 안전하게 준비하고 유도하기 위해서는 CRM을 통해 고객을 분석하고 대응하는 전략이 절실하며, 현대의 유통은 고객지향적인 마케팅을 추구한다. 마케팅을 모르고 있다면 절대로 판매증대가 이루어질 수 없고 전문지식과 실무경험이 있는 인재가 기업발전에 중추적인 역할을 담당하고 있다.

이와 같이 리테일 마케팅의 중심은 상품과 진열, 그리고 레이아웃이고 추가하여 그 업무를 수행할 수 있는 인재양성과 확보가 중요하다. 더불어 소비 트렌드의 변화에 따라 진열의 기법, 레이아웃의 기법 등에서도 많은 변화가 예고되고 있다.

동종업계에서도 차별화가 요구되고 효율적인 매장구성이 되었을 때 고객을 만족시킬 수 있고 판매가 증대되어 기업이 성장 · 유지될 수 있다. 상품의 수익성, 가격탄력성, 상품 라이프사이클, 재고계획, 매출실적, 판촉효율성, 지역특성 등의 평가와 분석을 통해 더 나은 머천다이징을 할 수 있을 것이고 이는 결국 기업발전에 필요한 핵심업무라고 할 수 있다.

Chapter 03

이제는 머천다이징의 시대

지난 2011년부터 머천다이징의 시대가 도래했다. 21세기는 정보화와 함께 문화가 융합되는 시대라고 볼 수 있다. 이 순간에도 많은 정보가 생성되고 소멸되고 있기 때문에 시장과 소비자를 연구하고 분석하는 것은 사업의 성패를 좌우하는 요소라고 할 수 있다. 다시 말해 어떤 상품을 개발할 것인가에 초점을 맞추기보다는 시장에서 원하고 있는 상품, 소비자가 필요로 하는 상품을 개발하는 것이 중요하며, 어떻게 판매할 것인가에 비중을 두는 것이 더 중요하다는 것이다.

머천다이징이란 상품을 제조업체 또는 공급(유통)업체에서 구입하여 일반소비자에게 판매하는 일련의 활동(ing)을 말하며 그 핵심기능으로 상품의 공급과 판매를 의미하는 것이다.

머천다이징이 중요해지는 이유 또한 히트상품을 만들어 가는 데 결정적인 요인이 되기 때문이다. 우리가 주변에서 흔히 볼 수 있는 상품은 왜 잘 판매되고 있을까, 누가 어떤 절차를 통해 상품이 탄생했을까에 대해 한 번쯤은 생각해보았을 것이다. 다만 잘 판매되고 있는 상품은 쉽게 만들어진 것이 아니라 기획하고 개발되는 과정에서 많은 우여곡절을 갖고 있다는 것이다. 히트상품은 그냥 탄생되는 것이 아니다. 누구나 대박의 꿈을 꾸면서 히트상품을 간절하게 원하고 있지만 모든 일에는 이유가 있기 마련이다. 히트상품을 만들어 내는 데 필요한 요소가 무엇인가, 어떤 점에 유의해야 하는가, 무엇을 검토해야 하는가를 연구하고 실행하는 것이 머천다이징이라고 할 수 있다.

최근 시장은 매우 빠르게 변화된다. 시장에 적합한 상품을 기획하여 히트를 시킨다는 것은 기본적이면서 특화된 요소가 갖추어져야 한다. 필자는 머천다이징시대에서 꼭 필요한 다음과 같은 네 가지 사항에 비중을 두고 강조하고자 한다.

첫째, 상품개발 및 관리를 담당하는 자는 전문지식이 있어야 한다. 뭔가를 해보려면 하기 전에 알아야 한다. 모르는 상태에서는 해봐야 실패하기 때문에 사전에 많은 연구를 통해 지식을 습득하는 것이 필요하다.

둘째, 구체적인 목표를 수립해야 한다. 마케팅을 한다는 것은 투자를 통해 수익을 확보하는 것이다. 머천다이징의 기본목표는 수익창출에 있기 때문에 추상적인 목표수립은 시행착오를 가져오고 실패의 원인이 된다.

셋째, 상품과 마케팅을 신뢰하고 추진해야 한다. 자신이 수립한 계획을 신뢰하지 못한다면 절대로 성공할 수 없다. 자신이 기획한 상품은 이 세상에서 가장 좋은 상품이라는 확신과 최상의 마케팅전략을 실행하고 있다는 믿음을 가져야 성공하게 된다.

넷째, 철저하게 실행해야 한다. 누구에게든 자신이 하고 있는 상품기획에 대해 자신 있게 말할 수 있어야 한다. 왜 이 상품을 기획했는지, 어떤 점이 특징인지, 다른 상품보다 좋은 점은 무엇인지, 목표는 무엇인지 등에 대해 정확하게 말할 수 있어야 한다.

Part 4

상품에 대한 이해

Chapter 01

히트상품과 대박상품의 차이점

우리는 살아가면서 히트상품이라는 이야기를 자주 듣는다. 그렇다면 기업에서 출시하는 상품들이 모두 히트하는 것일까? 결코 그렇지 않다. 많은 상품 중에서 히트하는 상품은 불과 5% 이내이다. 다시 말하면 100개 중에 5개 정도가 히트한다고 한다. 그렇다면 히트상품이란 무엇을 말하는 것일까?

히트상품은 크게 두 가지로 구분할 수 있다. 첫째, 히트상품은 일정한 기간 내에 가장 많이 판매된 상품을 말한다. 둘째, 투자비용은 적게 들어가고 매출과 수익이 높게 실현된 상품을 히트상품이라고 말한다.

히트상품이 되기 위해서 가장 중요한 요소 중의 하나가 호감을 갖도록 하는 것인데 소비자들은 상품의 구매나 서비스의 이용을 선택하면서 좋은 감정 또는 나쁜 감정을 갖는다. 이러한 구매과정에서 상품에 대해 갖게 되는 좋은 감정을 호감이라고 한다.

사람들 간의 관계 속에서 호감이란 모든 조건을 무시한 채 개인이 느낄 수 있는 좋은 감정으로 기업 측면에서는 지속적인 마케팅활동에 의해서 발생될 수 있고, 소비자 측면에서는 경험 및 입소문에 따라 결정되어진다. 기업들은 소비자의 의견을 무시하지 못한다. 그러므로 마케팅활동을 통해 소비자로부터 호감을 이끌어 낼 수 있어야 한다.

소비자들은 어떤 상품에 대해 호감을 갖게 되면 같은 회사의 생산제품에 대해서도 호감을 느끼게 되는 경우가 많은데 이러한 현상을 '상품 간의 호감 이전 현상'이라고 한다. 호감을 느끼게 하기 위해서는 여러 가지 마케팅전략이 필요하지만 브랜드 매니지먼트에 대한 전략적 요소가 무엇보다 중요하다. 따라서 소비자가 어떤 상품에 대해 호감을 갖는 것이 매우 중요하며 직접적으로 호감이 형성된다면 히트상품으로 가는 지름길이 되는 것이다.

기업에서 절대적으로 필요한 것 중의 하나가 신상품의 출시이다. 신상품이란 지금까지의 상품에서는 얻을 수 없는 새로운 가치를 갖고 있는 상품이라 할 수 있다. 다시 말해 신상품의 포인트는 새로움을 추구하고 가치를 부여하는 데 있다고 할 수 있다.

일반적으로 세 가지 측면에서 신상품을 정리해볼 수 있다. 첫째, 상품의 신기술을 접목시켜 생활의 편리성을 추구하게 되는 상품이다. 둘째, 창의적인 아이디어를 바탕으로 상품이 탄생하고 이를 소비자의 감정에 호소하는 것이다. 셋째, 소비자가 느끼게 되는 새로움으로 재미를 부여할 수 있고 생활의 즐거움을 줄 수 있는 상품을 말한다.

기업들은 매일같이 신상품개발에 힘쓰고 있는데 그것은 기업의 성장에 있어 바탕이 되기 때문이고 이는 기업 간의 치열한 경쟁과 생존을 위한 중요한 과제라고 할 수 있다. 이와 같은 신상품이 개발되지 않는다면 히트상품이 탄생할 수 없다.

히트상품이 탄생하기 위해서는 시장과 수요가 있어야 한다. 시장에서는 유·무형의 많은 상품들이 거래를 통해 유통되는 불가분의 관계에 놓여 있다. 제품이나 서비스를 구매하거나 구매가능성을 지닌 소비자들의 거래가 이루어질 수 있는 장을 '시장'이라고 한다.

시장은 대체로 지나버린 과거시장, 현재시장에서의 기존시장과 신시장, 미래시장에서의 잠재시장과 다가올 시장으로 구분된다. 이와 같이 살아 움직이는 시장에 적응하기 위해서 지속적으로 개발되는 것이 상품이다. 기업들은 상품을 기존상품과 신상품으로 구분하여 시장개척과 경영다각화에 힘쓰고 있다.

신상품개발에는 많은 연구비와 개발비가 투자된다. 더구나 신상품은 기존상품보다도 큰 리스크를 갖게 된다. 그러므로 신상품개발에는 반드시 사전검토가 필요하고 전략적인 접근이 요구된다. 특히 신상품을 개발하는 데 있어서 모방형 전략보다는 선행전략에 마케팅지향형 전략을 사용하는 것이 좋으며, 소비자의 니즈와 수요를 창출할 수 있는 상품을 개발하여 성공확률을 높이는 것이 우리들의 과제이다.

| 표 4-1 | 히트상품과 대박상품의 차이

구분	히트상품	대박상품
수량	많이 판매	많이 판매
수익	수익보다는 수량에 비중	수익 확보 중심
투자	효과성 지향	효율성 지향

Chapter

02

브랜드와 상품

브랜드란 무엇일까? 자신의 회사, 제품 또는 서비스에 정체성을 부여하고 경쟁사의 제품 또는 서비스와 차별화시키기 위하여 사용되는 이름, 디자인, 이들의 결합체를 브랜드라고 한다. 다시 말해 브랜드란 소비자들의 머릿속과 마음속에서 창출되는 생명체라고 말할 수 있다.

브랜드는 소비자와 기업을 연결해주는 매개체로서의 기능을 담당한다. 기업은 브랜드관리를 통해 파워 브랜드를 만들 수 있고, 파워 브랜드는 소비자들에게 좋은 이미지를 형성할 수 있기 때문에 기업 및 브랜드에 대한 충성도가 강화되고, 이로 인하여 매출증대의 결과로 나타난다. 이와 같이 브랜드는 상품의 존재와 가치를 대변해주는 의미를 지닌다. 그만큼 브랜드 네임이 중요하다는 것을 알 수 있으며, 브랜드 네임은 기업이 전달하고자 하는 메시지를 담고 있어야 한다. 이는 고객의 마음을 사로잡는 최초 접점으로서 브랜드 인지와 의사소통의 기본이 되는 핵심적 요인이기도 하다. 브랜드 네임은 소비자들로 하여금 제품이나 서비스에 브랜드 로열티를 얻게 하고 법적으로 보호받아 타인의 남용을 방지함으로써 지적재산권에 대한 권리를 보장받을 수 있다.

브랜드는 짧은 시간에 효과적으로 의미를 전달해야 하기 때문에 소비자들의 기억 속에 제품이 각인되기 위해서는 마케팅 커뮤니케이션활동이 있어야 한다. 그렇다면 브랜드는 어떤 절차를 통해 개발되는 것일까? 먼저 시장상황에 대한 분석이 선행되어야 한다.

시장상황은 내부 및 외부상황을 말한다. 기획 단계에서 시장상황분석으로 내부분석과 외부분석이 있다. 내부분석에서는 예산수립, 기존브랜드와의 관계분석, 제품의 장 · 단점 및 특징, 경쟁요소에 대한 분석을 말한다. 외부분석에서는 거시경제, 미시경제, 시장전망, 유통구조, 가격현황, 소비자 관여도, 트렌드, 경쟁상황, 경쟁 브랜드, 주타깃과 보조타깃, 연령, 성별, 기호, 구매패턴, 소비자니즈 등을 파악하고 분석해야 한다.

다음에는 콘셉트를 도출한다. 브랜드의 개념과 구상, 발상 등 우리는 누구인지, 그것은 무엇인지를 늘 연구해야 한다. 특히 브랜드 콘셉트에서는 제품이나 서비스가 갖고 있는 본질을 알릴 수 있는 것과 브랜드로서 승화된 개념으로 핵심이나 아이덴티티, 비전, 철학을 나타낼 수 있어야 한다.

이제는 포지셔닝에 대한 설정이 필요하다. 해당 브랜드가 어떻게 다른지, 왜 그것이 다른지에 대한 차별화가 필요하다. 소비자의 머릿속에 구분되어져서 위치한, 차별적 인식을 할 수 있도록 한다. 그리고 포지셔닝맵을 그려본다. 횡으로는 상징성과 서술형, 종으로는 자연친화적과 인위적 등 아이템에 따라 경쟁상품과 함께 포지셔닝맵을 그려보는 것이다.

마지막으로 브랜드 네임 스펙트럼을 분석해야 한다. 브랜드가 상표로서 등록받을 수 있는지에 대한 가능 여부를 검토할 수 있도록 언어적 포지션분석에 큰 도움을 주는 것이 브랜드 네임 스펙트럼으로, 설명어군, 연상어군, 독립어군으로 분류된다. 이와 같은 절차를 통해 브랜드가 개발되는 것이고 그 브랜드는 다시 기업 브랜드, 패밀리 브랜드, 개별 브랜드로 개발될 수 있다.

브랜드 네임은 크리에이티브(Creative)전략이 요구된다. 브랜드의 방향성, 목표 이미지, 톤앤매너(Tone & Manner), 키워드 추출, 발상기준점, 검색범위 결정 등의 전략을 말한다. 방향성과 이미지는 제품 자체의 것과 타깃이 선호하는 이미지를 말하고 톤앤매너는 단순함, 유머, 규모 등의 키워드와 관련이 있다.

키워드 추출은 이미지와 업종을 고려하고 테마, 시대적 키워드에서 추출하는 것이 가장 좋다. 발상의 기준은 적합성, 부정의 배제, 국제성, 상표등록성, 디자인 적합성, 가독성, 기업용이성, 발음용이성을 고려해야 한다. 검색범위에 대해서는 상호검색, 상표검색, 도메인검색, 해외상품검색 등을 통하여 문제가 없도록 하는 것이다.

지금까지 시장상황을 파악하고 분석하는 절차에 대해 살펴보았다. 이제는 개인적인 발상과 더불어 집단적인 발상을 필요로 하기 때문에 그 방법에 대해 알아보자. 개인적인 발상은 자료수집 및 분석, 개인의 창의성에 의존한다. 집단적인 발상에는 아이디어 회의, 연상 이미지 구축, 대표 및 연관 키워드 추출, 브레인스토밍이 있어야 한다.

브랜드는 소비자 입장에서 보는 느낌과 시각을 충분히 고려하는 것이 가장 중요하다는 것을 알아야 하고 브랜드 네임을 개발할 때는 여러 측면에서의 검토가 필요하다. 언어적인 측면에서는 기업성, 발음의 용이성, 가독성, 국제성을 검토한다. 전략적인 측면에서는 콘셉트와 차별성, 대표성, 확장성에 대해 검토한다. 법률적인 측면에서는 법적 보호성, 디자인 적용성에 대한 검토가 요구된다. 이미지 측면에서는 부정적인 연상과 의미에 대해 다시 한 번 검토해보는 것이 바람직하다. 이와 같은 검토는 쉽게 지나칠 수 있다는 점을 인식하고 반드시 확인해보는 것이 좋다.

상품이라는 것은 이름이 있어야 판매될 수 있는데, 그 이름이 여러 가지 측면에서 검토되고 잘 만들어질 수 있다면 소비자의 신뢰도는 증가하고 선호도가 높아져 좋은 상품으로 히트할 수 있게 된다. 아이가 출생하기 전 부모는 그 아이의 이름을 여러 가지로 짓기도 하고 생각해보기도 한다. 이처럼 상품이라는 것은 기획 단계에서 브랜드 네이밍 절차에 따라 분석하고, 발생하고, 검토하는 과정을 거쳐야 비로소 좋은 상품이 탄생될 수 있다.

Chapter

03

히트상품의 맥

우리가 생각하는 히트상품의 맥은 과연 무엇일까? '맥'은 '핵심'이나 '키(Key)'로 이야기할 수 있기에 히트상품을 만들어 내는 핵심요소라고 할 수 있다.

히트상품의 맥에는 정답이 없겠지만 필자들은 경험에 바탕을 두고 네 가지로 정리해본다.

첫째, 수요를 일으키는 상품이다. 수요는 시장에서 일어나기 때문에 소비자의 니즈와 판매 여부를 조사하고 분석한다면 히트상품을 만들어 낼 수 있다.

둘째, 가격경쟁우위를 확보한 상품이다. 최첨단의 기술을 도입하여 제조원가를 절감할 수 있다면 수익증대는 물론이고 판매성과를 크게 높일 수 있는 계기가 마련될 수 있다.

셋째, 희소성이 강한 상품이다. 소비자는 늘 새로움을 느끼고자 한다. 쇼핑을 하면서도 가장 눈길을 두는 곳은 신상품에 있다고 할 수 있다. 따라서 국내 유일한 상품, 기존상품보다 차별성이 강한 상품을 만들어 낸다면 성공률은 높아지게 된다.

넷째, 가치성을 지닌 상품이다. 인간생활에서 가장 중요한 것은 삶의 가치를 높이는 것이다. 쇼핑하기, 여행하기, 운동하기 등 모든 것은 삶의 가치를 높이기 위한 것이고 대부분이 상품의 하나라고 볼 수 있다. 상품 구매와 소비를 통해 삶의 가치를 높일 수 있다면 히트의 요인이 될 수 있다.

5
Part

상품소싱과 관리

고객을 사로잡는 **머천다이징**

Chapter 01

상품소싱 노하우

좋은 상품의 발굴은 비즈니스에 있어 기본적인 요소라고 할 수 있는데 좋은 상품을 발굴하기 위해서는 소싱에 대한 전략이 필요하다. 소싱이라는 말은 소스(Source)에서 유래되었고 소스의 사전적 의미는 원천, 근원, 원인, 공급원, 출처, 정보원의 뜻으로 해석되고 있다.

소싱이란 일반적으로 구매자를 상대로 한 상품이나 서비스를 기획하는 데 있어 판매하고자 하는 상품의 경쟁력 확보와 구성 강화를 위해 국내외 협력사를 개발하여 경영의 효율화를 기하고 기회 손실의 최소화를 목적으로 일련의 프로세스를 거쳐 상품과 공급원을 개발하는 과정을 말한다.

소싱의 절차로는 먼저 시장을 조사하고 분석한다. 그리고 고객니즈를 파악하고 콘셉트와 포지셔닝을 설정한 후 마케팅계획을 수립한다. 공급업체로부터 소싱을 추진하며 상품구매를 결정하고 판매를 개시한다. 판매 후에는 매출과 수입, 재고관리 등을 통해 효율성을 분석 · 평가한 후 지속 여부를 결정하게 된다.

소싱에서 가장 중요한 요소 중의 하나는 좋은 아이템의 선정이다. 아이템이란 상품을 말하는데 상품은 상적 유통의 대상이며 기업성장의 원동력이다. 일반적인 유통과정을 살펴보면 제조업체들이 국내외에서 원료를 매입하고 생산을 한 후 제품을 도매업체 또는 소매업체에 공급하는 형태를 보인다. 이러한 과정에서 시장확대, 재고유지, 주문처리, 시장에 대한 정보제공, 고객서비스 대행의 역할을 하는 것이 바로 상품이다.

아이템을 선정할 때는 자신이 가장 잘할 수 있는 상품으로 해야 하고 귀를 열어 시장정보를 획득하는 것이 중요하다. 시장정보에 따라 분석을 해야 하며 시장세분화 및 고객세분화를 결정한다. 시장조사를 쉽게 할 수 있는 방법으로는 키워드조사가 있다. 관심 있는 아이템을 체크하는 방법으로 월별 또는 계절별 키워드를 검색해보면 유행 아이템을 찾아낼 수 있다.

아이템의 유형에는 내가 잘 아는 상품, 공급가격이 좋은 상품, 틈새상품, 수익성이 높은 상품, 재구매나 확장구매가 가능한 상품, 마니아층이 형성될 수 있는 상품, 편익을 주는 상품, 병행판매가 가능한 상품 등으로 나눌 수 있다.

아이템을 평가하기 위해서는 자신이 할 수 있는 역량, 시장과 수요의 타깃, 아이템의 시장성, 경쟁자 여부, 포지셔닝전략, 차별화전략 등의 요소들을 하나하나 평가하고 분석하여 최적의 아이템을 발굴해야 한다.

아이템 선정 시 유의할 사항으로는 아이템의 성장성을 검토해야 한다는 점을 들 수 있다. 아이템은 사업의 비전을 제시해야 하고 경쟁업체 현황과 시장지배력을 파악하여 틈새시장을 공략하는 것이 가장 좋은 방법이다. 그리고 경쟁상품의 가격조사를 통해 항상 자사의 상품과 비교 · 분석을 하고 경쟁사의 제품의 장점을 벤치마킹할 필요가 있다. 결론적으로 가장 이상적인 아이템은 '높은 시장성과 낮은 경쟁도'를 가진 상품이라는 것을 알아야 한다.

아이템 공급처를 발굴하는 방법에는 여러 가지가 있다. 최근에는 인터넷으로 검색을 하고 공급업체를 방문, 상담한 후에 상품의 경쟁력을 조사하고 발굴하는 방법이 널리 사용되고 있다. 다만 상품평가를 위해 전문가들에게 컨설팅을 받기도 하고, 의견을 수렴하여 최종결정을 하게 된다.

또 다른 방법으로는 거래처 또는 지인으로부터 소개받는 방법이 있으며, 이는 신뢰할 수 있다는 면에서 좋은 방법 중의 하나이다. 결국 좋은 공급처를 발굴하기 위해서는 발로 뛰는 것이 가장 좋다. 노력과 비용이 발생되긴 하지만 실제 거래처를 방문하고 상담을 통해 서로를 이해할 수 있고 신뢰할 수 있다는 면에서 지속적인 거래의 시작이기도 하다.

국내에서 상품소싱을 위해 대표적으로 찾아가는 시장의 현황은 다음과 같다.

- 수입품거래를 위한 남대문시장
- 의류상품거래를 위한 동대문시장
- 원단거래를 위한 광장시장
- 건강식품거래를 위한 경동시장
- 의류도매거래를 위한 두타, 밀리오레 등
- 농수산물거래를 위한 가락동 농수산물 도매시장, 노량진 수산시장 등
- 생활용품거래를 위한 장안평 유통단지, 화곡동 유통단지 등
- 수입상품거래를 위한 중국, 일본, 이탈리아, 프랑스, 미국 등

또한 좋은 아이템을 선정하기 위한 평가요소는 다음과 같다.

- 먼저, 할 수 있는 역량이 있는가?
- 아이템은 시장성이 있는가?
- 타깃고객이 누구인가?
- 경쟁자는 누구인가?
- 어디에 포지셔닝할 것인가?
- 차별화할 수 있는 전략을 가지고 있는가?

지금까지 살펴본 바와 같이 좋은 상품을 소싱한다는 것은 쉽지 않다. 그만큼 기회와 리스크가 크다는 것을 암시하기도 한다. 결국 좋은 상품을 소싱한다는 것은 사업성공을 말해주기 때문에 좋은 아이템과 좋은 거래처를 발굴하는 역량은 매우 중요한 요소이다.

Chapter

02

성공적인 상품관리

유통에서 상품관리란 여러 가지 의미를 갖고 있지만 그 중에서도 상품구성계획, ABC분석, 진열관리, 재고관리, 적정발주, 판촉수단의 합리화, 가격정책, 브랜드 선정 및 관리 등이 더욱 중요하다.

상품구성계획은 상품의 폭과 깊이에 대해 고민하고 그 매체와 장소에 가장 적합한 형태의 상품을 개발하는 것이다. 상품구색을 갖추기 위해서는 상품의 폭과 깊이에 따른 상품의 다양성과 전문성을 변화시켜 주고, 이것이 상품관리에 있어 검품과 적정재고 유지와 관련성이 있다는 것을 염두에 두어야 한다.

ABC분석은 상품별 매출액과 총이익을 기준으로 주력상품, 보조상품, 구색상품, 팔리지 않는 상품으로 분류하는 것이다. 소비자의 등급을 분류하여 관리하듯이 상품을 기여도에 따라 분류하고 관리하는 것을 말한다. 특히 머천다이징에서 ABC분석은 파레토법칙이 적용되고 있으므로 철저한 분석과 관리가 요구된다.

상품관리에서 진열관리는 상품을 진열함에 있어 진열관리 프로그램과 연동시켜 매출과의 관계를 분석하고 활용하는 것이다. 상품의 진열을 흔히 디스플레이라고 말하며 상품의 페이싱(Facing)을 통해 관리하는 것이 일반적이다. 상품의 매출기여도 및 소비자의 구매력 등을 고려하여 어떤 상품을 어느 자리에 진열해야 하는지를 판단해야 하며, 과거의 데이터와 시기를 고려해 결정하는 것이 일반적이다. 예를 들어 매출액과 총이익이 가장 좋은 경우에는 AA로 분류하여 눈높이보다 약간 아래쪽에 진열하게 된다.

| 표 5-1 | 상품관리요소

정보관리	• 상품구성계획 • ABC분석 • 진열관리 • 발주 및 재고관리 • 판촉수단 • 가격정책 및 관리 • 브랜드관리
종업원관리	• 판매사원별 매출관리 • 일일처리 고객수 • 시간당 처리수
고객관리	서비스관리

재고관리는 단품관리를 원칙으로 하는 것이 일반적이다. POS를 설치하는 이유 또한 단품관리를 위한 시스템이 필요하기 때문이라고 할 수 있다. 단품관리가 제대로 되었을 때 재고관리의 80% 이상은 성공한다. 유통시장에서 경쟁우위를 확보하기 위해서는 일단위 단품수불 및 이익정보를 활용한 정확한 판단이 필요하다.

상품의 단품단위까지 관리할 필요성이 제기되는 이유는 재고증가에 따른 비용의 발생, 단품단위의 정보부재로 인한 정확한 판단불가, 전략적 매출 및 이익증대 방안 필요, 향후 자동발주에 대비한 기초자료 부재, 분실 및 폐기 등의 기준이 애매하기 때문이다.

따라서 단품관리의 고려사항으로는 분석이 가능한 시스템, 모든 점포에서의 수행속도 보장, 바코드 입력 및 상품분류 적용, 철저한 사전/사후 관리의 가능성, 연관된 시스템 간의 빈틈없는 업무연결 등이 고려되어야 한다.

재고관리는 매우 민감한 사안으로 직접적으로 담당하는 자가 있는 반면에 머천다이저에게 책임을 부여하는 경우도 있다. 재고관리는 상품회전율과 적정재고 유지 여부에 따라 기업에 이익을 주기도 하고 손실을 가져올 수 있는 경우가 있기 때문에 적정발주를 통해 이 문제를 해결할 수 있다.

적정발주는 재고를 증가시키지 않으면서 품절이 발생되지 않도록 하는 것이다. 여러 가지 조건에 따라 기준을 정하고 있지만 과거의 데이터 중에서 기후조건, 요일별 매출, 시간대별 매출, 요일별 객수 등을 활용하고 있다.

판촉수단의 합리화는 한마디로 판매증대를 위한 프로모션이라고 할 수 있다. 일반적으로 프로모션은 다음과 같은 10가지 수단이 활용되고 있다. 사은품 증정, 적립금 혜택, 견본품 제공, 쿠폰 발행, 할인판매, 프리미엄 제공, 콘테스트 행사, 묶음가격 행사, 보너스팩 증정, 이벤트 후원 등이다. 참고로 현재 국내에서는 사은품 증정, 적립금 지급, 가격할인 형태가 가장 좋은 반응을 보이고 있다,

가격정책은 기업의 내부요인과 외부환경요인에 따라 영향을 받는다. 내적 요인에는 상품원가, 조직 내 특성, 마케팅목표, 마케팅믹스전략을 고려하는 것이 일반적이다. 외적 요인에는 시장과 수요의 본질, 경쟁요소, 경제현황, 거래처, 정부정책, 사회적 이슈 등을 고려하게 된다.

일반적인 가격전략에서는 카테고리별로 아이템을 구분하고 구매빈도를 파악하여 가격을 결정하게 된다. 가격대관리는 고객층에 부합되는 매장 구성과 정확한 영업정책의 수립을 통해 이루어지며 주력상품군, 고가

격상품군, 저가격상품군으로 분류된다. 효율적인 상품의 가격정책은 매출 증대, 상품회전율 증대, 재고관리 개선, 가격인하 감소, 진열의 개선, 광고의 효율 및 투자효율 개선, 브랜드 선별, 신용 증대를 가져오게 된다.

브랜드의 선정 및 관리는 매출 및 이익과 직접적인 연관성을 지니고 있다. 상품관리를 함에 있어 어떤 거래처를 선정하고 관리한다는 것은 상품력과 판매력을 말해주기도 하고 안정적인 공급 여부를 판단할 수 있는 요소이기 때문이다.

| 표 5-2 | 좋은 브랜드 및 거래처 선정의 8가지 조건

상품 측면	마케팅 측면
• 유리한 가격조건을 확보 • 상품구색 보강가능 • 안정적인 공급에 대한 확실성 • 기술적 서비스의 우수성을 검증	• 판촉활동을 위한 지원이 가능 • 프로모션상품의 지원 • 경영의 안정성과 성장성 확인 • 브랜드에 대한 신뢰도 구축

Part 6

성공사례연구

많은 히트상품 중에서도
지속적으로 잘 판매되고 있는 6개를 선정하여 소개하고자 한다.
누구나 온라인과 오프라인 유통에서
한 번쯤은 보았을 상품의 분석을 통해 그 히트이유를 생각해보자.

Chapter 01

황충길 명장의 '옹기쌀독'

1. 개발동기

2001년 TV홈쇼핑회사는 모두 5개사로 늘었다. 1995년 시작된 39쇼핑(CJ오쇼핑), LG홈쇼핑(GS홈쇼핑) 외에 현대홈쇼핑, 우리홈쇼핑(롯데홈쇼핑), 농수산홈쇼핑(NS홈쇼핑)이 사업을 시작했다.

개발자는 CJ홈쇼핑에 근무하다가 농수산홈쇼핑의 설립멤버로 옮겨 상품기획팀을 맡게 되었다. 농수산홈쇼핑의 설립배경과 취지는 농민들의 생산품을 적극적으로 판매하여 도움을 주자는 것이었다. 다시 말해 수입품은 판매할 수 없었고 농산물, 수산물, 축산물, 가공식품 등을 80% 이상 판매해야 하는 것이 원칙이었고 20%는 관련상품으로 제한되었다. 그래서 생각했던 상품 중의 하나가 주방관련 상품, 지역특산품의 개발이었다.

2. 개발과정

2001년 주방관련 상품을 개발해보자는 목표하에 5월경 여주 도자기 박람회를 관람하게 되었다. 관람이유는 전통식기와 공예품을 개발해보

고자 하는 것이었고 하루 종일 이런저런 전시품들을 구석구석 살펴보았지만 눈에 들어온 것은 도자기 분수와 다기세트 정도였다. 도자기 분수와 다기세트에 대한 아이디어를 갖고 샘플을 각각 1개 세트씩 구입한 후 차를 몰아 서울로 향했다.

여주를 출발하여 이천쯤에 왔을 때 도로상의 도자기 점포에서 판매하고 있는 항아리가 보였다. 왠지 마음에 끌린 항아리에 차를 돌려 점포를 방문하게 되었다. 상품을 구경하면서 주인장에게 물어보니 용도는 역시 항아리였다. 사이즈에 차이가 있을 뿐, 용도는 항아리에 불과한 것이었다.

그러나 아이디어가 떠올랐다. 항아리의 용도를 '웰빙쌀독' 또는 '옹기쌀독'으로 판매해보면 어떨까?

그래서 주인장에게 정중하게 요청을 했다. 돈을 드릴 테니 옹기를 가마에 구울 때 세 가지 사이즈로 작업을 해서 구워 주면 다시 방문하여 가져가겠다고 요청했다. 3주 정도 지난 후에 주인장으로부터 연락이 왔다. 쌀독이 나왔으니 공장(가마)에서 한 번 만나자는 제의였다.

일정을 잡아 공장을 방문하게 되었고 용량 20kg/10kg/5kg의 쌀독이 나왔다. 나름대로 보기 좋은 '분청쌀독'이 개발되었다.

3. 가격결정

2001년 당시만 해도 쌀독이라고 하면 플라스틱 또는 나무로 만들어진 쌀통이 가장 좋은 상품이었다. 사실 옛날 조상들이 항아리에 쌀을 보관하곤 했지만 쌀독의 용도는 아니었다.

가격을 결정함에 있어 상품의 특성상 가장 우선시된 요소는 상품원가였다. 원가에 적정마진을 붙여 출고하기를 원했고, 형태는 판매수수료를 추가한 TV홈쇼핑에서의 판매였다. 그래서 결정된 상품가격 69,000~79,000원대로 시판하기 시작했다.

소비자들의 반응은 비교적 좋았다. 평상시에 작품이라고 생각했던 도자기류를 '분청사군자쌀독'이라는 상품명으로 쌀도 보관하고 가정에서는 인테리어 개념의 작품으로 인식될 수 있었다.

4. 황충길 명장 '옹기쌀독'의 탄생

분청사군자쌀독은 점점 매출이 증가했고 소비자들의 관심은 높아졌다. 매출이 증가한다는 것은 경쟁자의 출현을 가져왔다. 출시 1년이 지나자마자 이미 3개의 회사가 비슷한 상품을 출시했다.

이제는 차별화가 필요한 시기였다. 여러 차례 공급자와 회의가 이루어졌고 유통채널을 확대하는 등의 방법으로 매출의 증가세는 이어졌다. 출시 2년 정도가 지났을 때 상품에 대한 근본적인 차별화의 필요성을 느꼈다. 그래서 찾아낸 것이 옹기였다. 옹기시장을 조사하다 보니 가장 눈에 들어오는 것이 무공해, 친환경, 조상의 지혜, 생활의 멋이었고 차별화요소가 될 수 있는 것은 옹기부문 명장이 단 한 분이라는 것이었다. 바로 충남 예산에 소재한 전통예산

옹기의 황충길 명장이었다.

시장조사를 마친 후 무턱대고 예산으로 향했다. 몇 번을 물어봐서 찾아가니 명장님은 안 계시고 만날 사람이 없어 결국 기다리다가 돌아오게 되었다. 다음을 기약하면서 시장조사를 통해 옹기분야와 쌀독분야에 대해 시장조사서 및 분석자료를 만들었고 3주가 지났을 때 사전약속을 하고 찾아가게 되었다.

찾아갈 당시만 해도 주로 생산되고 유통되는 것은 주방용 옹기와 작품성 옹기류가 대부분이었다. 먼저 준비해 간 자료를 내밀고 시장현황에 대해 30분 정도 설명하고 나니 조금은 감동하는 눈치였다. 다음은 제안이 필요했다.

준비해 간 자료를 내밀면서 '10kg과 20kg 용량의 쌀독을 만들어 주세요'라고 했고, 한참을 생각해보더니 '좋다, 해보자'는 답변을 들을 수 있었다.

지금까지도 히트하고 있는 상품이 바로 그때 개발된 '황충길 명장 옹기쌀독'이다. 디자인에는 약간의 변화가 있었지만 소비자들의 반응은 점점 뜨거워졌고 시장전망이 매우 좋은 상품이다.

5. 성공요인

첫째, 친환경 트렌드 시기에 맞는 상품이었다.

둘째, 옹기부문 명장의 작품 개념으로 고가전략을 고수했다.

셋째, 낙관을 찍어 진품임을 강조했다.

넷째, 배송에 적합한 포장법을 개발하여 택배배송에 문제가 없도록 했다.

다섯째, 지속적인 광고 및 홍보를 실시하여 인지도를 높였다.

Chapter

02

안흥면의 '밀원 안흥찐빵'

1. 개발동기

2007년 겨울 안흥찐빵은 오프라인 유통에서 쉽게 볼 수 있는 제품이 되었다. 안흥찐빵은 강원도 횡성군 안흥면 지역의 특산품으로 2000년대 초 지역에서 생산하여 지나가는 관광객을 대상으로 판매하기 시작한 상품이다.

처음에는 서울에서 강원도로 여행하는 고객들을 대상으로 도로변 판매로 시작했다. 시간이 지나면서 안흥찐빵의 맛에 감동을 받은 고객들의 입소문이 퍼지면서 오프라인 유통으로 점차적으로 확대된 제품이 바로 안흥찐빵이다. 안흥면에 가보면 안흥찐빵을 만들고 있는 작은 공장들이 여러 개가 있다. 그 중에서도 어느 정도 규모를 갖춘 공장은 3개가 있으며 각각의 특징을 바탕으로 안흥찐빵이 생산되고 있다. 안흥면에서는 팥농사를 많이 하고 있으며 지역의 특성상 팥농사를 하기에 적합한 지역으로 분류된다. 개발동기는 이미 생산되고 있는 안흥찐빵을 보다 더 많이 팔 수 있는 방법을 모색하던 중 인터넷을 통한 판매를 생각하게 된 것이었고, 인터넷판매를 위한 상품구성을 차별화하기 시작했다.

2. 개발과정

안흥찐빵의 판매를 확대하기 위해서 처음으로 해야 할 일은 찐빵시장을 조사하고 분석하는 일이었다. 그래서 시장의 전반적인 규모, 유통채널, 생산자 등에 대해 조사하였고 그것을 바탕으로 개발과정에 이르렀다.

시장조사에 따라 생산자를 찾는 것이 핵심요소였으며 생산자와의 협상을 통해 좋은 상품을 지속적으로 공급받는 것이 매우 중요한 과정 중의 하나였다. 본 상품을 개발하기 위해서 추운 겨울과 더운 여름에 거쳐 약 1년 동안 4차례 강원도 횡성 안흥면을 방문하였고 생산자와의 협의를 통해 인터넷판매를 위한 상품구성을 결정했다. 그리고 판매를 위한 포장·배송시스템을 구축한 후 판매가 가능한 거래처를 찾는 과정이 진행되었다.

이왕이면 자체 사이트는 물론 이베이지마켓을 비롯한 오픈마켓, 종합몰, 전문몰 등 다양한 인터넷기업을 통해 판매하고자 노력했다. 결국 개발하기 시작한 1년 후에 본격적인 판매를 시작했고 성공적으로 런칭할 수 있었다.

3. 마케팅전략

마케팅의 목표는 수익을 내는 것이고 수익을 내기 위해서는 매출을 올려야 한다. 무조건 매출을 올리는 것도 중요하지만 비용 측면의 경쟁력을 확보하는 것이 더욱 중요한 요소라고 할 수 있다. 본 상품의 마케팅전략의 포인트는 세 가지였다.

첫째, 고객들이 원하는 상품구성을 통해 구매율을 높이는 것이다. 이를 위해서 다양한 구성 및 포장방법을 달리하는 방안을 모색하여 고객들의 선택에 대한 욕구를 만족시켰다.

둘째, 배송시스템의 체계화이다. 사람이 먹는 식품이다 보니 주문 후 배송까지의 리드타임을 최대한 단축시키는 것이 핵심이라고 할 수 있다. 따라서 출고방법에 대해 하루에 한 번 생산지에서 출고될 수 있도록 시스템화하였고 배송 간의 문제가 발생되지 않도록 택배사와 협력관계를 강화시켰다.

셋째, 지속적인 상품개발이다. 처음에는 안흥찐빵 하나로 시작되었지만 재료를 달리하여 흑미, 단호박, 우리밀 등의 찐빵을 개발하였고 찰보리 찜떡, 감자떡, 쑥감자떡과 같은 상품으로 다양화시키면서 고객들의 만족도를 높이는 전략을 사용했다.

4. 판매결과

판매성과는 매년 증대되고 있다. 최초 연간 매출이 5억 원도 되지 않았지만 현재는 연간 50억 원 이상의 매출을 올리고 있으며, 해외수출도 진행되고 있다.

5. 성공요인

안흥찐빵의 마케팅 성공요인은 다음과 같이 정리할 수 있다.

첫째, 지역에서 생산되는 작물을 주원료로 사용했다. 안흥면은 팥을 많이 재배하는 지역으로 찐빵의 재료인 팥을 공급하기에 매우 적합한 지역이었다.

둘째, 생산자의 끊임없는 개발의도가 있었기 때문이다. 주식회사 밀원의 CEO는 빈손으로 기업을 시작하여 대단히 성공한 사람이다. 여러 차례 시행착오가 있었지만 하나하나 극복해 나가면서 상품의 경쟁력을 확보할 수 있었던 것이 성공요인이었다.

셋째, 유통채널의 다각화이다. 한 가지 업태에 만족하지 않고 매출과 이익을 확대하기 위해서 유통채널을 다각화하는 데 우선하면서 업계에서 시장 내 비중을 높이는 결과를 가져왔다.

넷째, 지속적인 광고 마케팅이다. 찐빵의 종류는 다양하다. 그럼에도 불구하고 안흥찐빵이 성공한 것은 고객들에게 안흥찐빵의 맛과 우수성을 지속적으로 알렸기 때문이다. TV, 신문, 전문잡지, 인터넷 등을 통해 안흥찐빵이라는 브랜드를 알렸기 때문에 소비자들은 찐빵의 진가를 알게 되었고 구매하는 동기가 되었다고 할 수 있다.

다섯째, 생산업체와 유통업체의 만남으로 이루어진 상생전략이다. 아무리 좋은 상품이 있어도 판매하지 못한다면 소용이 없다. 아무리 우수한 상품을 생산하는 기술이 있어도 판매까지 잘할 수 있다는 것은 쉬운 일이 아니다. 이에 생산업체는 능력 있는 상품기획자를 만나 본 상품을 확대·발전시키는 계기가 된 것이다.

Chapter 03

PB로 개발된 '농수산김치냉장고'

1. 개발동기

농수산홈쇼핑(NS홈쇼핑)의 경우 설립목적에 따라 일반상품을 판매하는 데에는 많은 어려움이 있었다. 2001년 당시 홈쇼핑판매를 식품 위주로 하다 보니 매출이 증가되지 않아 회사에서는 많은 고민을 하게 되었다. 이에 생각했던 매출 증가의 방안으로 식품과 관련된 상품을 찾기 시작했고, 식품을 산지에서 식탁까지 어떻게 하면 신선하게 공급할 것인지에 대한 개념을 정립한 것이 신선한 식품 공급시스템이었다.

여기서 나온 아이디어가 바로 김치냉장고를 대량 보급하는 것이었다. 결국 김치냉장고를 값싸게 공급할 수 있는 방법을 모색하던 중에 생각한 것이 PB를 통한 대량 공급이었고 이를 착수하기 시작했다.

2. 개발과정

김치냉장고를 개발하기 위해서 먼저 상표명을 공모했고 동시에 시장조사를 시작했다. 시장조사를 통해 실제 시장에서의 규모와 문제점, 그리고 향후 전망까지도 철저하게 조사되었고 이를 바탕으로 제조업체들과 접촉하기 시작했다.

2001년 7월 당시 경쟁력을 지닌 6개 업체를 만나고 또 만났다. 공장도 수차례 방문했고 기존의 시장점유율, 품질, 생산능력, 브랜드 이미지 등을 최대한 고려하여 제안서를 요청했고 견적서를 받게 되었다. 6개의 제안업체 중 2개 업체에 대해서 품질 대비 가격경쟁력을 면밀하게 분석한 후 한 개 업체를 최종적으로 결정했다.

3. 마케팅전략

농수산김치냉장고의 주요 마케팅전략은 다음과 같다.

첫째, 고객들이 신선한 식품을 먹기 위해서는 김치냉장고가 필요하다는 것을 어필했다. 이것은 김치냉장고의 사용방법 및 용도에 대해서 철저하게 검증하고 자료를 준비하여 반복적으로 고객들에게 알리는 것이었다.

둘째, 기존시장에 출시되어 있던 김치냉장고와의 비교 · 분석이었다. 특히 가격적인 저렴함을 내세우면서 품질에는 전혀 문제가 없다는 점에

집중했다.

셋째, 철저한 AS에 대해 강조했다. 전기전자제품에서 가장 중요한 판매 포인트 중 하나는 애프터서비스에 있다. 문제가 발생했을 때 신속하고 정확하게 처리할 수 있는 시스템을 갖추고 있다는 점은 고객들에게 신뢰를 줄 수 있기 때문이다.

4. 판매결과

농수산김치냉장고의 PB전략은 대성공이었다. 회사 전체 매출의 60% 이상을 차지하게 되었고 매월 매출이 성장하면서 이익을 내주는 효자상품이 된 것이다. 또한 김치냉장고 판매로 인해 식품에도 영향을 미쳐 매출이 증가되는 효과를 가져왔다.

5. 성공요인

2001년 하반기 김장철을 앞두고 김치냉장고시장은 소비자에게 가장 관심 있는 분야 중 하나였다. 어느 가정이든지 김치냉장고를 필요로 했고 이미 만도의 '딤채', 삼성의 '다맛', '동양매직' 등 굴지의 기업들이 시장을 점유하고 있었지만 PB상품은 누구도 생각하지 못했다. 바로 이것이 틈새라고 생각한다.

농수산홈쇼핑에서는 하고 있는 일과 연관하여 관련된 상품인 농수산김치냉장고를 기획하게 되었고 그것이 히트상품이 된 이유는 다음과 같다.

첫째, 용량 대비 가격이 저렴하다는 것이다. 기존에 나와 있던 제품들과 비교했을 때 용량 대비 30% 이상 가격이 싸다는 것은 시장의 큰 관심을 불러일으켰다.

둘째, 시기에 맞춘 런칭이다. 모든 상품은 시기를 맞추는 것이 중요하다. 농수산김치냉장고는 김장철을 앞두고 본격적인 판매가 이루어졌고 김치냉장고에 대한 소비자들의 니즈가 강한 시기에 런칭했기 때문에 보다 더 큰 관심을 갖게 되었다.

셋째, 제조업체의 전폭적인 지원이다. 상품은 누가 혼자 개발할 수 있는 것이 아니다. MD와 제조업체 간에 협력이 있어야 하고 유통업체와의 신뢰를 바탕으로 서로가 서로를 지원하지 않는다면 결코 성공할 수 없다. 본 상품은 제조업체의 피나는 노력, 개발의지, 원가 절감, 배송시스템의 구축 등이 있었고 유통업체의 전폭적인 방송 지원을 통해 히트상품으로 탄생하게 된 것이다.

Chapter

04

‘해피콜 쿠킹세트’ 상품 이야기

1. 개발동기

농수산홈쇼핑에서는 매출을 올릴 수 있는 방안을 고민하면서 식품과 관련된 상품을 개발하기에 이르렀고 그 중에 가장 적합한 상품은 주방용품이었다. 주방용품이라 함은 가정에서 요리에 사용되는 도구를 말한다. 그 도구 중에서도 가장 많이 사용되고 있는 것은 그릇과 프라이팬 등이었다. 이에 식기류, 밀폐용기, 커피잔, 다기세트와 함께 개발된 것이 ‘해피콜 쿠킹세트’였다.

2001년 10월, 중소기업의 한 사장이 쌍둥이팬에 대한 아이디어를 제안했다. 쌍둥이팬은 용도 면에서 다양한 요리를 할 수 있는 특징이 있었고 가정에서 하나쯤은 구매해서 사용할 수 있는 상품이라고 판단되어 상품 기획을 하기로 결정했다.

2. 개발과정

쌍둥이팬을 런칭하기로 가결정하면서 단계적인 검토를 시작했다. 먼저 프라이팬시장의 규모와 현황, 경쟁상품조사, 생산업체현황, 시장의 문제점 등을 집중적으로 분석했다. 그리고 분석된 내용을 바탕으로 중소업체 사장과 쌍둥이팬의 문제점, 경쟁력 등에 대해 협의하였고 특히 디자인적인 측면의 문제점을 지적했다.

또한 홈쇼핑의 특성상 프라이팬을 판매할 때 중요한 점은 요리를 하면서 쉽게 편안하게 할 수 있는 모습을 보여주는 것이었다. 이에 맞게 연출할 수 있는 방법을 연구하기 시작했다. 약 3개월간의 준비과정을 거치고 상품 품평회를 통해 방송판매일정을 확정하게 되었다.

3. 마케팅전략

모든 가정에서는 한 개 이상의 프라이팬을 갖고 있다. 물론 프라이팬은 소모성 상품임에는 틀림없지만 쌍둥이팬을 사야 한다는 필요성을 느끼게 하는 것이 가장 중요한 마케팅 포인트였다.

마케팅전략은 첫째, 브랜드 네임을 바꾸는 것이었다. 쌍둥이팬보다는 여러 가지 의견을 고려하고 수차례의 회의를 통해 '해피콜 쿠킹세트'로 이름을 변경하게 되었다. 다시 말해 행복한 요리도구, 행복한 요리시간

이라는 점을 강조하고자 하는 의미였다.

둘째, 소비자들이 편리하게 사용할 수 있도록 보여주는 것이었다. 주부들이 가정에서 요리할 때 꼭 필요하다는 인식을 심어주기 위해 다양한 요리법을 개발하여 보여주었다.

셋째, 맛있는 요리를 연출하는 것이었다. TV홈쇼핑의 특성으로 볼 때 요리는 가장 맛있게 보여야 구매가 이어질 수 있다. 따라서 요리시연을 보일 때 해피콜 쿠킹세트로 만들어진 요리들이 맛있게 보일 수 있도록 연습하고 또 연습했다.

넷째, 품질 개선이다. 최초 판매된 상품에서는 다소 문제점이 발견되었다. 밀폐된 부분에서 완전밀폐가 되지 않고 국물이 새어 나오는 경우도 있었고 밀폐력을 높여주는 고무제품이 녹아서 소비자의 불만이 발생하기도 했다. 이런 점들을 즉각 경청하고 즉시 개선하여 소비자들의 만족도를 높여 갔다.

다섯째, 적합한 게스트의 선정이었다. 홈쇼핑에서 게스트의 역할은 매출의 10~20%까지를 좌우할 수 있다. 너무 세련되거나 부족해도 문제점은 발견될 수 있고 프라이팬의 특성상 요리에 적합하고 구수한 냄새가 날 수 있는 게스트가 필요했기 때문에 부산 출신으로 사투리를 사용하는 생산업체 사장을 지명하여 게스트로 출연시켰다.

4. 판매결과

2001년 10월 해피콜 쿠킹세트를 런칭한 결과 대박을 내지는 못했다. 이유를 분석해보면 방송연출의 문제, 게스트의 문제, 식재료의 문제점이 발견되었고 일정기간 동안 문제점을 보완한 후 다시 런칭하게 되었다.

두 번째 판매부터는 매출이 증가하기 시작했고 시간이 지나면서 고객들의 폭발적인 인기에 힘입어 대박상품으로 거듭나게 되었다.

2001~2003년까지 약 3년 동안 농수산홈쇼핑에서 독점으로 판매할 수 있었고 각종 언론에서 히트상품으로 선정되어 생산업체가 급성장하면서 공장규모도 늘어나게 되었다.

또한 2003년 어느 날 CJ오쇼핑에서 본 제품을 방송하는 것을 보았다. 나중에 방송을 하게 된 이유를 알아본 결과 CJ오쇼핑의 모 사업부장이 제안을 하여 파격적인 조건으로 방송을 했다는 것이었다.

다시 말해 히트상품은 가만히 있어도 모셔 가는 상황이 전개되고 결국 NH홈쇼핑, CJ오쇼핑, 당시의 우리홈쇼핑(롯데홈쇼핑) 등이 판매하기에 이르렀다. 생산업체의 매출규모는 더욱 증가되었고 회사 또한 크게 발전하는 계기가 되었다.

5. 성공요인

해피콜 쿠킹세트의 성공요인은 다섯 가지로 생각해볼 수 있다.

첫째, 고객들의 편의성을 위한 대중적인 상품이었다. 상품이 히트하기 위해서는 여러 가지 요소가 필요하겠지만 그 중에서도 빼놓을 수 없는 것이 편의성과 대중성이다. 고객들은 편의성이 있다고 하면 언제든지 구매할 수 있고 누구나 충동구매하기에 가장 적합한 상품이었다.

둘째, 브랜드 네이밍이다. 프라이팬의 이름을 해피콜 쿠킹세트로 결정한 것은 대단한 아이디어였다. 하나의 프라이팬을 상품화할 때 고객들의 인식을 강화하기 위해서 필요한 것이 브랜드 네이밍이고 쉽고 부드러운 브랜드 네이밍의 해피콜 쿠킹세트는 성공하게 되었다.

셋째, 상품기획자와 개발자 간의 끊임없는 노력의 결과였다. 처음부터 히트되는 상품은 거의 없다. 해피콜 쿠킹세트 또한 처음부터 대박을 내지는 못했지만 문제점들을 찾아내고 개선하여 끊임없이 노력한 끝에 국내 최고의 프라이팬상품을 만들어 낸 것이다.

넷째, 홈쇼핑의 특징을 접목시켰기 때문이다. 홈쇼핑의 특징은 화면으로 잘 보여줄 수 있는 것이다. 어떻게 하면 고객들이 화면을 보고 구매할 수 있는가를 준비하는 것이다. 프라이팬으로 요리를 할 때 다양하고 맛있는 요리를 개발해서 보여줄 수 있었기 때문에 구매로 이어졌다고 할 수 있다.

다섯째, 계속되는 상품 업그레이드이다. 2000년 이후 상품의 수명주기는 짧아지는 경향을 보이고 있다. 이것은 모든 상품에 공통적으로 나타나는 현상이다. 한 상품으로 오랫동안 판매한다는 것은 매우 어렵다는 것을 말해준다. 본 상품의 경우 1년에서 2년 주기로 업그레이드하였고 업그레이드 된 요소를 충분하게 강조하면서 판매한 것이 지속적인 구매효과를 가져오게 되었다.

Chapter

05

'살아 숨 쉬는 등산화' 런칭 이야기

1. 개발동기

2004년 말, 개발자는 NH홈쇼핑을 그만두고 해외상품을 소싱하기 위해 일본 거래처 및 중국 거래처를 두 달 동안 방문했다. 일본의 도쿄, 신주쿠에 위치한 거래처를 방문할 때 우연히도 K홈쇼핑의 대표이사를 만났다. 이런저런 이야기를 하는 중에 MD의 중요성에 대해 토론하게 되었고 MD 마인드가 사장 마인드화되어야 한다는 말에 대해 충분하게 공감할 수 있었다.

당시 K홈쇼핑은 최대의 히트상품이라고 할 수 있는 '잭필드' 브랜드의 바지 3종 세트, 4종 세트가 엄청나게 판매되고 있었고 최고의 MD겸 대표이사는 다음 히트상품에 대해 고민하고 있었다. 개발자는 K홈쇼핑 대표이사의 요청에 따라 신상품개발 및 MD 코칭을 맡게 되었고 본격적인 시장조사와 함께 히트상품개발에 박차를 가했다.

당시 시장조사를 한 결과 여러 가지 상품기획에 대한 아이디어가 있었지만 등산인구의 증가에 따른 상품수요를 충분하게 예상할 수 있었다. 이에 등산용품 중에 가장 필요한 상품을 우선순위로 확인해보니 등산화,

배낭, 기타 의류순으로 파악되었고 우선은 등산화를 개발해보기로 결정했다. 이왕이면 등산수요가 가장 많은 초가을을 겨냥하여 4개월의 여유를 갖고 집중적으로 개발을 결정하게 된다.

2. 개발과정

먼저 등산화와 관련하여 국내시장을 철저하게 조사했다. 브랜드별, 제조업체별, 유통업체별, 유통채널별 등 전반적이고 구체적인 조사를 하였으며 해외상품에 대한 조사까지도 완료했다. 기본적인 시장조사결과를 바탕으로 국내에서 가장 잘 판매되고 있는 상품 10종을 샘플로 구입하게 된다. 구입한 샘플은 소재, 기능성, 디자인, 브랜드, 가격 등에 대해 하나하나 비교 · 분석을 실시했고 가장 경쟁력을 지닌 5개 상품에 대해 벤치마킹전략을 수립했다. 임직원 및 지인, 일부 소비자들의 의견을 청취하였고 장점과 단점에 대해 분석하고 또 연구했다.

다음은 제조업체를 찾는 일이었다. 국내에서는 경쟁력 있는 가격으로 생산할 수 없었으며 많은 물량을 소화할 수 있는 업체도 찾을 수가 없었다. 이에 가격적인 경쟁력을 지니고 있는 중국시장을 헤매기 시작했고 중국의 지린성, 산둥성, 광둥성, 사천성 등에서 5개의 제조업체를 찾아낼 수 있었으며 상담을 통해 협상을 진행할 수 있었다.

발주에 앞서 먼저 해야 할 일은 제조업체의 품질관리능력과 생산능력, 안정적인 공급, 경쟁력 있는 가격 등이었다. 따라서 국내에서 선정된 다섯 가지 제품을 추가구매하여 중국의 5개 생산업체로 각각 보내게 되었고 오더를 위한 샘플 제작을 요청했다. 샘플 제작기간으로 2주일의 기간을 주었고 샘플이 완성되어 들어오기를 기다리게 되었다. 마침내 2주가 될 무렵 3개 업체의 샘플이 도착하였고 3주차에 접어들면서 2개 업체의 샘플도 도착했다. 도착된 샘플에 대해 전문가들이 품질과 디자인 등 등산화에 대한 검토를 하게 되었고 가장 우수한 2개 업체를 선정하게 되었다. 그리고 가격협상을 시작했고 2개 업체가 약간의 가격차이는 있었지만 공급의 안정성을 위해 복수 수입선을 확보하기로 결심했다.

3. 마케팅전략

아무리 좋은 제품이라도 판매할 수 없다면 무용지물이다. 생산된 재고는 현금이기도 하다. 마케팅은 모든 분야에 적용이 되며 등산화와 같은 제품은 소비자의 선호도가 뚜렷하기 때문에 다른 어떤 제품보다도 마케팅이 중요하다고 할 수 있다.

첫째, 시장의 트렌드와 판매시기에 적합했다. 해가 지나면서 등산인구는 점차적으로 증가해 갔고 초가을에 등산용품수요가 많기 때문에 9월에서 10월까지를 런칭시점으로 잡은 것은 히트상품을 만드는 데 많은 도움을 주었다.

둘째, 등산화의 가격파괴를 선언했다. 당시 신을 만한 등산화는 70,000~120,000원의 가격대로 형성되어 있었는 데 비해 디자인과 품질을 보장하면서 39,800원이라는 가격전략을 구사했다. 이것은 등산화의 가격파괴라고 볼 수 있는 혁신적인 시장접근이기도 했다.

셋째, 우수한 디자인과 기능성을 겸비한 고품질제품이다. 다른 회사의 제품을 카피한 것이 아니고 '공기순환'이라는 특허를 갖고 있는 특허업자와 제휴하여 기능성을 추가하였고 디자인도 누구나 좋아하는 스타일을 선택하는 전략을 사용했다.

넷째, 등산을 해보면 등산화의 필요성을 절실하게 느끼게 된다. 따라서 등산화를 구매한다면 싼 것도 좋지만 기본적인 품질을 검토하게 되는 것이 일반적이다. 가격만 싸다고 팔리는 것이 아니라 구매한 고객의 만족으로 인한 추천구매가 발생될 수 있도록 하기 위해 품질관리에 승부를 걸어야 했다.

4. 판매결과

빡빡한 4개월 동안의 개발과정을 거치고 드디어 '살아 숨 쉬는 등산화'를 런칭했다. 처음에는 테스트를 위해 최소량을 주문하였고 입고된 수량을 먼저 인포머셜매체를 이용하여 판매를 개시했다. 결과는 성공적이었다. 불과 수일 만에 두 컨테이너가 모두 판매되었고 지속적인 오더를 필

요로 하는 상황이 전개되었다. 처음 런칭부터 6개월 동안 60억 원 이상의 매출을 달성하게 되었고 드디어 등산화뿐만 아니라 배낭과 등산의류로 확대할 수 있는 계기를 마련했다.

5. 성공요인

히트상품은 쉽게 탄생하는 법이 없다. 상품을 개발하는 과정이 별것 아닌 듯싶지만 값은 난관에 부딪히고 때로는 고민과 갈등을 하기도 한다. '살아 숨 쉬는 등산화'가 히트하게 된 이유는 크게 6가지로 생각해볼 수 있다.

첫째, 시장흐름을 분석하여 적절한 시기에 런칭을 했다. 어느 상품이든 트렌드에 맞추는 것이 가장 기본이다. 트렌드에 맞추고 런칭시기를 잘 결정한다면 대부분의 상품은 성공할 수 있고 '살아 숨 쉬는 등산화' 또한 이런 점을 충분하게 활용했기 때문에 성공할 수 있었다.

둘째, 유통채널의 단계적인 접근이다. '살아 숨 쉬는 등산화'는 처음부터 모든 유통채널에 선보이지 않았다. 처음부터 단계적인 유통채널 접근 전략을 수립했고 이에 따라 유통채널을 점령해 가면서 판매수량을 더욱 늘릴 수 있었다. 최초 인포머셜판매에서부터 카탈로그 홈쇼핑, 인터넷쇼핑몰, TV홈쇼핑, 점포에서의 판매 등으로 시장을 확대해 가는 전략으로 성공할 수 있었다.

셋째, 상품의 안정적인 공급라인 구축이다. 대부분의 수입상은 독점적인 유통을 위해 독점계약을 추진하고 독점수입을 하는 것이 일반적이다. 그러나 시장에서의 대략적인 수요를 맞추기 위해서는 복수거래가 필요하며 생산가격의 경쟁력을 확보하기 위해서는 최소 2개 이상의 제조업체와 거래하는 것이 바람직하다.

넷째, 체계적인 발주관리와 재고관리 덕분이다. 등산화의 경우 사이즈가 다양하고 남성용과 여성용이 구분되기 때문에 패턴의 종류가 많을 수밖에 없다. 다양한 사이즈와 디자인은 고객을 충분하게 만족시킬 수 있겠지만 유통업체 입장에서는 그만큼 위험부담을 질 수밖에 없는 상황이다. 따라서 기업의 리스크를 줄이기 위해 사이즈와 디자인에 대한 연구를 철저하게 했고 가장 기본적인 사이즈와 디자인을 채택하여 주문을 하고 재고관리에 임했다. 다시 말해 이와 같은 결과로 사이즈별 재고가 5% 이내에 운영되는 결과를 가져왔고 발주와 재고관리 측면에서 매우 성공적인 효과를 가져왔다고 할 수 있다.

다섯째, 고객에게 어필할 수 있는 브랜드 네이밍전략이다. 개발품의 브랜드 네임은 '살아 숨 쉬는 등산화'이다. 등산화가 살아 숨 쉰다는 것은 그만큼 발이 편하다는 것을 의미한다. 고객들은 브랜드만 읽어도 관심을 가질 수밖에 없고 한번쯤은 신어보고 싶은 생각을 갖게 되는 것이다. 그리고 브랜드 네이밍뿐만이 아닌 실제 기능성을 채택하여 신발 바닥이 통풍순환될 수 있도록 제작했기 때문에 고객들의 만족도는 예상보다 높았다.

여섯째, 호감이 가는 상품만이 성공한다. 호감이란 상품에 대한 좋은 감정을 이야기한다. 소비자들이 모든 상품에 호감을 갖는 것은 아니다. 우리 주변에서 히트한 상품을 분석해보면 고객들의 호감을 받았던 상품이 히트했다는 것을 알 수 있다. 가격이 싸다고 해도 품질에 만족할 수 없다면 절대 호감을 느낄 수 없다. 그래서 품질관리를 우선하고 생산현장에 국내기술자를 파견하여 사전조사를 철저하게 실시했던 것이다.

Part 7

실패사례연구

고객을 사로잡는 **머천다이징**

Chapter

01

건강보양식 이미지 지향의 '신라면 블랙'

1. 개발동기

신라면은 1986년도에 출시된 이후 부동의 제1위 라면 브랜드로서의 위상을 유지해오고 있지만, 라면시장에서의 점유율 유지 및 강화를 위해서는 새로운 변화가 필요하다고 보고 '신라면 블랙'을 출시하게 되었다.

기존의 라면보다 한 단계 진일보한 라면의 요건에 대해 소비자조사를 시행한 결과 '라면은 인스턴트식품'이라는 고정관념이 강하다는 사실을 알게 되었고, 이러한 인식을 개선할 수 있는 신제품을 구상하였다. 이에 '온 국민이 좋아하는 맛으로 기존라면에 영양을 더한 라면을 만들자'라는 목표로 맛과 건강, 간편성, 스타일을 모두 갖춘 제품을 개발하기 위해 노력했다. 그 결과 우려낸 국물만으로 보양 개념을 보유한 것으로는 설렁탕이 가장 적합하다고 판단하였다.

2. 개발과정

대부분의 국민들이 모두 좋아하는 설렁탕에 다진 양념을 곁들여 먹는 일반인들의 식습관을 고려할 때 라면과도 잘 어울리겠다는 확신을 하였으며 개발에 착수하였다.

설렁탕은 깊고 진하면서도 소뼈와 소고기의 잡내가 나지 않도록 만들

그림 7-1 | 신라면 블랙의 제품개발방향 및 브랜드 아이덴티티

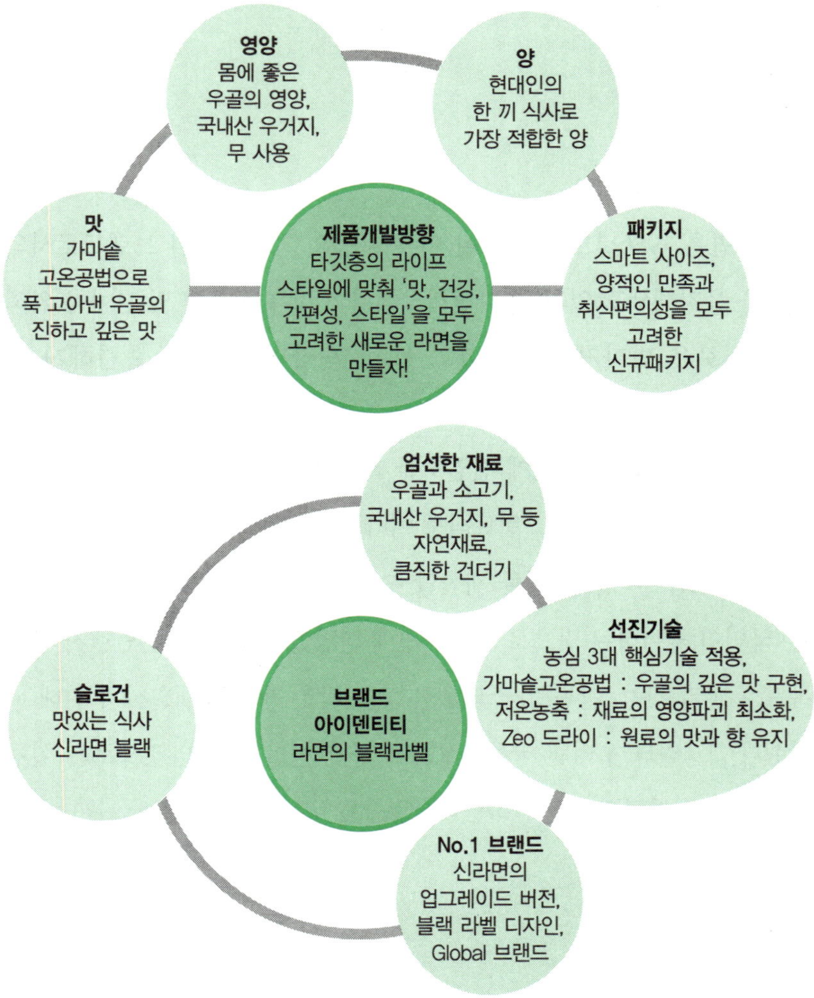

어야 하는데, 기존에 보유하고 있던 설비로는 설렁탕 본연의 맛을 내는데 한계를 느껴 가마솥원리를 차용한 신규설비를 활용해 국내 업계 최초로 고온으로 원료를 추출하는 '가마솥고온공법'을 도입하였고, 자연원료의 맛과 영양 파괴를 최소화하는 저온농축공법, 재료의 향까지 포집하는 'ZEO 드라이공법' 등 선진공법을 활용하여 국내산 우거지, 국내산 무 등 채소 원료 본연의 시원한 맛을 구현하여 신라면 블랙을 개발하였다.

3. 마케팅전략

첫째, 시장세분화(Segmentation)는 남녀노소가 즐긴다는 제품 성격 때문에 무의미하게 보일지 모르지만 신라면 블랙이 추구하는 프리미엄 마케팅에서는 분명히 반영된 과정이다. 신라면 블랙은 자신의 몸을 소중히 여기는 소비자층을 겨냥하여 기존의 정크푸드의 이미지를 탈피하고 고급화된 프리미엄이라는 새로운 포지셔닝을 시도한 것이라 할 수 있다.

둘째, 표적시장의 선정(Targeting)은 신라면 블랙이 표방한 라면은 '건강에 좋은 라면', 즉 비싸더라도 건강에 좋은 라면이다. 신라면 블랙은 건강을 모토로 하는 보양식 이미지를 지니고 있으며 사골에서 우려낸 식사대용 보양식이란 콘셉트로 남성고객을 주요 타깃으로 삼는다는 전략이다. 건강에 관심이 많은 30~45세와 건강을 최우선시하는 45~70세를 타깃시장으로 잡는 것이 적절하다고 볼 수 있다.

셋째, 포지셔닝(Positioning)전략은 설렁탕 한 그릇의 영양성분을 담아 신라면 블랙이 특별히 중점을 둔 것은 영양 강화와 '보양식사'로 자리매김하겠다는 자신감이다. '설렁탕 한 그릇의 맛과 영양을 그대로 담고 있습니다', '우골을 듬뿍 함유하고 있어 원기회복에 좋은 우골보양식사입니다'와 같은 내용으로 홍보했던 것이 바로 그 예이다.

4. 판매결과

첫째, 가격 측면에서 볼 때 신라면 블랙에 우골분말을 추가했기 때문에 가격이 기존라면의 두 배가 되었다고 소개했지만 소비자들은 약간의 변형만 가지고 가격을 두 배 이상 인상한다는 것은 바람직하지 않다는 반응을 보였다.

둘째, 맛의 차별화 측면에서는 소비자들이 신라면 블랙의 맛은 기존라면(무파마, 사리곰탕면, 신라면 등)들과 많은 차이를 느끼지 못하는데 가격만 두 배 비싸게 판매하고 있다는 의견이 과반수로 나타났다.

셋째, 이는 결국 기업의 신뢰감 하락으로 연결되었다. 신라면 블랙은 허위광고와 과장광고 판정을 받아 많은 과징금을 물게 되고, 이러한 큰 타격이 소비자들의 신뢰를 추락시켰다. 소비자들은 이러한 기사들을 접하고 신라면 블랙에 대한 소비를 서서히 줄여 나가게 되었다.

5. 실패요인

첫째, 프리미엄 마케팅의 실패를 들 수 있다. 프리미엄 마케팅은 기존 제품보다 가격은 20~30% 정도 비싸지만 품질과 기능 면에서 확실히 차별화된 프리미엄급 제품을 출시하는 전략을 의미하는데 이 제품의 경우 일반 브랜드에 대항하는 형태로 개발되었기 때문에 가격 및 품질차별화를 실현하는 데는 한계점을 지녔다. 가격 측면에서도 소비자에게 신뢰를 얻지 못하였다. 신라면 블랙 4봉지 한 묶음이 5,280원, 1개당 1,320원으로 기존의 신라면보다 584원(2.3배)이 비싼 가격으로 판매하였다. 따라서 소비자들에 대한 제품 포지셔닝이 미흡하였다. 신라면 블랙이 표방한 라면은 '건강에 좋은 라면', 즉 비싸더라도 건강에 좋은 라면이라는 개념이 일반소비자들에게 어필되지 못하였다.

둘째, 허위광고, 과장광고로 인해 소비자들에게 혼동을 초래하였다. '프리미엄제품'으로 출시, 판매해온 신라면 블랙에 대해 허위 · 과장 표시와 광고를 했다고 관계기관에서 시정명령과 함께 과징금을 부과했다. 허위 · 과장이라고 결론 내린 광고문구는 '설렁탕 한 그릇의 영양이 그대로 담겨 있다', '가장 이상적인 영양균형을 갖춘 제품', '완전식품에 가까운 식품' 등이다.

셋째, 네이밍 오류를 들 수 있다. 명품 브랜드의 프리미엄급에 '블랙 라벨'을 붙이는 것에 착안해 제품 이름을 신라면 블랙으로 정했지만, 제품명의 '블랙'이라는 것이 소비자에게는 무조건적으로 고급스럽고, 긍정적인 이미지로 다가오지 않는 측면도 있을 수 있다.

Chapter 02

음악과 예술의 인재를 발굴한 '마이스페이스'

1. 개발동기

1998년 온라인 스토리지업체로 처음 출발한 '마이스페이스'는 미국에서 음악을 공유하기 위해 만들었다가 유명해졌지만 결국 매출 부진으로 2001년에 문을 닫았다. 현재의 마이스페이스는 창업자인 톰 앤더슨과 공동창업자 겸 최고경영자인 크리스 드월프가 2003년 7월에 설립한 것으로 온라인상에 자유롭게 자신을 표현하는 신세대의 트렌드에 맞춰 다양한 SNS를 제공하고 새로운 사람들을 안전하고 효과적으로 만날 수 있는 환경을 만들자는 취지로 서비스를 기획하게 되었다.

그림 7-2 | 마이스페이스 심벌

2. 개발과정

마이스페이스는 2003년 톰 앤더슨과 크리스토퍼 드월프가 설립했고, 2005년 7월 5일 미디어그룹인 '뉴스코프(News Corp.)'에 5억 8천만 달러에 매각되었으며 2006년 구글을 제치며 미국에서 가장 많이 방문한 사이트에 선정되었다. 이는 전 세계 1,000만 명의 음악관련 예술가들이 제공하는 음악과 예술적 재능을 지닌 숨은 인재들을 발굴하는 인터넷서비스로서, 아티스트들이 지상파의 도움 없이도 음악을 알리고 홍보할 수 있는 터전으로 미국에서 많은 사랑을 받은 SNS이다.

2008년 기준으로 300명의 직원이 2억 7천만 개의 계정을 운영하고 있었으며 매일 55만 개의 새 계정 등록이 이루어졌다. 주로 사용자들의 신변잡기, 친구, 네트워크, 프로필이 사이트에서 가치를 창출하는 기본동력이었다. 2008년에는 음악과 텔레비전 채널을 시작으로 한국시장에 공식 진출했다. 2008년 4월, 전 세계 방문자수에서 페이스북에게 밀리게 되었고, 2009년 2월 18일 이후 한국어 지원을 포기하면서 한국시장에서 철수하게 되었다.

3. 마케팅전략

인터넷 SNS사이트를 이용하는 SNS고객은 3가지로 세분화할 수 있다. 이는 첫째 메신저기능을 주로 사용하는 고객층, 둘째 정보검색기능을 주로 사용하는 고객층, 셋째 엔터테이먼트기능을 주로 사용하는 고객층으로 분류된다. 마이스페이스의 주타깃고객층은 엔터테인먼트를 중시하는 20~30대로 정하였고, 포지셔닝전략은 뮤지션 및 배우들과 함께 교류할 수 있는 SNS를 운영하는 것이었다.

그림 7-3 | 마이스페이스 마케팅 광고

우선 마케팅의 핵심요소인 4P의 관점에서 살펴보면, 제품(Product)은 음악과 동영상 등 SNS 내 엔터테인먼트분야에서 서비스 차별화를 하려는 전략을 시도하였고, 가격(Price)은 전형적인 인터넷 무료 SNS사이트로, 전반적인 서비스는 무료로 제공하였으며, 유통(Place)은 SNS이기 때문에 인터넷상, 즉 온라인상으로 고객에게 접근하였고, 마지막으로 촉진(Promotion)은 연세대학교 100주년 기념관에서 공개강의를 한 것과 aA 디자인뮤지엄에서 열렸던 런칭파티 등을 시행하였다.

국내 진출 당시 회원수 2억 명으로 전 세계 인터넷 사용시간의 12%를 차지하였으며, 다른 SNS와 차별화된 음악서비스를 시행하였다. 반면에 무분별한 팝업광고, 어설픈 한글지원, 어려운 콘텐츠 꾸미기, 현지화전략의 부재, 저작권문제 등의 부작용도 초래되었다.

4. 실패요인

마이스페이스는 2008년 중국, 일본 등의 아시아시장에 진출하면서 한국시장에도 진출했다. 그러나 1년을 버티지 못하고 2009년 초 한국에서 공식적으로 철수했다. 그 이유는 다음과 같다.

첫째, 현지화전략의 부재이다. 기본포맷을 건드리지 않는 범위 내에서 적극적인 현지화가 필요함에도 한국 SNS시장을 잘 아는 책임자 선임 부재로 시장진출 초기에 제대로 된 전략이 나올 수 없었다.

둘째, 무분별한 팝업광고 등의 실시로 수익모델의 부재를 가져왔다. 이를 위해서는 적절한 광고배치 및 맞춤식 광고확대 등과 더불어 다양한 음원 확보가 필요한 상황이었다. 또한 좋아하는 뮤지션이 쓰는 악기, 운동화, 액세서리, 책 등 데이터분석을 통한 광고수익을 창출하지 못했다.

셋째, 불편한 인터페이스를 들 수 있다. 메뉴와 콘텐츠 등에서 번역기 수준의 한글이 사용되었으며 이 때문에 한국의 사용자들이 이를 사용하는 데 많은 불편함을 느꼈다.

Chapter 03

프랑스시장에 진출한 '아모레퍼시픽 SOON'

1. 개발동기

화장품의 선진시장이자 성숙기에 접어든 프랑스와 미국에 진입함으로써 고급 브랜드 이미지를 획득하고자 하였다. 프랑스는 전통적으로 화장품을 포함한 패션산업 등 문화 · 예술에 관련된 거의 모든 분야에서 선두를 달리며 세계시장을 이끌고 있고 특히 화장품에 관한 거의 세계적 표준시장의 기준을 확보하고 있었기 때문에 세계적인 화장품회사들이 최고의 수준으로 치열한 경쟁을 벌이고 있다.

이러한 화장품의 본고장에 진출하여 입지를 구축하는 것은 아시아기업으로서의 경쟁상 약점을 보완하는 동시에, EU라는 거대시장 공략과 세계시장 진출의 근거지를 마련한다는 점에서 대단히 중요한 전략적 의미를 지닌다.

2. 개발과정

1988년 아모레퍼시픽은 국내에서 생산한 'SOON' 브랜드로 프랑스에 진출한 대리점을 경유해서 국내 수출 형태로 수출하기 시작했다. 수출 브랜드를 SOON으로 한 것은 현지인들이 '정'을 발음하기 어려워한다는 점을 감안하고, 즉각적인 효능을 줄 수 있다는 상징적인 뜻을 나타내기 위함이었다. 초기에는 현지 대리점과 약국에서 화장품전문업체로 전환하는 한편, 1990년에 설립된 프랑스 현지법인 PBS가 보다 적극적으로 마케팅에 관여하면서 활로를 모색했다.

SOON의 프랑스시장 진출실패로 1990년 현지의 기존공장을 매입하는 방식으로 현지법인 PBS를 설립하고, 1992년부터 '리리코스(LIRIKOS)' 브랜드를 현지에서 직접 생산하기 시작했다. 여기에는 SOON이 성공을 거두지 못한 주요 원인 중의 하나가 원산지효과에 있다는 판단이 크게 작용했다.

3. 마케팅전략

3.1 SOON

| 표 7-1 | SOON의 SWOT전략

Strength	• 한국 화장품업계의 1위 화장품이라는 자부심 • 국내 기초화장품에 대한 강세
Weakness	수출과 같은 유통의 제한과 SOON의 낮은 인지도
Opportunity	해외시장의 개방화
Threat	기존 프랑스 화장품의 강세

3.2 리리코스

| 표 7-2 | 리리코스의 SWOT전략

Strength	• 현지에서 직접 생산 • 역수출로 인한 해외 화장품 브랜드 방어
Weakness	리리코스(LIRIKOS)의 낮은 인지도
Opportunity	'Made in France'라는 인식
Threat	기존 프랑스 기초화장품의 강세

4. 실패요인

첫째, 화장품산업의 특성에 대한 이해부족을 들 수 있다. 시장 진출을 위한 제품 선정에도 문제점이 발견됐는데 기초화장품부문의 기술력을 세계최고수준이라고 자부했기 때문에 프랑스시장에 스킨케어제품을 가장 먼저 내놓았다. 하지만 프랑스 화장품시장은 한국, 일본 등 아시아 국가와 달리 기초화장품보다 향수나 색조화장품이 더 강세를 띠고 있었다.

둘째, 'Made in Korea'라는 인식이 팽배하였다. 단순히 매출액 증대만을 목표로 했기 때문에 한국이 화장품에 있어서는 후진국으로 인식되고 있다는 상황을 고려하지 않고 제품을 시장에 출시했다. 브랜드 이미지가 그 브랜드가 속한 국가의 이미지와 밀접한 관련이 있고 또 그것이 사업의 성패를 크게 좌우할 수 있는 화장품산업의 특성상 이러한 'Made in Korea'의 꼬리표는 결정적인 실패의 원인이 되었다.

셋째, 문화적 차이를 극복하지 못했다. 최고경영층을 한국인이 차지하고 프랑스인에게는 하위직만 맡긴 부적절한 현지경영정책이 현지인에게 부정적인 영향을 미친 것이다. 다시 말하면, 현지에 직접 진출해 있으면서도 현지사정을 가장 잘 알고 있을 현지인을 직접적 경영참여가 가능한 임원진이 아닌 말단직원들로만 구성하게 했다.

Chapter 04

휴대형 음향기기의 선두 '아이리버'

1. 개발동기

'아이리버'는 우리나라에서 독자적으로 개발해 세계적으로 히트시킨 최초의 제품중의 하나로 우리나라 IT산업을 언급할 때 인터넷, 휴대폰과 더불어 자부심을 느끼게 해주는 제품이었다. 초기 MP3 플레이어는 얼리어답터라고 불리는 일부 마니아층만 사용하는 특이한 제품이었지만 이를 벗어나 휴대형 음향기기의 주류로 떠올랐다.

2. 개발과정

시장규모가 해가 다르게 커져 전 세계적으로 1,300만 대에 이를 것이라는 전망이 나왔다. 국내시장도 굉장히 많이 성장할 것으로 예상되었고 산업으로서의 중요성도 매우 커지고 있었기 때문에 이 사업에 진출하는 회사가 늘어났고 아이리버는 그 중 판매량 1위를 기록하는 선망받는 브랜드로 부각되었다.

3. 마케팅전략

| 표 7-3 | 아이리버의 SWOT전략

Strength	독특하고 개성 있는 디자인, 최상의 기능성, 친숙한 고객서비스, 저렴한 가격
Weakness	경쟁품에 비해 떨어지는 인지도, 유행 지난 제품으로 인식, 부족한 오프라인 매장, 소프트웨어 부족, 빠른 신제품 출시로 자기시장 침식
Opportunity	경제불황으로 저렴한 제품 선호, 경쟁품의 가격상승으로 반사이익, 이동족 증가로 인한 수요 기대
Threat	MP3시장의 포화로 가격경쟁 불가피, 컨버전스제품으로 인한 시장위협, OEM 생산으로 인한 기술유출

4. 판매결과

2011년 약 40%의 매출을 차지했던 MP3/MP4, PMP제품은 14%대로 대폭 감소하였다. 반면, 유아용 교육로봇 '키봇' 시리즈, 전자책 '스토리 K' 시리즈를 포함한 네트워크사업군의 비중이 약 40%로 늘어났다. 특히 휴대용 하이파이(Hi-fi : 원음에 가까운 음으로 재생하는 장치) 오디오 '아스텔앤컨'은 판매가 아주 활성화되었다.

아이리버는 프리미엄 액세서리 '블랭크', 차량용 블랙박스, 거치형 도킹 오디오 등 다양한 신제품을 지속적으로 출시하며 매출구조를 다각화하고 있는 가운데 나름대로 흑자 전환에는 성공했지만 당기순손실은 184억원에 달했다.

5. 실패요인

첫째, 후속기종의 안일한 대처 때문이라고 할 수 있다. 레드닷 디자인상을 수상한 아이리버의 N10은 당시 아주 위태로웠던 기업회생의 전환점이었다. 문제는 N10의 후속기종으로 등장한 N11이 너무도 성의 없는 후속제품이었다는 것이다.

둘째, 외부요인의 작용이 아주 컸다. 신제품 H10을 발표하자마자 발표된 애플의 '2세대 아이팟미니'는 H10의 존재감을 불식시킬 정도로 파격적인 가격과 품질로 나타났다. 애플은 아이팟미니의 약점들을 대거 보완한 2세대 아이팟미니를 시장에 출시하였던 것이다.

셋째, 전략적인 상품개발능력의 부재이다. 당시 MP3로 무섭게 질주를 하던 아이리버는 야심차게 PMP라는 제품군을 시장에 내놓았다. 시기와 디자인은 좋았지만 문제는 성능에서 나왔다. 제대로 실행되는 동영상이 별로 없었고, 상당한 공을 들여 전용파일로 변환해야 했다. PMP와 더불어 마이크로소프트를 등에 업은 PMC까지 개발이 마무리되었으나 PMC는 그 출시가 통채로 날아갈 만큼 결과가 참혹했다.

Chapter

05

초정리 광천수 보리탄산음료 '맥콜'

1. 개발동기

국내에서 인공적으로 탄산가스를 주입하여 사람의 입맛에 맞는 상업적인 제품을 만들기 시작한 것은 일제 강점기부터였다. 그 이후 6 · 25전쟁 전 동방청량음료 합명회사가 '칠성사이다'라고 하는 상품명으로 사이다를 생산 · 판매하기 시작하였다. 사이다는 콜라가 들어오기 전까지 거의 독보적인 위치를 차지하였다. 콜라 메이커 간의 경쟁 시작으로 본격적인 탄산음료시장이 형성됨과 더불어 새로운 타입의 서구 음료가 소비자의 입을 즐겁게 해주기 시작함으로써 탄산음료의 다양화가 시작되었다.

이와 더불어 1982년 '맥콜'은 1980년대 당시 콜라와 사이다로 대변되는 국내음료시장에서 단일제품으로 1천억 원에 가까운 매출을 올리며 음료시장의 신화를 창조했고 30년이 넘는 기간 동안 판매되고 있다.

2. 개발과정

맥콜은 적당한 탄산과 보리, 비타민, 레몬라임향의 조화로 청량감과

깨끗한 맛을 내는 무방부제 음료로서, 초정리 광천수의 좋은 물과 원료를 위생적인 설비시스템으로 생산한 대표적인 보리탄산음료이다.

패키지 디자인은 맥콜의 기본 3원색인 파랑, 빨강, 노랑을 사용해 제품을 살리면서도 선명도를 높여서 소비자의 눈길을 사로 잡을 수 있는 풍성한 색감을 강조했다. 그리고 사선 형태의 직선 이미지를 곡선의 물결 모양으로 변경해 부드러우면서도 역동적인 느낌을 부각하고 기존의 보리를 형상화한 마크를 살려 롱런제품인 맥콜의 이미지를 유지하도록 하여 전체적으로 한층 세련된 이미지를 강조했다. 즉 색감과 부드러움을 강조해 감각적인 측면을 선호하는 젊은 층에게도 충분히 어필할 수 있도록 하였다.

3. 마케팅전략

첫째, 제품(Product)은 콜라와는 다르게 카페인이 들어 있지 않다. 하지만 인산은 들어 있는데, 인산은 맥콜의 톡 쏘는 맛을 내는 원료로 레모네이드나 오렌지 주스의 구연산과 비슷한 역할을 한다. 또 인산은 뼈와 치아의 성장에 도움을 주고, 탄수화물, 지방, 단백질의 전환에 있어서 다른 영양분들이 효율적으로 이용되게 하는 역할을 한다.

둘째, 가격(Price)은 시중에서의 음료수가격은 비슷한 가격을 유지하고 있고, 현재 코카콜라와 환타의 가격만 조금 오른 실정이다.

셋째, 유통(Place)은 피자와 햄버거를 먹을 때면 언제나 콜라나 사이다가 나오기 마련이다. 특히 콜라의 경우 많은 부분에서 '~와 콜라'라는 인식이 자리 잡고 있다. 사이다나 과일탄산음료 역시 다른 제품과의 연계를 통해 마케팅을 하고 있는 실정이다. 맥콜 또한 탄산음료이기 때문에 피자, 햄버거, 통닭 등의 제품과 연계할 수 있다.

넷째, 촉진(Promotion)은 젊음에 대한 강조를 하였다. 고전적인 청량음료인 맥콜의 이미지를 탈피하여 구체적이고 세분화된 개념의 '젊음'의 이미지를 강조한다. 젊은 층의 감각과 센스에 맞는 라이프스타일(Life Style)을 창출하여 생활 속에 함께하는 맥콜의 자연스러운 모습을 강조한다.

4. 판매결과

'우리 음료'라는 슬로건으로 전통음료라는 자리를 차지할 수 있었지만, 그 자리를 오래 유지하지는 못했다. 그것은 여러 유사제품이 등장함으로써 자체적인 위기를 극복하지 못했기 때문이다. 시장에서 동일 제품군끼리의 경쟁이 치열해지면 소비자들은 혼란을 겪게 되고, 결국 그 맛에 싫증을 느끼게 되어 있다. 그리고 오늘날에는 국내에서의 경쟁뿐 아니라 세계적인 경쟁에서 이길 수 있는 힘을 길러야 한다. 제품이 발전하는 데 힘을 실어주는 것이 바로 그 제품을 구매하는 소비자들이기 때문이다. 우리만의 전통음료를 개발하면서도 그것이 세계적인 브랜드가 될 수 있도록 끊임없이 변하는 소비자들의 입맛에 맞출 수 있도록 긴장을 늦추어서는 안 된다.

5. 실패요인

첫째, 소비자의 욕구를 포착하지 못하였다. 여러 비슷한 제품들이 등장함에 따라 1980년대 후반부터 소비자들은 맥콜을 포함한 보리음료 전체에 대해 식상해하고 있었다. 동일한 제품의 다양한 제품군이 판매되는 상황에서 발생하는 이러한 소비자들의 불만을 포착하지 못했고 유통을 더 확대하는 것에만 주력했던 전략은 결국 기존의 고객까지 상실하게 만들었다.

둘째, 시대에 뒤떨어지는 촌스러운 디자인을 연출하였다. 비록 최근에 새로운 변신을 시도하고자 맥콜의 캔 디자인을 바꿨지만 초기의 맥콜 캔 디자인과 큰 차이가 없어 소비자들의 이목을 끌기에는 아직 부족하다는 판단이다.

셋째, 제품을 강조하는 광고전략 차별화의 미흡이다. 시간이 경과할수록 판매량이 늘어나자 본래의 기능성을 잃고 여타 청량음료와 유사해져 갔다. 용기도, 공급방법도 유사해지고 더불어 광고 형태까지 경쟁사 브랜드와 비슷해졌다.

넷째, 좋지 않은 기업의 이미지는 제품 선택에도 영향을 미친다. 제품의 맛과 이미지에 관해서는 대부분 평가가 좋았지만 그에 비해 상대적으로 기업에 대해서는 대다수의 사람들이 좋지 않은 뜻을 내비쳤다.

8

Part

MD트렌드

Chapter 01 소비 트렌드의 변화와 기업의 대응전략

Chapter 02 e－슈퍼들의 MD혁명

Chapter 03 SNS의 열풍을 상품홍보에 활용하라

고객을 사로잡는 **머천다이징**

Chapter 01

소비 트렌드의 변화와 기업의 대응전략

1. 현재 나타나고 있는 소비 트렌드의 변화

2010년 여름은 유난히도 무덥고 비가 많이 온 것으로 기억한다. 길고 더웠던 날씨 덕분에 에어컨은 불티나게 판매되었지만 농산물의 생산량 감소로 인하여 물가는 가파르게 올랐다. 한마디로 최근에 벌어지고 있는 기후변화로 인하여 지구는 몸살을 앓고, 세계 곳곳에서는 이변적인 사고가 발생하고 있다. 이에 따라 우리 생활에서도 구매와 소비행태가 변화되고 이에 대해 기업들도 빠르게 대응하고 있는 것이 현실이다.

한마디로 말한다면 구매는 합리적인 방향으로 빠르게 변화되고 있으며, 소비는 가격과 품질 위주에서 벗어나 제품의 가치를 중시하는 방향으로 전환되고 있다. 이것은 소비자 자신이 추구하는 가치에 맞는다면 제품의 가격수준에 관계없이 구매한다는 것을 의미한다. 그렇다면 이와 같은 구매와 소비 트렌드의 변화배경에는 어떤 요인들이 작용하고 있는 것일까?

먼저 구매심리에는 실질적 가치 추구, 다양성 욕구 증가, 쉽고 편안함의 추구, 합리적 구매 증가, 개성을 존중하는 경향이 뚜렷하게 나타나고 있다. 또한 소비 트렌드의 변화는 크게 다섯 가지 징후를 보이고 있다.

1.1 이동소비(Mobility Consumption)의 증가

스마트폰의 폭발적인 사용 증가로 인하여 제품과 관련된 재고·판매 정보, 사용후기 등을 수시로 파악하게 되면서 소비자들은 언제, 어디서나 휴대단말기를 이용하여 인터넷에 접속하고 구매할 수 있는 경향을 보이고 있다. 다시 말해 언제 어디서나 실시간으로 원하는 정보를 습득할 수 있고 구매를 결정할 수 있다는 것이다. 따라서 길거리마다 정류장에는 이동시간을 보다 즐겁게 할 수 있는 광고물과 공간으로 변화될 것으로 생각된다.

1.2 친환경소비(Green Consumption)의 확대

급격한 기후변화가 현실로 느껴지기 시작하면서 정부, 기업 할 것 없이 모든 부문이 나서서 녹색성장을 외치고 있다. 이에 기업들은 지구도 살리고 제품도 팔 수 있는 그린제품개발에 몰두하고 있으며, 소비자들은 친환경제품을 우선적으로 구매하려는 소비성향이 강하게 나타나고 있다.

1.3 몰링(Malling)이 대세

서울 외곽의 한 복합쇼핑몰에는 하루에도 수만 명이 방문하여 쇼핑을 즐기고 있다. 몰링은 쇼핑뿐만 아니라 문화생활도 함께 즐기는 소비행위라고 할 수 있는데 이제 소비자들은 단순한 제품을 구매하는 행위를 넘어 쇼핑 자체를 하나의 즐거움으로 생각하게 되면서 더욱 각광받는 추세이다. 해외에서 몰링은 이미 보편적인 소비패턴으로 자리를 잡았지만 국내의 경우에는 원스톱쇼핑(One-stop Shopping)과 함께 엔터테인먼트에 대한 니즈가 커지고 있기 때문에 더욱 각광받을 것으로 예상하고 있다. 쇼핑몰들은 각자 차별화를 위해 특정 테마를 내세워 문화를 만들어 내고, 고객들이 오랫동안 머물 수 있도록 다양한 볼거리를 제공하는 등 휴식공간으로 탈바꿈하고 있는 것이다.

1.4 이종문화(Multi-Culture) 소비의 확대

모든 것이 글로벌화되면서 우리가 자주 접하는 국가는 물론이고 남들이 직접 접해보지 못한 미지의 문화를 먼저 체험하고 소비하려는 관심이 더욱 높아지고 있다. 국내 일부지역을 방문해보면 세계 각국의 다양한 문화와 음식을 쉽게 접할 수 있기도 하고 거리에서는 쉽게 외국인들을 만날 수 있기 때문에 이른바 이종문화, 즉 멀티컬쳐(Multi-Culture)에 대한 관심은 소비의 중요한 트렌드가 될 전망이다.

1.5 취미에 빠진 사람(Hobby-Holic)들의 증가

2010년 여름, 매출을 주도했던 상품 중의 하나는 캠핑용품이다. 인터넷에서도 캠핑에 대한 이야기는 인기도가 매우 높았다. 일밖에 모르던 한국사람들이 점점 취미에 빠져들면서 사진 촬영, 자전거 타기, 와인 체험 등 매우 다양한 형태의 취미생활에 빠지고 있는 것이다. 주5일제 근무가 정착되었고 가처분소득이 증가하게 되면서 새로운 취미를 시작하려는 사람들이 점점 증가하고 있는 것이다.

2. 기업의 대응방안

이번에는 구매와 소비 트렌드의 변화에 따라 기업이 해야 할 일은 무엇일까, 어떤 방안을 통해 이에 적응할 수 있을까 등과 같은 기업 측면에서의 대응방안을 생각해본다.

2.1 모든 제품에는 가치가 우선되어야 한다

지금은 가치만이 인정받을 수 있는 시대이다. 특히 가치 있는 제품을 통해 고객가치를 높일 수 있는 방법에 대해 깊이 연구하고 전략을 수립하는 방안이 필요하다.

가격경쟁 위주에서 벗어나 가치를 창출할 수 있는 방향으로 전략을 수정해야 한다. 가치를 창출하는 방법은 업종에 따라 차이를 보일 수 있겠지만 우수한 디자인, 차별화된 서비스, 철저한 브랜드 매니지먼트를 통해 고객을 관리하는 것이다.

2.2 기업은 소비자를 이해해야 살아남을 수 있다

지금은 시대가 바뀌고 있다. 과거에 많이 사용했던 방법 중 하나는 경쟁사의 고객을 빼앗는 것과 더불어 이탈하는 고객을 막아 고객을 확보하는 것이었다. 그러나 모든 것이 바뀌고 있다. 소비자와의 공감대를 형성하고 서로를 이해해야 핵심고객으로 자리 잡는다. 이것은 가족이라는 이미지를 만들기 위해 함께할 수 있는 장을 만들어야 한다는 것이다. 때로는 잘못을 인정하고 사실적이고 정직한 홍보를 통해 신뢰감을 쌓아 가는 노력이 무엇보다 좋은 방법이라고 할 수 있다.

2.3 이제 무차별적인 마케팅은 통하지 않는다

대중을 상대하는 전략보다는 소비자 대상을 세분화하여 효율을 높이는 전략이 필요하다. 모든 제품에는 적합한 고객이 있는 법이다. 무조건 매스미디어를 활용하기보다는 분석된 대상을 집중공략할 필요가 있으며, 이를 위해서는 라이프스타일과 소비성향에 대해 세심한 전략을 수립해야 한다.

2.4 빅데이터를 활용한 광고수단의 선정이다

모든 제품은 광고와 홍보를 필요로 한다. 다만 다양한 방법 중에서 어떤 방법을 선택하고 활용해야 하는가에 대한 선택과 전략이 중요하다. 때로는 오프라인상의 매체 활용보다 온라인상의 매체 활용이 더욱 효과적일 수 있기 때문에 광고 및 홍보전략을 수립하는 과정에서 빅데이터분석이 적극적으르 검토되어야 한다.

2.5 전략적 제휴를 활용한다

혼자 모든 것을 하기에는 어려움이 있을 수 있다. 적은 투자로 최대한의 효과를 낼 스 있는 방법 중의 하나가 전략적 제휴이다. 기술적 제휴, 영업적 제휴 등 다양한 분야에서의 제휴전략을 과감하게 시도해야 한다.

2.6 계속해서 변화해야 한다

변화는 혁신이다. 구매성향과 소비 트렌드를 파악하고 분석하면서 다른 기업보다 앞서가는 것도 경쟁의 핵심요소라고 할 수 있다. 그러기 위해서는 연구하고 또 연구해야 한다. 그리고 이를 기업경영에 적용함으로써 성공할 수 있을 것이다.

기업 측면에서 소비 트렌드의 변화는 또 다른 기회이기도 하다. 지금의 소비자들은 개인적이지만 참여도가 뛰어나다. 즐거움과 감성을 추구하며, 새로운 도전에 망설이지 않는다. 정보를 쉽고 빠르게 습득하며 신속한 반응을 원하는 특성을 지니고 있다. 이와 같은 소비자의 요구에 맞춘다면 당연히 성공으로 갈 수 있는 지름길이 될 것이다. 특히 소비자들은 기업의 일방적인 광고보다는 소비자들의 참여를 통한 대화를 더욱 신뢰하고 있다는 사실을 인식해야 성공할 수 있을 것이다.

Chapter

02

e-슈퍼들의 MD혁명

지난 2000년 이전까지만 해도 대형마트의 유통전략은 점포를 확대하고 지역적인 점령을 통해 고객을 확보하는 전략이었다. 다시 말해 오프라인유통에 집중했고 점포 개설에 매달려 왔다. 대형마트시장이 확대되면서 시장은 포화상태에 이르렀고 대형유통업체들은 돌파구의 하나로 SSM(Super SuperMarket : 슈퍼슈퍼마켓)을 개점하기 시작했다. 소비자들의 구매 트렌드가 변화되면서 SSM의 반응도 좋은 편이지만 기존 중소마켓과의 갈등, 대형유통업체 간의 경쟁, 정부의 규제 등은 해결책이 되지 못하고 있다.

인터넷쇼핑몰시장은 지속적인 증가세에 있으며, 많은 카테고리 중에서도 식품의 매출은 계속해서 증가되고 있다. 결국 이러한 시장변화에 맞추어 이마트는 2000년에 '사이버 이마트'를 오픈하였고 현재는 '이마트몰'로 변경하여 뜨거운 반응을 보이고 있다.

2001년에 시작한 홈플러스 인터넷쇼핑몰은 2008년 460억 원의 매출에서 2009년에는 약 1,000억 원의 매출을 달성하여 전년대비 117%의 신장률을 나타내고 있으며 현재 47개 매장에 300여 명 이상의 피커(상품을 대신 구매해주는 사람)가 배치되어 있다.

최근 주말을 이용하여 대형마트를 찾아 상품을 구매하다 보면 쉽게 접할 수 있는 광경 중 하나가 많은 피커들이 상품을 피킹(주문한 상품을 고르는 것)하고 있다는 것이다. 이것은 e-슈퍼(인터넷 슈퍼마켓)의 매출이 계속해서 증가하고 있음을 말해주는 것이기도 하다. 피커들은 마트별 특성에 따라 유니폼을 입은 채 대형카트를 운전하면서 고객들이 주문한 상품들을 대신해서 쇼핑해주고 있는 것이다.

또한 e-슈퍼들은 주문에 따른 배송절차도 매우 간편하다. 최초 고객의 주문에서 시작되어 피커가 주문을 확인하고 온라인 주문서를 출력한다. 그리고 피커에 의해 주문대로 물건을 피킹하고 구매완료 여부를 확인한다. 구매된 물품을 냉동과 냉장, 상온으로 분류하여 포장을 한 후 배송차량에 적재한다. 마지막 단계로 배송이 진행되고 배송이 완료되면 배송절차는 끝나는 것이다. 그렇다면 왜 e-슈퍼의 매출은 계속해서 증가하는 것일까?

1. e-슈퍼의 매출 증가 이유

1.1 신속한 배송시스템의 구축

일부 e-슈퍼의 경우 고객 주문에서부터 고객 현관문 앞까지 걸리는 배송시간은 불과 3시간이면 해결되며, 하루 10회 이상의 배송을 시행하고 있다.

1.2 신선도 유지를 위해 특별하게 제작된 배송차량을 이용

물류에 사용되는 배송차량의 내부설계는 적정온도별로 냉동 및 냉장, 상온으로 구분되어 적재할 수 있도록 특별하게 제작되어 있기 때문에 신선도를 최대한 유지할 수 있는 장점이 있다.

1.3 상품의 세분화를 통해 주문시스템을 구체화

오프라인과 동일한 많은 상품들이 갖추어져 있으며, 육류와 생선의 경우에는 손질법까지 선택할 수 있고 컴퓨터 화면 속의 이미지를 장바구니에 담으면 주문이 완료되는 시스템이다.

1.4 장바구니가 필요 없는 쇼핑

현대인은 맞벌이가 많고 주말을 이용하여 여가생활을 즐기는 것이 추세이다. 특히 식품을 구매할 때 문제가 되는 것은 운반하기에 무겁다는 어려움이 있는 것이다. 그러나 배송을 해준다는 것 자체가 하나의 일거리를 해결해주는 역할이 될 수 있기 때문에 더욱 선호할 가능성이 높아지고 있다.

쇼핑과 식품의 구매는 다른 개념이라고 할 수 있다. 일상생활에서 식품의 구매는 고민 없이 구매를 결정하는 단순구매이기 때문에 e－슈퍼에서 구매는 쉽게 접근할 수 있고 쉽게 결정한다는 것이다.

1.5 오프라인매장과의 동일한 가격정책

실제 e－슈퍼의 가격정책은 오프라인매장에서의 가격정책과 동일하다. 다만 e－슈퍼의 경우에는 1,000원의 구매대행료를 낸다는 것이 차이점이지만 각종 할인행사가 마련되어 있기 때문에 오히려 많은 혜택을 볼 수 있는 특징이 있다. 또한 구매량에 따라 절감할 수 있는 요인이 부가될 수 있기 때문에 가격은 문제가 될 수 없다.

1.6 고객들이 원하는 상품을 갖추고 있다

대형마트에서 가장 구매율이 높은 상품 중의 하나는 신선식품이다. 한편 배송시스템에서 가장 어려운 상품 중의 하나가 식품이었다. 이처럼 배송체계에서의 어려운 문제점을 콜드체인(저온유통체계)시스템을 통해 해결한 것이다. e-슈퍼에서 취급하기 어려운 신선식품의 배송체계를 보완하면서 대형마트에서 판매되고 있는 어떤 상품도 배송서비스가 가능해졌다는 것이 고객들의 구매만족도를 높이고 있다.

1.7 식품은 쇼핑대상의 상품이 아니다

식품은 먹어야 하는 상품이다. 옷은 입어보고 만져보고 실제 쇼핑을 통해 사는 상품이지만 식품이라는 것은 꼭 먹어야 하고 특별한 쇼핑을 필요로 하지 않는다. 과거 경험에 따라 이미 인식하고 있는 상품을 구매하면 되는 것이기 때문에 인터넷을 통한 주문이 매우 용이하며 반품률도 현저하게 낮출 수 있다.

2. e-슈퍼의 문제점

한편 e-슈퍼에서의 구매가 모두 좋은 것은 아니며, 크게 네 가지의 문제점을 생각해볼 수 있다.

2.1 구매식품의 유통기한 확인이 어렵다

일반가정에서 가장 구매빈도가 높은 상품 중의 하나는 유제품이다. 소비자들은 유제품을 구매할 때 반드시 유통기한을 확인하고 구매하는 것이 일반적이지만 e-슈퍼의 경우에는 이를 확인할 수 없다는 것이 문제이다. 이 문제점에 대해서는 시스템적인 개선을 통해 보완할 수 있겠지만 그리 쉽게 해결될 수 있는 점은 아니다.

2.2 일일 배송횟수가 제한되어 있다

대부분의 e-슈퍼는 배송횟수가 하루에 10회 정도로 한정되어 있다. 이에 고객들의 불편이 다소 발생될 수 있다는 것이다. 물론 고객들의 구매추이에 따라 피커들을 확대하고 배송횟수를 늘려 배송서비스를 확대할 수도 있겠지만 시장의 증감 추이와 비용을 고려하여 판단할 수 있는 요소라고 볼 수 있다.

2.3 배송 중의 파손에 대한 우려가 있다

e-슈퍼에서는 주문상품의 특성을 고려하여 배송상품을 분류하고 포장을 하고 있다. 그러나 배송이라는 것은 차량이 움직이는 관계로 부분적인 파손, 흠집, 찌그러짐 등이 생기게 마련이다. 이와 같은 현상으로 발생될 수 있는 것은 고객들의 불만과 반품으로 이어질 수 있다는 것을 우려하지 않을 수 없다.

2.4 직접전달상의 문제가 발생할 수 있다

고객들은 집에 항상 머물지 않는다. 주문을 해놓고 급작스러운 문제로 배송상품을 수령할 수 없을 때가 문제이다. 물론 경비실이나 고객이 요청하는 장소에 보관할 수는 있겠지만 신선식품의 경우에는 변질 등에 노출될 수 있는 위험이 있다.

위와 같이 e-슈퍼의 MD혁명은 온라인-오프라인 간의 제휴를 가속화시키고 있다. e-슈퍼의 매출 신장은 TV홈쇼핑에서 운영 중인 온라인 쇼핑몰의 매출에 영향을 줄 수 있다. 최근 데이터를 보면 실제로 많은 영향을 미치고 있음을 파악할 수 있다. 따라서 온라인쇼핑몰은 서둘러 오프라인기업과의 제휴를 추진하고 있으며, 사이트상의 몰인몰 형태가 늘어나고 있는 것을 볼 수 있다.

향후 유통MD의 핵심적인 마케팅전략은 통합 마케팅이라고 한다. 통합 마케팅의 기본은 기업 내에서의 부서 간 협조를 통한 시너지 창출에 있지만, 온라인과 오프라인유통을 병행하는 기업만이 시장에서 경쟁력을 갖게 되고 생존할 수 있다는 점이 중요한 것이다. 싱글족의 증가, 맞벌이부부의 증가, 소량구매의 추세, 바쁜 현대생활 등의 경향으로 볼 때 e-슈퍼의 경쟁력은 강화될 것이고 매출 비중은 더욱 확대될 것으로 전망된다.

Chapter

03

SNS의 열풍을 상품홍보에 활용하라

지난 2012년 7월 국내 트위터 이용자가 642만 명에 도달했다. 또 국내 페이스북 이용자수는 717만 명에 이른다. 따라서 기업들도 소셜미디어라는 새로운 매체를 어떻게 마케팅과 연결시킬 수 있는가를 고민하고 있다. 이미 대기업들은 여러 가지 분야에 접목시켜 활용하고 있고, 일부 전문기업들도 소셜미디어를 통해 상품 마케팅을 전개하고 있다.

2010년 8월 피겨스케이팅 김연아 선수는 브라이언 오서 코치와 진실공방을 벌여 매스컴의 주목을 받았다. 바로 이때 화제가 된 것은 트위터의 활용이었다.

당시 김연아 선수는 캐나다에 있었기 때문에 공식적인 기자회견을 할 수 없었고 자신의 입장에 대해 트위터를 통해 밝힐 수 있었다. 이것은 트위터라는 것이 단순한 수단이 아닌 다양한 목적으로 활용될 수 있다는 것을 알려주는 사례라고 볼 수 있다.

소셜미디어는 개방적인 소통매체라고 할 수 있으며 대부분 일반인들이 주도하고 있다. 소셜미디어는 정보, 의견, 경험, 자신의 주장 등을 제작하여 확산시키기 위해 사용하는 플랫폼이다. 플랫폼에는 현재 블로그와 유튜브가 가장 대표적이며 소셜네트워크서비스에는 페이스북과 트위터가 대표적이라고 할 수 있다. 기존의 매스미디어 방식은 주로 언론사들이 정보 또는 엔터테인먼트를 제작하여 불특정다수에게 전달하고 있지만 소셜미디어는 누구나 참여와 제작이 가능하고 쌍방향 소통 또는 피라미드식 전달이 가능하다.

그렇다면 기업에서는 소셜미디어를 어떻게 활용할 수 있을까? 그리고 상품을 어떻게 홍보할 수 있을까? 많은 기업들은 이미 소셜미디어를 마케팅과 홍보에 적극 활용하고 있다. 임직원과의 소통은 물론 외부 소통 전략의 하나로 영업과 고객관리에 적극 이용하고 있는 것이다.

우리가 소셜미디어를 상품홍보에 제대로 활용하기 위해서는 먼저 그 속성을 파악해볼 필요가 있다.

1. 소셜미디어의 속성

1.1 소셜미디어는 사람 간의 소통을 통해 친근감을 높일 수 있다

연예인은 물론이고 기업 CEO들도 자사의 상품과 관련하여 일반소비자들과 직접 만날 수 있는 장이 트위터이다. 소비자들이 보내온 내용을 경영에 반영하기도 하고 필요한 정보를 제공하기도 한다.

1.2 비용이 적게 들어간다

광고는 돈이 많이 들어가고 홍보에는 많은 노력이 필요했다. 그러나 소셜미디어의 경우에는 타깃집단개발과 고객접근이 용이하기 때문에 동질적인 사용자에게 효과적인 소통을 가능하게 한다.

1.3 소셜미디어는 매우 빠르다

일반적으로 트위터는 한 번에 140자까지 사용할 수 있다. 짧은 문장으로 쉽게 제작되고 빠르게 전파할 수 있는 특징을 가지고 있어 시간에 상관없이 관련이슈를 부각시킬 수 있다.

1.4 소셜미디어는 많은 사람들과 소통이 가능하다

트위터는 세계인과의 대화가 가능하기 때문에 동시에 많은 효과를 낼 수 있다. 이것은 짧은 시간에 빠른 효과를 낼 수 있다는 것이기도 하다.

2. 소셜미디어를 통한 상품홍보방안

소셜미디어를 어떻게 활용해야 상품을 잘 홍보할 수 있을까를 놓고 그 방안에 대해 네 가지로 정리해본다.

2.1 직접 판매채널로 활용할 수 있다

트위터를 개설한 후 기업의 여러 가지 행사내용을 체계적으로 알려준다면 상당한 효과를 가져올 수 있다. 특히 기업의 세일행사 및 재고판매행사 등에 대해서는 아주 빠른 효과를 낼 수 있다.

2.2 입소문 마케팅의 도구로 활용한다

마케팅방법 중에서 가장 높은 신뢰성을 주는 것은 입소문전략이다. 소비자가 듣고 구매하여 사용한 후 친구나 지인에게 이야기하는 것이 추가구매에 엄청난 영향을 미치기 때문이다. 다만 유의할 점이 있다면 사소한 소비자 불만이 트위터를 통해 알려졌을 때는 기업 이미지에 상당한 손해를 가져올 수 있기 때문에 철저한 상품관리가 필요하다.

2.3 트위터는 대기업보다 중소형 기업에 유리하다

트위터는 어디서든 인터넷상에서 대화를 할 수 있는 장이지만 경우에 따라 오프라인 모임으로 유도할 수 있기 때문에 자연스럽게 기업에서 생산하는 제품을 홍보할 수 있다. 다만 유의할 점이 있다면 직접적인 홍보보다는 간접적인(안테나숍이나 전시장) 방법으로 유도하는 것이 필요하다.

2.4 소셜미디어는 이슈를 만들어 낼 수 있다

기업에서 생산하는 제품과 관련하여 이슈를 만들어 내고 긍정적인 이미지를 강화할 수 있다면 상품판매 및 매출에 큰 영향을 미칠 수 있다. 다만 기업과 상품에 대한 이슈를 만들어 내는 과정에서 출처 명시, 비방 금지 등을 통해 진솔함을 느끼게 해야 한다.

2011년부터 사회 전반적으로 소셜미디어 열풍이 일어났고 앞으로도 소셜미디어는 더욱 확산될 것으로 보인다. 우리가 트위터, 밴드, 라인, 카카오톡, 페이스북 등과 같은 소셜미디어를 제대로 활용하기 위해서는 사용목적을 분명하게 정할 필요가 있는데 기업에서는 회사의 최신정보제공, 브랜드 홍보, 신상품에 대한 반응조사, 고객과의 대화창구 마련, 신규 고객 확보 등을 위한 도구로 생각해볼 필요가 있다.

결론적으로 기업에서 소셜미디어를 제대로 활용하기 위해서는 사전에 충분한 교육을 실시해야 하고 전 임직원이 참여했을 때 가장 좋은 효과를 낼 수 있으며 소통의 대상, 이슈와의 관련성을 고려하여 활용하는 것이 무엇보다 중요하다.

Part 9

MD전략

고객을 사로잡는 **머천다이징**

Chapter 01

성공적인 머천다이징을 통한 신상품 히트전략

유통산업에서 신제품은 끊임없이 개발되고 런칭되는데, 출시되는 모든 제품이 히트되고 대박이 나는 것은 아니다. 신제품을 기획할 때는 무엇보다 트렌드에 적합한 전략이 필요하다고 할 수 있다. 신제품 개발은 소비자에게 새로운 가치를 제공하고 제품을 필요로 하는 시기에 필요로 하는 사람에게 적절한 가격으로 생산·판매하여 이익을 창출하고 사용자의 만족을 통해 고객 및 기업의 경쟁력을 확보해 가는 활동으로, 다음과 같은 요소를 고려하는 것이 바람직하다.

1. 상품을 연구하고 문제를 파악하여 해결하는 것이다

신제품은 일상생활을 연구하고 고민하는 가운데 개발되며, 발생된 문제에 대해서는 완전하게 파악하고 문제점이 발견되면 즉각 해결하는 것이 필요하다. 다시 말해 모든 것은 문제점으로부터 출발하여 조사 → 분석 → 해결이라는 과정을 거친다. 우리가 흔히 히트상품이라고 하는 것의 공통점을 살펴보면 이와 같은 과정에서 탄생되고 관리되는 제품임을 알 수 있다.

2. 소비자를 흥분되게 하는 것이다

신제품은 새로움이 있어야 하며, 새로움은 소비자에게 기대를 주고 소비자를 흥분되게 만든다. 흥분이라는 느낌은 호기심을 불러일으켜 소비자는 구매욕심과 소비욕심을 갖게 된다. 이러한 요소를 만족할 수 있는 것이 바로 새로움이다. 우리가 상품을 개선하고 보완한다는 것도 새로움이라 할 수 있으며, 이것은 결국 소비자를 흥분되게 만들어 구매가 이루어지고, 사용 후 만족도가 높으면 지속적인 판매상품으로 자리를 잡게 된다.

3. 재미있는 상품을 만들어야 한다

현대사회의 소비자는 재미있게 살기를 원한다. 보다 편리하게, 여유를 즐기면서, 자신이 하는 일에 기쁨을 찾으려고 한다. 상품을 구매한다는 것은 투자를 의미하며, 투자를 통해 재미를 느껴야 만족을 하고, 재미를 통해 다른 소비자에게 그 상품을 소개하는 메신저의 역할을 하는 것이다. 마케팅의 관점에서 중요한 것은 입소문이다. 재미있는 상품이란 입소문 마케팅에 있어 최선의 방법이고 히트상품의 절대적인 요소이기도 하다.

4. 체계적인 마케팅을 전개해야 한다

신제품을 개발하였다면 사전에 철저한 시장조사를 통해 체계적인 마케팅을 수행해야 성공할 수 있다. 체계적인 마케팅이란 원칙을 기본으로 하되 제품의 특성과 시장의 트렌드, 경쟁제품과의 비교, 소비자분석 등을 통해 성공적인 마케팅요소를 찾아내고 전개하는 것이다. 또한 철저한 계획 수립을 통해 행해지는 실행에는 추진력과 일관성이 요구된다.

5. 가장 먼저 1등으로 만들 수 있어야 한다

'용의 꼬리보다는 뱀의 머리가 낫다'라는 의미이며 더 좋은 것보다는 맨 처음의 것이 차별화를 지향할 수 있고 성공할 수 있는 요소를 지니고 있다. 우리가 흔히 잘되는 식당에서 식사를 해보면 무엇인가 특징이 있다는 것을 알 수 있다. 그 특징 중의 가장 좋은 차별화가 원조 또는 1등, 최초라는 것이다. 원조에는 그동안의 노하우가 숨어 있어 색다른 점이 있다고 인식하는 것이 소비자이기 때문이다.

6. 타이밍을 놓치지 말고 시도해야 한다

신상품의 런칭에는 적기가 있다고 말하는데 아무리 품질과 가격경쟁력을 지니고 있더라도 시기적인 트렌드에 어긋나 있으면 실패하기 마련이다. 또한 런칭시점을 잘 결정하는 것이 히트상품의 중요한 포인트임을 인식해야 한다. 우리가 한방을 꿈꾸면서 구입하는 로또는 하늘의 뜻이 있어야 1등이 될 수 있다고 한다. 그러나 상품의 히트 타이밍이란 운이 아니다. 그것은 실력을 통해 자신이 공부하고 찾아내는 시점인 것이다.

7. 가치를 지향해야 한다

'삶의 질 향상'이라는 고급 이미지를 통한 차별성 부각이 히트할 수 있는 기회를 제공하며, 남들과는 다르다는 차별성의 부각이 필요하다. 지금은 개성시대이다. 남들이 갖고 있는 것도 중요하지만 더 중요한 것은 가장 좋은 것, 명품, 좋은 디자인 등의 가치를 원한다. 또한 가치란 품격이며, 가격이라고 할 수 있다. 가치가 높은 상품이라면 더 높은 가격으로 판매되고 수익을 더 창출해 낼 수 있다.

8. 필요를 느끼게 만들어야 한다

소비자는 제품을 구매하는 것이 아니라 문제해결방법을 구매하는 것이다. 다시 말해 편의성에 따라 상품을 구매한다는 것이다. 따라서 상품개발 시에는 제품 중심보다는 시장과 고객 중심적 전략을 추구해야 한다. 특히 고객 입장에서 생각하고 연구하는 것이 무엇보다 중요하다.

9. 사회관습을 고려해서 기획해야 한다

로마에 가면 로마법을 따라야 한다. 신상품을 관습상품으로 기획하거나 기본 브랜드를 관습 브랜드화하였다면 고객들은 별로 고민하지 않고 구매한다. 지역과 국가, 연령, 남녀 등에 따라 좋아하고, 싫어하고, 안 되고, 되는 것이 있기 마련이다. 만약 사회관습을 고려하지 못한 상품이라면 결코 히트할 수 없으며, 낭패를 보게 된다. 상품을 개발한다는 것은 기회이다. 이 기회를 잡을 수 없다면 손실을 초래하게 되므로 이 점을 충분하게 고려하는 것이 필요하다.

10. 상품을 차별화해야 한다

전쟁에서 승리할 수 없다면 전쟁터를 옮겨서 싸워야 하듯 상품 콘셉트의 차별화는 히트상품을 만들어주는 대원칙이고 다양한 방법의 전략을 구사할 수 있는 바탕이 된다. 차별화방법에는 여러 가지 요소가 있겠지만 주로 사용되는 방법으로 기능, 디자인, 색상, 가격, 포장, 배송, 사후관리 등이 있다. 특히 현대사회에서는 고객관리에 많은 투자를 하는 만큼 고객이 만족할 수 있는 전략과 차별화를 내세우는 것이 히트상품의 지름길이다.

이와 같이 기업에서는 성공적인 머천다이징을 통해 신상품을 개발하고 히트시킬 수 있다. 히트상품의 성공요인으로 경제성과 창의성, 스피드를 말하고 있는 것도 위의 내용과 일치함을 알 수 있다. 성공적인 머천다이징을 위해서는 일반적인 마케팅으로는 통하지 않는다. 보다 구체적인 준비를 거치고 구체적인 실행을 통해 성공할 수 있음을 이해해야 한다.

Chapter 02

유통업계 마켓리더의 조건

유통산업에서 업태는 시간이 지나면서 변화되고 새로운 것이 탄생하게 된다. 우리가 이야기하는 경제활동은 크게 세 가지로 분류할 수 있는데, 즉 생산활동과 유통활동, 소비활동으로 분류된다. 또한 유통활동을 다시 상적 유통과 물적 유통, 유통지원활동으로 구분할 수 있다.

상적 유통이란 소유권 이전과 관련된 활동으로 흔히 상거래활동의 핵심이 된다. 상적 유통에서는 상품이라는 매개물이 존재하며, 상품의 가치에 따라 왕성한 활동을 하게 된다. 결국 왕성한 유통활동을 통해 시장을 점유하고 이끌어 갈 수 있는 원동력이 되는 것이다. 이와 같이 시장을 이끌어 가는 방법은 무엇일까? 시장에서 마켓리더가 되기 위한 조건에는 어떤 것이 있을까? 여러 가지 방안이 있겠지만 여섯 가지 방안을 다음과 같이 제시하고 생각해본다.

1. 비용 절감을 통한 가격의 인하

유통학에서 소매 수레바퀴이론에 따르면 기존시장과 선발기업에 도전하여 항상 후발기업이 등장하게 되어 있는데 후발기업들이 내세우는 전략의 가장 일반적인 것이 가격을 인하하는 것이다. 시장에서의 가격이 경쟁업체와의 비교방식에 따라 결정되고 있는 사례가 많기 때문에 가격이라는 것은 늘 검토대상이 되며 기업들을 갈등상황에 놓이게 만들고 있다.

현재 생필품 물가가 오름세를 보이면서 소비자들의 근심이 더욱 증대되고 있는 시점에서 가격이라는 것은 첨예한 관심의 대상으로 자리 잡고 있으며, 구매를 결정하는 요인으로 소비자의 마음을 움직이고 있다.

2. 이제는 안전성이 우선하는 시대

2002년 7월부터 시행되고 있는 제조물책임법만 보더라도 고객위험에 대한 문제를 보장하고 기업들의 제품에서 발생할 수 있는 결함과 실수를 최소화시키고 있다. 이에 기업들은 제품의 안전성에 우선을 두고 제품을 개발하며 생산하는 데 중점을 두고 있다. 특히 식품의 경우에는 안전성의 문제로 인하여 기업 이미지에 엄청난 타격을 줄 수 있기 때문에 제조원가 상승이 있다고 할지라도 안전성을 추가하고 관련기관을 통해 시험성적서를 발행받아 소비자들의 신뢰도를 높이고자 노력하고 있다.

3. 새로운 유통채널의 구축

아무리 품질과 기능이 우수한 제품이라고 할지라도 소비자가 쉽게 구매할 수 없다면 제품의 수명은 매우 짧을 것이며, 판매를 확대할 수 없을 것이다. 그러나 소비자가 쉽게 접근한다는 것은 그만큼 다양한 채널에 진열한다는 것이므로 투자가 확대되고 리스크도 더욱 부담하게 된다. 따라서 전반적인 소매시장에서 마켓리더가 된다는 것은 여러 가지 해결해야 할 과제가 많기 때문에 시장분석을 통해 집중타깃을 설정하여 단계적으로 시장을 확대하는 것이 더욱 효과적이기도 하다.

4. 지속적인 신제품개발 노력

상품의 수명주기가 짧아짐에 따라 기업들은 신상품개발에 더 많은 노력을 해야만 한다. 신상품이란 소비자들의 관심대상으로서 구매로 연결될 수 있으며 소비자의 마음을 사로잡기 시작한다면 바로 히트상품이 되어 기업에 큰 수익을 만들어줄 수 있기 때문이다.

또한 신상품은 새로운 시장을 개척함에 있어 가장 효과적인 방법 중의 하나이다. 새로운 제품을 시장에 선보이는 것 자체가 관심의 대상이기 때문이지만 기업들이 신상품을 지속적으로 개발하기 위해서는 무엇보다 경제적인 투자를 필요로 하기 때문에 사업계획을 수립하고 진행함에 있어 신상품개발에 대한 예산을 사전에 계획하고 집행하는 계획을 수립하는 것이 좋을 것이다.

5. 유통전문인력의 확보

기업은 가치를 가져야 하는데 그 가치를 만들어줄 수 있는 것이 상품과 서비스이다. 상품과 서비스를 창출할 수 있는 것이 인재와 기술이고 이것은 성공기업경영의 핵심적인 요소이기도 하다.

기업에서 인재를 확보하는 방법에는 전문가를 외부에서 스카우트하는 것과 내부직원을 교육하여 전문가로 양성하는 방법이 있다. 두 가지의 방법에는 장・단점이 뚜렷하게 나타나고 있지만 기업의 환경에 적절한 방안을 모색하는 것이 바람직하다. 기술이란 테크닉의 부분을 말하는 것이다. 그 상품의 기술력이 50%의 비중이라고 하면 디자인과 판매기술, 포장기술, 배송능력 등 그 외 기술력이 50%를 차지하고 있다.

6. 전략적 제휴

기업들은 단독으로 모든 것을 할 수 있다는 생각을 버려야 한다. 기업 간의 협업을 통해 더 빨리 시장에 접목시키고 투자에 대한 리스크를 줄일 수 있는 방향으로 움직여야 한다. 잘할 수 있는 분야는 더욱 발전시키고 약한 분야에 대해서는 협조를 구해 서로 간에 더 나은 기술의 상품이 개발될 수 있다면 빠른 성장과 함께 시장을 움직이는 리더가 될 수 있다.

유통업계에서 마켓리더는 시장을 선도할 수 있어야 한다. 대기업이라고 해서 무차별적인 자금공세를 통해 시장을 장악하는 것이 아니라 실질적인 능력을 바탕으로 시장을 이끌어 가야 한다는 것이다. 중소기업의 경우에는 모든 분야에서 마켓리더를 한다는 것이 더욱 어려울 수 있다. 이제는 각자의 분야에서 리더가 되는 것이 더욱 중요하기 때문에 집중적인 전략이 필요하다.

지금까지 마켓리더가 되기 위한 여섯가지 사항에 대해 정리해보았지만 무엇보다 중요한 것은 핵심업무를 담당할 수 있는 머천다이저와 물류전문인력, IT기술인력을 양성하고 확보하는 것이야말로 마켓리더의 조건을 갖추는 것이다.

스마트폰의 출시, 아이패드의 열광, 인터넷시대의 무한도전은 지금 시장을 리드하고 있지만 향후 시장이 어떻게 변화될 것인지가 더욱 궁금해진다. 이와 같이 유통업계에서는 끊임없이 연구하고 노력하는 기업만이 마켓리더가 될 수 있을 것이다.

Chapter

03

글로벌소싱 머천다이징

글로벌 소싱이란 기업의 구매활동범위를 범세계적 시야로 확대, 외부조달비용의 절감을 위한 구매전략이다. 다시 말해 원가 절감 및 마진 증가를 위해서 국외의 제조업체 또는 생산업체로부터 물품을 직접 구매하는 것이다.

1. 기업은 왜 글로벌소싱을 해야 하는 것인가

국내유통산업은 업태별 성장의 한계에 직면하면서 각자가 살아남기 위한 생존전략이 그 어느 때보다 중요한 시기에 직면해 있다. 세계경제의 전반적인 소비위축에 따라 유통기업의 경영부담이 증가되고 있는 것이다. 이러한 유통기업의 문제점을 해결하기 위한 대안으로 제시되고 있는 것 중의 하나가 글로벌소싱(Global Sourcing)이다.

글로벌소싱은 국내거래선에만 의존했던 상품매입의 거래선을 해외로 돌려 거래선을 다변화시키고자 하는 머천다이징방법의 하나이다. 그렇다면 글로벌소싱이 가져다주는 이점은 무엇인가?

- 신상품개발을 선도할 수 있고 상품차별화를 통해 경쟁우위를 확보할 수 있다.
- 경쟁력을 갖춘 해외거래선으로부터 직접 구매하기 때문에 원가가 절감되고 마진을 높일 수 있다.
- 협력업체가 아닌 바이어의 측면에서 보다 나은 거래가 가능하다.
- 투자금의 제약을 받지 않고 적정 규모의 소싱이 가능하다.

대량구매 → 원가절감 → 저렴한 가격

또한 과거 WTO체제의 국제적인 무역을 떠나 국가 간의 무역이 확대되면서 자유로운 무역이 보장되는 자유무역협정(FTA)의 체결이 진행되면서 국가 간 무역장벽이 무너지고 통상 및 교역조건이 완화되고 있기 때문에 글로벌소싱은 더욱 확대될 것으로 보인다.

2. 머천다이징 측면에서 글로벌소싱의 기능은 무엇인가

유통산업은 시대적인 흐름에 따라 업태의 변화를 가져온다. 한때 잘되던 분야에 먹구름이 끼어 어려움을 겪고 새로운 업태가 등장하여 시장을 선도하기도 한다. 이와 같은 환경변화에서 머천다이징 메커니즘은 업태에 따라 차이는 있겠지만, 타깃 설정과 서비스 수준을 통해 상품화전략과 목표를 수립한다. 또한 성공적인 머천다이징을 통해 마케팅효과를 높이고 매출을 증가시켜 기업의 수익성을 높이고자 한다.

수익성을 높이고자 하는 과정에서 가장 중요한 요소는 경쟁우위를 확보하는 것으로 제품의 가격과 품질을 전략적인 측면에서 검토하고 상대적인 우위를 확보하는 것이다.

결국 머천다이징의 기본이라 할 수 있는 상품기획, 매입, 진열, 구색, 판매관리, 재고관리에 있어 글로벌소싱은 더욱 중요한 기능을 담당하게 된다.

3. 글로벌소싱에서 고려할 사항은 무엇인가

3.1 글로벌소싱에는 재고부담에 대한 위험이 따른다

원가를 줄이고 가격경쟁력과 이익을 확보하기 위해 다량의 오더를 통해 생산되고 매입하기 때문에 재고에 대한 위험부담이 있을 수 있다. 재고란 투자에 기초하기 때문에 자금의 회전에 문제를 야기할 수 있고, 국가별 통관절차의 문제에 따라 배송이 지연되어 경제적인 손실을 초래하기도 한다. 또한 가장 큰 문제 중의 하나는 환율의 변화에 따른 환차손 발생에 따른 위험이다.

3.2 국내판매에 적합한 상품을 소싱하기가 쉽지 않다

상품이란 그 시장수요에 적합해야 한다. 아무리 우수한 신상품이라 할지라도 그 시장에 적합하지 않다면 실패할 수 있고, 혁신이 요구되는 상품군을 소싱하다 보면 한정된 고객층으로 판매력을 증대하기 어려운 경우가 발생하기도 한다. 따라서 글로벌소싱에서는 그 나라의 문화, 습관, 생활양식 등 전반적인 양식을 사전에 분석하고 검토하는 절차가 요구된다.

3.3 약속된 납기에 어려움이 발생할 수 있다

상품을 수입하는 데는 여러 가지 변수가 작용한다. 생산의 지연뿐만 아니라 운송수단의 문제, 기후의 문제, 통관의 문제 등 약속된 납기일을 맞춘다는 것은 많은 노하우를 필요로 한다. 예를 들어 잡지사에 증정용품으로 대량의 판촉물을 수입한다고 했을 때 잡지를 발송하는 시점을 지키지 못한다면 경제적인 손실이 크게 발생할 수 있다.

3.4 글로벌소싱에 적합하지 않은 상품을 구별하는 것이다

국가에 따라 수입을 금지하고 있는 품목, 문화에 적합하지 않은 품목, 운송 시에 품질에 변화를 줄 수 있는 품목, 매출이 저조한 상품, 검증되지 않은 품목, 애프터서비스가 필요한 가전제품 등은 사전시장조사를 거쳐 철저하게 검증한 후 소싱하는 것이 바람직하다.

4. 글로벌소싱이 소비자에게 미치는 영향은 무엇인가

우선 글로벌소싱은 전 세계적으로 확산되고 있다. 그리고 전문기관의 조사에 따르면 향후 지속적으로 늘어날 것으로 예상하고 있다. 글로벌소싱에 따라 소비자들은 다양한 종류의 상품을 접할 수 있고 보다 저렴한 가격에 구매할 수 있는 장점이 있다. 다만 글로벌소싱으로 인한 가격인하는 자칫 저품질 원료의 사용으로 품질의 저하를 가져올 수 있다는 우려가 제기된다.

국내에서 판매되는 명품의 경우, 다른 국가에서 판매되는 가격보다도 비싸게 판매되고 있는 현실을 고려해보면 글로벌소싱의 신뢰성에 부정적인 영향을 미치고 있다.

5. 글로벌소싱의 기본적인 프로세스는 무엇인가

가장 먼저 해야 할 일은 시장조사이다. 이를 통해 해외생산공장 및 거래처를 찾아내고 확보하는 것이 중요하다. 다음은 적합한 상품을 찾아내는 일이다. 가격, 품질, 생산능력 등 제품의 전반적인 요소를 검토하고 문제 여부를 체크한다.

그리고 발주서를 통해 생산을 의뢰한다. 생산 중에는 포장 및 서류에 대한 준비와 점검을 하고 선적 전에는 제품의 검사를 실시한다. 선적 후에는 이미 많은 비용이 발생되고 문제가 발생되었을 때 해결할 수 있는 방안이 어려울 수 있으므로 선적 전 검사는 반드시 해야 할 절차이다. 선적 전 검사가 끝나면 비로소 선적을 하고 운송기간을 거쳐 국내항구 또는 공항에 도착하게 된다. 도착 후에는 보세창고에서 세관신고를 통한 통관절차를 거치게 된다. 통관절차에서는 제품에 필요한 서류를 제대로 갖추고 있어야 하며 이는 실제 도착된 제품과의 일치 여부를 확인하는 절차이기도 하다. 통관이 끝나면 운송트럭을 통해 하주의 창고 또는 지정한 창고로 이송되는 과정을 거치는 것이 일반적이다.

6. 글로벌소싱은 누가 담당하는가

글로벌소싱에 관여하는 자는 일반적으로 네 가지로 구분한다. 바이어는 상품개발계획 및 소싱하고자 하는 상품을 선정한다. 일반MD는 카테고리별로 분석을 하고 발주 수량을 확정한다. 소싱MD는 소싱업체 및 상품의 발굴에 대해 전반적인 업무를 담당하고 테크니컬 매니저(TM)는 제품의 안전성 및 법규사항에 대한 검토를 담당하게 된다. 참고로 대부분의 기업에서는 MD와 TM으로 구분하며, MD는 상품개발계획과 상품선정, 상품발굴에 요구되는 전반적인 업무, 카테고리별 분석 및 발주업무 등을 담당하고, TM은 제품의 품질에 대해 담당하고 있다.

7. 글로벌소싱 머천다이징의 미래는 어떠한가

글로벌소싱은 세계적인 추세임에 틀림없다. 이에 국내제조업체에서는 경쟁할 수 있는 기술과 디자인 등 상품의 경쟁력을 갖추어야 하며, 글로벌소싱기업은 값이 저렴하다고 해서 무조건 수입을 선호하는 것이 아니라 품질을 고려하고 국내산업에 미치는 영향 등을 충분하게 고려하여 소싱할 필요가 있다.

특히 이러한 업무를 담당할 MD는 충분한 자질을 갖추어 국내유통산업이 발전할 수 있는 방향으로 소싱하는 것이 무엇보다도 중요하다고 할 수 있다.

Chapter

04

잘나가는 기업의 지속적인 상품개발전략

지난 2011년을 기준하여 한국경제의 규모는 세계 12위에 올랐다. 수출액은 5,565억 달러이고 수입액은 5,243억 달러이다. 그렇다면 무엇이 한국경제를 세계 12위에 올리는 역할을 했을까?

여러 가지 이유가 있겠지만 그 중에서도 한국인의 높은 IQ와 교육지수 때문일 것이다. 2009년을 기준했을 때 한국인의 IQ는 184개 국가 중 싱가포르에 이어 2위에 올랐고, 교육지수는 7위를 기록했다. 다시 말해 세계에서 가장 오래 공부하는 청소년들이 바로 한국인이다.

세상은 빠르게 변하고 있다. 변화에 적응하기 위해서는 어떻게 바뀌고 있는가를 알아야 한다. 끊임없이 공부하고 좋은 지식과 정보를 빠르게 획득해야 한다. 그래야 좋은 정보를 바탕으로 좋은 상품을 개발할 수 있고 소비자들로부터 각광을 받을 수 있는 것이다. 다시 말해 어느 기업이든지 자기 사업과 관련된 신지식과 신정보를 알아야 하고 다른 분야의 변화에 대해서도 파악할 수 있어야 살아남을 수 있다.

삼성전자가 세계적인 일류기업이 된 것도 1993년에 이건희 회장이 이야기했던 '처와 자식만 빼고 다 바꾸자'라는 혁신사고에서 시작됐다고 할 수 있다. 기업은 비전과 목표가 있어야 한다. 기업은 최고를 지향하고 도덕성과 혁신을 필요로 한다. 최고를 지향하는 방법에는 기업의 대표적인 상품을 탄생시키는 것이 있다. 가치 있는 제품과 서비스를 생산하여 이를 고객에게 제공하고 그래서 고객을 만족시킬 수 있다면 정당한 대가로 이윤을 획득할 수 있기 때문에 기업의 영속성을 유지시켜 줄 수 있다.

기업가치는 상품에 있다. 영속적인 기업경영을 위해서는 좋은 상품이 필요한 것이다. 좋은 상품은 상품의 양이 아니라 품질로 승부해야 한다. 최고의 품질을 지향하고 품질의 관리를 위해서는 상품이 표준화되고 차별화될 필요가 있다. 첨단기술과 포장 · 디자인기술 등을 감안하여 무엇인가 새로움을 줄 수 있는 것이어야 한다. 이러한 것들은 바로 무한탐구정신에서 나온다. 무한탐구정신이란 끊임없이 기술을 개발하고 도전하여 상품에 접목시키는 것이다. 가치 있는 상품, 기업을 대표하는 상품을 위해서는 다음과 같은 전략이 필요하다.

1. 고객들이 인정하는 품질로 생산

보통 품질이 아니라 최고 품질의 상품을 만들어야 하는데 여기에는 첨단기술이 필요하다. 첨단기술을 위해서는 끊임없는 연구와 개발이 요구되는 것이다. 품질이 좋다는 것은 무엇인가? 이는 '다른 것보다 독특하게 만들어야 한다'는 것을 의미하기 때문에 지속적인 기술개발이 필요하다고 할 수 있다.

2. 해당 상품에 대한 시장분석

시장을 안다는 것은 기본이다. 무엇을 하든 간에 가장 선행해야 하는 것은 시장조사와 분석이다. 경쟁상품을 비교하고 분석했을 때 비로소 문제점과 차별점을 찾아내고 개발할 수 있는 것이다. 기업에서 새로운 상품을 출시했을 때 기존시장에서의 유사상품과 차별점이 없다면 그 상품은 기업을 대표하는 상품이 될 수 없을 것이다.

3. 삶을 바꾸게 하는 상품의 출시

사회가 빠르게 변화되면서 사람들은 더욱 바빠지고 있다. 주어진 시간 내에 해야 할 일도 많고 접해야 할 정보도 많아지고 있다. 기업이 시장을 조사하고 사람들이 필요로 하는 상품을 개발하려고 한다면 성공의 대안점을 찾을 수 있고 사람들의 생활을 편리하게 만들 수 있기 때문에 그 상품은 크게 성공할 수 있다.

4. 소비자 관점에서의 상품개발

상품은 구매하는 순간에 가능성을 타진해볼 수 있다. 아무리 좋은 상품이라고 할지라도 소비자가 찾지 않는다면 더 이상 존재할 가치가 없다. 다시 말해 상품의 가치를 지닐 수 없는 것이다. 또한 소비자가 원하는 포인트가 있어야 구매로 이어질 수 있다. 상품에서 차별화된 소구 포인트를 찾아내기 위해서는 생산자 입장에서의 관점보다는 소비자 측면에서의 관점을 더욱 중요시해야 한다.

5. 상품에 맞는 유통채널의 개발

상품은 제각각의 특성을 지니고 있다. 다시 말해 상품별 특성에 맞는

채널이 따로 있다는 것이다. 온라인과 오프라인의 유통채널 간 차이점은 분명하기 때문에 상품특성을 분석하여 가장 적절한 유통채널을 선택하는 것이 백전백승의 원리이다. 채널의 선택은 소비자와의 만남에도 영향을 주기 때문에 더욱 중요하며 적합한 채널을 선택하는 것이야말로 성공요소의 핵심이다.

6. 끊임없는 도전정신

도전하지 않는 것이 실패이다. 개인도 내면의 확신에서 솟아나는 힘을 바탕으로 행동하며, 역경에도 불구하고 끊임없이 전진하는 사람만이 성공한다. 기업도 마찬가지이다. 좋은 상품을 만들어 낸다는 것이 그리 쉬운 일은 아니기 때문에 역경이 있을 수 있다. 역경을 극복하고 끊임없이 도전했을 때 바로 성공상품이 나올 수 있는 것이다.

현재 사회에서 잘나가는 기업을 분석해보면 기업마다 대표적인 히트상품이 있다. 성공상품 하나가 그 기업의 주춧돌이 되었고 차기의 성공상품을 만들어 주었음을 알 수 있다. 한 번 성공상품을 만들어 낸 기업은 또 다시 히트상품을 만들어 낸다. 그것은 노하우를 바탕으로 하되 지속적인 연구와 개발을 게을리하지 않았기 때문이다. 그리고 히트상품 하나에 만족하지 않는다. 유능한 인재를 양성하여 새로운 상품기획에 도전하고 있다. 그것이 바로 잘나가는 기업의 지속적인 상품개발전략이다.

Chapter

05

인터넷쇼핑몰 판매증대전략

누군가에게 '당신이 가장 적은 투자로 사업을 시작해야 한다면 어떤 종류의 창업을 할 수 있을까요?'라고 물어본다면 대부분의 사람들이 아마도 '인터넷쇼핑몰'이라고 대답할 것이다. 이와 같이 인터넷쇼핑몰로의 접근은 용이한 편이다. 그러나 사업의 성패를 좌우할 수 있는 것은 바로 사이트의 활성화전략이다. 인터넷쇼핑몰을 활성화하기 위해서는 어떤 전략을 사용하고 있는지에 대해 10가지로 정리해본다.

1. 사이트 활성화를 위한 쇼핑몰기획이 우선

첫째, 사이트는 차별화된 콘셉트를 잘 살리는 디자인이어야만 한다. 디자인의 단순함으로 상품의 품질을 높여야지 너무 화려한 디자인은 안된다. 상품으로 디자인의 승부를 해야 하고 아이디어를 디자인으로 승화시켜야 한다.

둘째, 클릭수를 최소화하는 내비게이션을 구축해야 한다. 대분류와 중분류를 메인 카테고리상에 노출시켜야 하며, 네티즌들은 홈페이지에 들어가 7~9초 안에 원하는 정보나 서비스를 찾지 못하면 다른 곳으로 떠나버린다는 사실에 유념해야 한다.

셋째, 상품 카테고리, 노출상품의 배열순서 등에서도 고객의 인기도를 반영하는 것이 중요하다.

2. 상품배열에도 기본이 존재

상품배열 시 유의할 점에 대해 알아보자. 사람들의 시선은 좌측 상단에서 우측 하단으로 이동한다. 그러므로 좌측 상단에 가장 중요한 포인트를 주어야 한다는 것이다. 상품의 카테고리는 수직으로 중분류까지 한 번에 클릭할 수 있도록 배열하고 우측에 시선이 보다 오래 머물러 있으므로 우측 상품배열을 전략적으로 하여야 한다.

로그분석을 통해 판매순, 조회순으로 상품을 배열해야 하며, 사이트 내부검색창의 키워드분석이 매우 중요하다. 또한 상품정보 페이지에 관련상품을 나열해야 하고, 장바구니에 할인가격과 적립률을 명시하여야 한다. 코너마다 전시방법을 바꾸고 구매결정과정을 짧고 쉽게 만들어야만 더 좋은 효과를 낼 수 있다.

3. 감성을 자극하는 상품사진과 설명

쇼핑몰의 큰 특징 중 하나는 실물이 아닌 이미지를 파는 것이다. 이미지와 감성 마케팅의 중요성을 간과해서는 안 된다. 따라서 상품사진마다 다양한 각도의 이미지를 최대한 많이 활용한다. 이것은 이미지에도 스타일이 필요하기 때문이다. 그리고 상품설명에 있어 고객의 60%는 상품설명이 부족하다고 지적한다. 카탈로그식의 설명이 아닌 구매자의 눈높이에 맞춘 설명이어야 감성을 자극할 수 있다.

4. 쇼핑몰 커뮤니티전략

쇼핑몰 커뮤니티전략은 사이트 최적화 운영전략이다. 이것은 체류시간과 재방문을 유도하는 전략으로 감성 마케팅전략, 고객참여 마케팅전략, 판촉 이벤트전략을 주로 사용한다. 다시 말해 고객과의 커뮤니티를 통해 입소문을 유발할 수 있는 효과가 있다. 이 전략에서는 효과적인 검색엔진 키워드 광고가 중요하며 카페와 블로그를 운영하거나 댓글을 달아 마케팅전략을 펼치기도 하고 펌질(저작권이 남에게 있는 자료를 자신의 홈페이지나 카페 등으로 옮겨 가는 것)될 콘텐츠전략을 쓰기도 한다.

5. 감성 마케팅전략

감성 마케팅은 인간미로 승부하는 것이다. 그 사례는 호신안전용품 전문몰(www.oktd.co.kr)의 경우 명함과 인사편지 동봉하기, SK텔레콤(www.sktelecom.com)의 '사람을 향합니다', 알바생들의 권리를 이야기하고 있는 알바천국(www.alba.co.kr) 등으로, 인간미를 살려 성공한 사례이다. 대개 생활 속 자연스러운 모습을 노출시키는 전략이라고 볼 수 있다. 일부 쇼핑몰의 경우 후원쇼핑을 주최하여 이웃들에게 봉사하는 나눔의 정신을 보여줌으로써 감성적으로 다가간다. 또 다른 방법으로는 축하카드, 세련된 포장, 좋은 문구, 기프트카드(Gift Card), 친절 도우미 서비스, 세스코의 게시판 관리 등 감동을 부르는 서비스를 통해 감성 마케팅을 하고 있다.

6. 판촉 이벤트 및 체험 마케팅전략

판촉 이벤트의 경우 고객의 일면을 계속 두드리는 것이 중요하다. 구매를 이끌어 내는 이벤트를 여는 것으로 회원가입 포인트, 적립금 이벤트, 오픈기념 사은품 이벤트, 주력상품 특가 이벤트, 유행을 이용한 이벤트, 한 가지 테마로 묶는 이벤트, 시즌 이벤트, 1+1 이벤트, 패키지 할인 이벤트 등이 있다. 주기적인 이메일링 서비스를 통해 구매를 이어 가야 하며 참여자를 회사 영업사원으로, 즉 서포터즈로 활용해야 한다. 체험 마케팅을 활용하는 경우에는 후기 코너, 멤버 커뮤니티, 공짜 이벤트, 농원 체험하기 등이 있다.

7. 철저한 회원관리전략

회원관리를 할 때는 구매고객에게 더 큰 혜택을 주어야 함을 명심해야 한다. 회원의 등급을 나누어 차등서비스를 기획하고 재구매 이상의 고객 특별관리 프로그램을 선보이는 등의 VIP 마케팅을 펼친다. 기존고객의 입소문을 활용하는 추천인 제도, 소개 마케팅을 활용하기도 한다.

8. 펌질 콘텐츠 제작

첫째, 자발적으로 생산하는 커뮤니티를 만들어야 한다. 이를 위해서는 게시판의 주제가 매력적이어야 하고 참여자에게 보상을 주어야 한다. 초기 활성화는 직접 작업을 해야 하고 반드시 댓글기능을 지원해야 한다.

둘째, 다운로드해 갈 수 있는 콘텐츠를 기획하고 바이러스 마케팅을 연계한다. 오락적이거나 정보성이 강한 콘텐츠, 코디웹진, 화보 같은 의류 촬영사진을 이용한다.

셋째, 지식iN, 오픈사전을 활용할 수 있는 콘텐츠를 기획한다. 지속적으로 지식iN 질문, 답변을 테스트하고 오픈사전에 등록할 신지식을 찾아 출처를 노출시키는데, 정보성 콘텐츠가 많을수록 유리하다. 다만 유의할 것이 있다면 너무 과장되거나 허위의 자료를 만들어 내서는 안 된다는 점을 명심해야 한다.

9. 카페와 블로그 운영

카페와 블로그 운영을 마케팅으로 활용하고 있는 사례는 점차 늘어나고 있으며 이는 키워드 광고효과를 대체하고 있다. 제휴보다는 직접 운영을 하는 것이 더 효과적이다. 직접 카페를 만들어보면서 키워드전략을 체험하고 구매를 높여줄 콘텐츠가 점차 모아지며 보다 충성도 높은 고객을 만들 수 있기 때문이다.

요즘 추세는 사이트 안에서 카페 및 블로그를 활용할 수 있도록 자체 기능을 넣어주는 것이 포인트이다. 블로그는 펌질을 염두에 두고 활용해야 하고 정보 위주의 전문 블로그를 키워야 한다. 사례로 보면 유아용품 공구 카페로 성공한 '맘스공구', 수입보세 의류쇼핑몰 '펀펀걸'이나 '업타운걸', 여성 의류쇼핑몰 '립합' 등 최근 유명세를 탄 의류몰은 개인 카페와의 연결고리로 성공하였다.

10. 제휴 마케팅전략

인터넷쇼핑몰을 성공시키기 위해서는 많은 소비자들이 관심을 갖게 하는 것이 중요하다. 제휴 마케팅전략이란 우리 회사가 갖지 못한 것을 다른 회사가 갖고 있다면 상호 간의 제휴를 통해 상생할 수 있는 방법을 찾는 전략이다. 모든 것이 경쟁이고 기업마다 차별화를 위해 노력하다 보니 서로를 위해 손을 잡는 것이기도 하다.

지금까지 10가지의 인터넷쇼핑몰의 판매증대방법에 대해 알아보았다. 물론 이 외에도 많은 종류의 방법이 있을 수 있겠지만 가장 기본적이고 누구나 할 수 있는 방법이라고 할 수 있다. 인터넷쇼핑몰이 성공하기 위해서는 기본이 튼튼해야 하기 때문에 앞에서 언급한 10가지만 잘하더라도 성공적인 인터넷쇼핑몰이 될 수 있다고 생각한다.

Part 10

상품기획서 작성

Chapter

01

성공의 초석은 상품과 거래처 발굴

좋은 상품의 발굴은 쇼핑몰사업에 있어 기본적인 요소라고 말할 수 있는데 좋은 상품의 발굴을 위해서는 소싱(Sourcing)에 대한 이해가 필요하다.

사업에 있어 소싱이란 일반적으로 구매자를 상대로 한 상품이나 서비스를 기획함에 있어 판매하고자 하는 상품의 경쟁력 확보와 구성 강화를 위해 국내 · 외 협력사를 개발하여 경영의 효율화를 기하고 기회손실의 최소화를 목적으로 일련의 프로세스를 거쳐 상품과 협력사(공급원)를 개발하는 과정을 말한다고 앞서 설명한 바 있다.

다음에는 좋은 아이템의 선정이 필요하다. 아이템이란 상적 유통의 대상이며 기업성장의 원동력이다. 유통과정을 살펴보면, 제조업체가 국내외에서 원료를 사들여 생산재 제품을 도매업체에 주고, 그것을 받아 도매업자는 소매업체에게 상품을 제공한다. 이 상품은 시장확대, 재고유지, 주문처리, 시장정보제공, 고객서비스 대행의 역할을 한다. 소매업체는 소비자에게 상푼을 제공함으로써 제품구색, 정보, 금융, 서비스의 역할을 해준다.

아이템을 선정할 때는 자신이 가장 잘 판매할 수 있는 상품으로 해야 하고 귀를 열어 정보를 획득하여야 한다. 시장세분화 및 고객세분화 또한 필요하다. 고객니즈를 분석한 후 아이템을 선정해야 한다. 크게 키워드조사와 유행상품이 있는데, 전자의 경우 관심 있는 아이템을 체크하는 방법으로 계절별/월별 키워드를 검색할 수 있다. 이는 시장의 흐름 파악이 가능하다는 장점이 있다. 후자의 경우 현재의 유행상품을 분석하는 것으로 웰빙, 유기농, 친환경, 녹색, 건강, 미인 등이 대표적인 예로서 국내제품과 수입제품이 있다.

아이템의 유형에는 자신이 잘 아는 상품, 공급가격이 좋은 상품, 틈새상품, 수익성이 높은 상품, 재구매나 확장구매가 가능한 제품, 마니아층이 형성될 수 있는 제품, 편익을 주는 상품, 병행판매가 가능한 상품 등이 있다.

아이템을 평가하는 요소로는 할 수 있는 역량, 타깃고객, 아이템의 시장성, 경쟁자, 포지셔닝전략, 차별화전략이 있고 이것들을 하나하나 평가하고 분석하여 최적의 아이템을 찾아낸다.

아이템 선정 시 유의할 사항으로는 아이템의 성장성을 통해 사업의 비전을 제시해야 하고, 경쟁업체의 현황과 시장지배력을 파악하여 틈새시장을 찾아야 한다. 또한 경쟁상품의 가격조사를 통해 상품의 벤치마킹을 한다. 결국 가장 이상적인 아이템은 높은 시장성과 낮은 경쟁도를 가진 상품이라는 것은 두말할 필요가 없다.

아이템 공급처의 발굴요령을 살펴보면, 좋은 거래처를 만나기 위해서는 인터넷으로 체크를 하고 공급업체에 방문상담을 한 후에 상품의 경쟁력을 조사해보고 소매상 간의 가격비교와 더불어 전문가에게 컨설팅 요청을 하는 것이 좋다. 도매공급처는 지인으로부터 소개를 받거나 상품제조업체를 통해 소개를 받는다. 경쟁력을 지닌 도매공급단지를 방문하는 것도 좋은 방법 중의 하나이다. 발로 뛰다 보면 좋은 거래처는 언제든지 발굴할 수 있다.

또한 아이템별 매출분석으로 카테고리별 매출추이분석을 실시한다.

- 컴퓨터 · 주변기기
- 가전 · 전자 · 통신기기
- S/W(게임)
- 서적 · 음반 · 비디오 · 악기
- 여행 · 서비스용품
- 아동 · 유아용품
- 식음료 · 건강용품
- 스포츠 · 레저용품
- 생활용품
- 의류 · 패션 · 잡화
- 화장품 · 향수
- 사무 · 문구
- 농수산물 등

Tip 10-1 국내외 대표적인 시장의 예

국내 대표적인 도매시장 현황

- 남대문시장(수입품)
- 동대문시장(의류 · 패션)
- 광장시장(원단)
- 경동시장(건강식품)

국내 의류 도매시장

- 밀리오레, 두타, 금천 패션타운, 일산 라페스타

국내 농수산물 도매시장

- 서울 가락동 농수산물 종합도매시장
- 노량진 수산시장
- 양곡시장

- 경동시장

국내 생활용품 도매시장

- 화곡동 유통단지
- 장안평단지

해외 도매시장

- 중국 : 소상품 시장
- 일본, 미국 : 명품잡화
- 이탈리아 : 명품잡화
- 프랑스 : 화장품, 향수

카테고리별 시장분류

- 식품 : 서울 중부시장, 가락동 농수산물시장, 경동시장, 청량리 청과물 도매시장
- 꽃 : 남대문 꽃시장, 고속터미널 꽃시장
- 패션의류 : 풍전상가, 평화시장, 광장시장, 청평화시장, 이태원시장
- 잡화 : 남대문시장(삼익패션), 청계천시장(신발도매상가), 신평화시장
- 언더웨어 : 동평화시장
- 아동복 : 남대문시장(삼의패션), 대도상가, 흥인시장
- 완구 : 광장시장, 천호시장, 청계천시장
- 의료기 : 종로4가
- 이미용품 : 숭례문상가, 화곡동시장, 남대문시장(대도상가), 동대문시장(흥인상가)
- 조명기기 : 용산(전자상가), 세운상가
- 주방용품 : 화곡동 유통단지
- 인테리어 : 남대문시장(대도상가), 동대문시장

다시 말해 아이템 선정은 창업준비 단계에서 매우 중요한 과정이다. 일반적으로 유행상품과 키워드를 충분하게 조사하여 선정해야 성공할 수 있다.

- 계절별 · 월별 키워드를 검색해야 한다.
- 현재의 유행상품에 대한 분석을 해야 한다.
- 자신이 가장 잘 알고 있는 상품과 고객니즈에 따른 아이템 선정이 중요하다.

선정할 아이템의 유형을 분류해보면 다음과 같다.

- 자신이 가장 잘 알고 있는 상품
- 공급가격이 좋은 상품
- 틈새상품
- 수익성이 좋은 상품
- 재구매나 확장구매가 가능한 상품
- 마니아층이 형성될 수 있는 상품
- 편익을 주는 상품
- 병행판매가 가능한 상품

또한 최적의 아이템을 선정하기 위해 다음과 같은 각각의 평가요소에 대해 정확히 평가하고 분석해야 성공할 수 있다.

- 할 수 있는 역량이 있는가?
- 타깃(Target)고객이 누구인가?
- 아이템(Item)의 시장성은 있는가?
- 경쟁자는 누구인가?
- 포지셔닝(Positioning)은 어디에 할 것인가?
- 차별화할 수 있는 전략은 있는가?

아이템 선정 시 유의사항을 살펴보면 사업의 비전을 위해서는 무엇보다 아이템의 성장성이 중요하며 경쟁업체와의 경쟁을 줄이기 위해 틈새를 파악해야 한다. 상품의 경쟁력분석을 위해 시장 및 가격조사를 실시하고 높은 시장성과 낮은 경쟁을 위해 가장 적합한 아이템을 선정해야 한다.

창업을 생각하는 이들 중 약 50% 정도가 마땅한 아이템이 없어 창업을 포기하는 경우가 있는데, 인터넷쇼핑몰에서 아이템은 그만큼 중요하며 아이템의 특성을 잘 파악해야 한다. 아이템을 발굴한다는 것이 막막한 일이지만 발품을 팔고 인터넷상에서 시장조사를 하다 보면 적합한 아이템 3~4개쯤은 찾을 수 있다.

특히 이것저것 시장조사를 하다 보면 생각지도 않은 곳에서 좋은 아이템을 찾아내는 경우가 많다. 쇼핑몰 아이템의 특성은 이용자의 욕구에 적합하고 상품의 질이 표준화되어 있는 상품, 부가정보가 있는 확장상품, 변질위험이 적은 상품, 속도에 무리가 없는 상품, 타 쇼핑몰과 차별화되는 상품, 민감한 가격차별성을 유지할 수 있는 특성이 있는 상품일 때 전략적으로 성공할 수 있다.

온·오프라인 아이템의 기본적인 차이점 중에서 온라인 아이템은 2015년 현재 인터넷쇼핑몰에서 취급할 수 있는 제품에 제약이 따르는 아이템은 거의 없다고 할 수 있으며 소비자의 연령, 트렌드, 물류활동에 문제가 발생되지 않는 상품이 주로 판매된다는 것이다. 인터넷쇼핑몰과 함께 모바일 유통시장의 전망이 매우 좋으며 더욱 다양한 아이템을 취급하고 있다.

쇼핑몰 아이템에는 트렌드를 고려해야 하는 속성이 있다. 아이템 자체의 희소성이나 특별함만으로는 성공할 수 없으며 인터넷쇼핑몰의 소비자가 원하는 상품을 적절한 시기에 정확하고 안전하게 배송할 수 있어야 한다는 것이다.

오프라인 아이템은 오프라인 매장의 규모와 카테고리에 따라 상품의 수가 달라지며 상권 및 입지에 따라 많은 변화가 있다. 오프라인 아이템은 무엇보다 상권을 고려한 아이템 선정이 필요하며 접근성 및 가시성 등을 고려해야 한다. 결국 오프라인 아이템의 핵심은 입지전략으로부터 출발함을 명심해야 한다.

또한 좋은 거래처를 발굴하는 방법으로 국내의 경우에는 기존 유통업체, 각종 매체 및 기사, 지인을 적극 활용하고 국내 전시회 참가를 통한 개발이 가능하다.

국외의 경우에는 무역관련 유관기관 방문, 국내외 전시회 참가, 직접 방문과 더불어 지인을 적극 활용하는 것이 좋다. 또한 개발방법에 따라 유의해야 할 사항은 다음과 같다.

첫째, 전시회의 경우, 전시회 전에는 참가업체 리스트를 확보한 후 사전접촉을 통해 약속을 확정하고 상담을 실시한다. 전시회 중에는 약속시간을 준수하고 목적과 담당자를 정확하게 파악한 후 상담을 해야 한다. 전시회 후에는 실제 거래를 위해서 감사의 표시를 하고 계속적인 커뮤니케이션을 해야 한다.

둘째, 직접 방문의 경우, 방문 전에는 해당 회사에 대한 충분한 정보를 확보하고 방문 중에는 회사소개를 위한 충분한 자료를 사전준비한 후 여유 있는 방문을 추진한다. 방문 후에는 미팅한 내용을 정리하여 알려주고 본격적인 비즈니스 성사를 위해서 커뮤니케이션을 지속해야 한다.

셋째, 지인 소개의 경우, 소개 전에는 소개받은 자의 권한을 파악하고 방문 전 반드시 약속 여부를 재확인할 필요가 있다. 소개 중에는 지나치게 지인과의 관계를 노출하지 말고 상호 간의 의견을 전달한 후 추후 다시 한 번 만나는 것이 좋다.

소개 후에는 정리된 회의내용을 전달하고 결과와 진행사항은 우선적으로 회신해야 한다. 그리고 소개해준 지인에게는 미팅결과를 알려주어 앞으로의 방향을 제시해야 한다.

Chapter 02

신상품기획과 상품기획서 작성법

소싱의 사전적 의미는 수원, 원천, 근본, 근원, 원인, 공급원, 출처, 정보원의 뜻을 가지고 있다. 사업에서 소싱은 구매자를 상대로 한 상품이나 서비스를 기획하고 판매하고자 하는 상품의 경쟁력 확보와 구성 강화를 위해 국·내외 협력사를 개발하고 경영의 효율화, 기회손실의 최소화를 목적으로 하고 있다. 즉 일련의 프로세스를 거쳐 상품과 협력사를 개발하는 과정이다.

기본적인 신상품의 기획절차는 시장기회를 탐색하여 개발분야를 설정하고 아이디어를 창출하고 평가한다. 그 후 콘셉트의 개발과 평가, 사업성분석과 더불어 상품을 기획해야 한다. 그리고 시장 테스트를 거쳐 신상품 런칭전략을 수립한다.

신상품의 유형은 기술지향형, 시장지향형, 생활지향형, 문화지향형으로 나눌 수 있다. 신상품실패의 주요 요인은 부적절한 타이밍, 실용성 부족, 고객니즈 대응의 미흡, 목표의 불명확, 포지셔닝 미비, Forward/Backward에서의 고객과의 경합, 부적절한 조직구조 및 인원, 부적절한 자금지원, 기업전략과 신제품전략 간 불일치, 부적절한 마케팅조사 등이 있다.

신상품기획 시 체크해야 할 사항은 기업목표와의 부합성을 따져 보기 위해 다음과 같은 질문을 해봐야 한다. 수요는 유망한가? 품질은 시장의 기대에 부응하는가? 목표가격은 시장의 요청에 부응하는가? 타이밍이 적절한가? 생산시설의 가동이 가능한가? 부가가치가 증대되는가? 실현 가능성은 좋은가? 투자는 충분히 할 수 있는가? 상품수명은 기대하는 대로인가? 현재 기업의 장점 활용이 가능한가? 이와 같은 질문과 함께 기업목표의 부합성, 기업의 가치, 사회에 대한 공헌, 시장가치 창출 여부를 따져 봐야 한다.

상품기획서 작성절차 및 요령으로는 우선 시장조사와 분석을 통해 고객의 니즈를 파악하고, 콘셉트와 포지셔닝을 설정하고 마케팅계획을 수립하여, 제조 · 공급업체 소싱과 상품구매를 하고 판매한 후에 매출 및 이익을 기록하고 재고관리한 후 분석과 평가를 한다.

시장조사와 분석을 할 때는 관련분야 시장조사, 경쟁상품 및 업체분석, 시장점유율조사, 시장 트렌드 파악을 해야 한다. 고객니즈를 파악할 때는 알려진 욕구와 숨겨진 욕구를 모두 알아내야 한다. 콘셉트와 포지셔닝 설정 시에는 목표기능, 특성, 목표가격, 목표일자, 경쟁적 · 차별적 우위점을 파악해야 한다. 마케팅계획을 수립할 때는 Marketing Mix(4P), 즉 제품(Product)-Consumer, 가격(Price)-Cost, 유통(Place)-Convenience, 촉진(Promotion)-Communication이 중요하다.

그림 10-1 | 상품기획서 작성절차

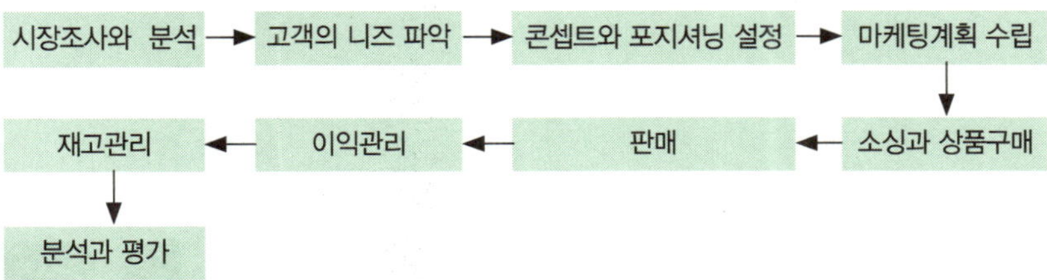

제조 · 공급업체를 소싱할 때 협력업체의 발굴은 국내외 전시회 관람, 무역관련 유관기관 방문 및 직접 방문, 지인 활용, 인터넷에 의한 조사 등을 통한다. 공급업체 선정은 기업의 연혁, 생산 프로세스의 확인, 대외적인 인지도, 공급의 안정성, 재무능력, 최고경영자의 마인드를 통해 결정된다. 상품을 구매할 때의 구매수량 결정은 신상품 구매수량을 결정할 때와 재구매수량을 결정할 때 하며, 재고관리 시 고려할 점은 품절 방지와 자금의 유통성이다. 주요 조건으로는 진행시기, 수량, 결제조건, 가격결정, 프로모션 홍보방안, 손익분석 등이 있다.

판매할 때는 대고객 만족서비스 지향, 결품 예방, 통합적 마케팅 커뮤니케이션, 최대 매출 발생 및 최고 이익 창출에 유념해야 한다. 매출 · 이익 · 재고관리의 기법으로는 매출과 영업이익의 일별/주별/월별/분기별/반기별/연별/상품별/인당/부문당/MD별 관리법, 정량발주법, 정기발주법이 있다. 분석과 평가를 할 때의 기준은 상품별 공헌도, 구매객수, 협력업체 및 회사 기여도 등이며 이는 인사평가와 연관, 연봉의 기준이 된다.

상품기획서는 누가 봐도 상품을 이해할 수 있도록 작성되어야 한다. 제대로 된 상품기획서는 기획의도를 밝혀야 하고, 목표가 설정되어 있어야 한다. 시장조사 및 분석이 들어가야 하고 경쟁사 및 상품의 이미지를 삽입해야 하며 마케팅전략을 제시하여야 한다.

Part 11

유통산업과 유형별 특징

Chapter

01

유통의 이해

1. 유통의 개념과 분류

1.1 유통의 개념

1.1.1 유통의 정의

유통(Distribution)이란 '생산자로부터 최종소비자에게 상품 및 서비스를 이동시키는 장소, 시간, 소유의 가치성을 창조하는 모든 경제활동'을 말한다.

우리나라의 경우 유통을 재(財)의 생산에서 소비(사용)에 이르는 단계적 계기로 보며, 재(財)의 효용창출과정으로서 경제활동의 하나이며, 유통활동은 '시간', '공간', '소유'의 효용창출에 중점을 둔다고 보고 있다. 일본에서는 유통활동을 정의할 때, 물리적 또는 사회적인 물건의 흐름에 관한 경제활동을 말한다고 정의하고 있다.

Tip 11-1 유통관리

유통활동을 통해 소비자를 만족시키고 유통비용을 절감시키기 위해 유통이 능률적으로 수행될 수 있도록 통제하는 것을 말한다.

1.1.2 유통과 유사한 용어의 정리

유통업의 개념을 명확히 하기 위해 유통과 유사한 용어를 정리하고, 상호 관련성에 대해 비교해 보는 기회가 되었으면 한다. 유통과 유사한 개념으로 사용되는 용어는 상업(Commerce)과 마케팅(Marketing) 등이 있다. 그 차이점은 [표 11-1]과 같다.

| 표 11-1 | 유통과 상업 및 마케팅의 차이점

상업(Commerce)	유통(Distribution)	마케팅(Marketing)
상품과 서비스를 생산자로부터 소비자까지 이동시키는 인격적 거래행위의 경제활동이며, 그 과정에 개입하는 유통시스템이 존재한다.	상품과 서비스를 생산자로부터 소비자에게까지 이전하는 상업적인 측면보다 더 넓은 사회적 유통과정이며, 생산기능과 소비기능이 개재되는 생산물을 이전시키는 파이프 역할로서 배급기능과 유사하다.	상품과 서비스를 생산자로부터 소비자에게까지 이전시키는 사회경제적 과정으로 볼 때 유통을 거시적 마케팅 개념과 전략적 차원으로 볼 수 있다.

1.2 유통기능의 분류

- 상적 유통 : 상품의 매매 자체를 말한다. 이를 상류라고도 한다.
- 물적 유통 : 상품의 운반, 보관 등의 활동을 말한다. 이를 물류라고도 한다.
- 유통조성활동 : 유통활동에서 요구되는 자금융통, 거래대금 등의 이전활동을 말한다.

그림 11-1 | 유통산업의 분류

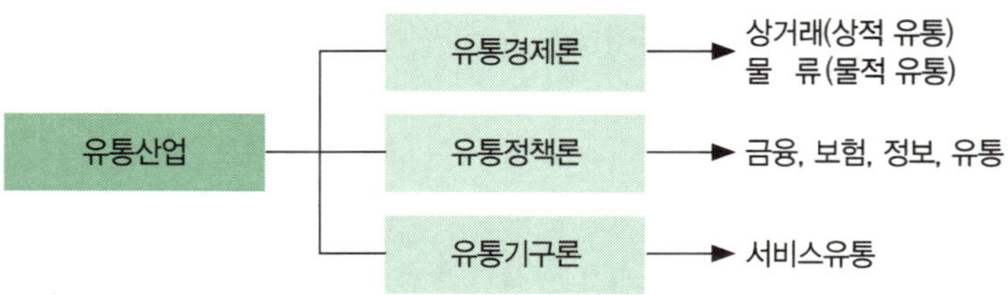

- 정보유통 : 거래되는 상품에 대한 정보를 제공하거나 물적 유통에서의 정보를 원활하게 연결해주는 것을 말한다.

유통에 대한 개념은 한마디로 상적 유통과 물적 유통의 결합이라 할 수 있다.

유통(Distribution) = 상적 유통 + 물적 유통

2. 유통의 역할과 기능

2.1 유통의 역할

2.1.1 사회적 불일치의 극복

생산과 소비 사이에는 생산자와 소비자가 존재한다. 사회가 발전하고 소비자들의 욕구가 다양해지면서 사회적 분리는 더욱 확대되기 마련이다. 이와 같이 양쪽에서 발생되는 간격을 좁혀 줄 수 있는 것이 유통의 역할이다.

2.1.2 장소적 불일치의 극복

생산지와 소비지는 분리되어 있다. 제주에서 재배되는 귤을 서울에서 먹을 수 있는 것은 유통의 역할이다.

2.1.3 시간적 불일치의 극복

생산되는 시점과 소비의 시점에는 차이가 존재한다. 이와 같은 시점의 차이를 극복하기 위해 일정기간 동안 보관할 수 있는 것이 필요하다. 이것이 바로 유통의 역할이다.

2.2 유통의 기능

2.2.1 유통의 경제적 기능

생산자로부터 소비자에게 재화 및 서비스를 인격적으로 이전시켜 소비자들의 욕구만족에 기여하는 경제적 활동을 말한다.

유통의 일반적 기능을 쇼(A. W. Show)는 다음과 같이 요약하고 있다.

- 위험부담기능
- 재화의 운송기능
- 경영금융기능
- 판매 및 거래기능
- 수집, 구색갖춤 및 재발송기능

또한 유통기능을 배급 관점에서 본 다니구치는 [그림 11-2]와 같이 주장하고 있다.

그림 11-2 | 배급 관점에서 본 유통기능

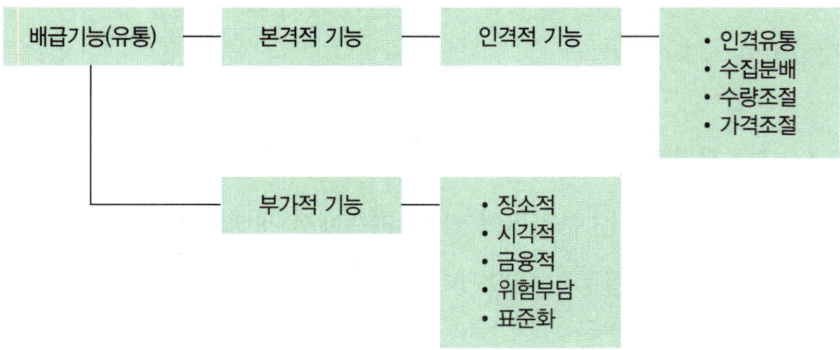

2.2.2 유통의 흐름과 기능

유통업의 흐름은 상적·물적 유통기능을 통해 상품과 서비스를 소비자에게 공급하는 역할을 담당하며, 소비자정보를 생산자에게 전달하기도 한다.

유통의 흐름에서 볼 때 유통의 중요한 기능은 제조업체에서 생산한 제품을 소비자에게 전달 내지 공급하는 과정에서 수요와 공급을 조절하는 역할을 상적 · 물적 유통기능을 통해 수행하고 있다.

그림 11-3 | 유통의 흐름과 경제적 기능

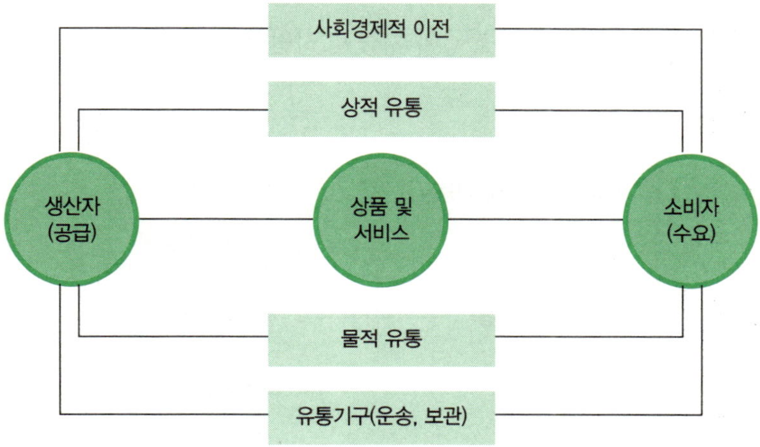

2.2.3 유통의 3대 기능

유통의 3대 기능을 구체적으로 알아보면 다음과 같다.

- 상거래기능(商的)은 유통회사에서 제조업체가 생산한 제품을 구매하여, 점포 또는 사이버상에서 소비자에게 공급 및 판매하는 경제활동을 말한다.
- 물적(物的) 유통기능이란 상적 유통을 돕기 위한 중요한 역할을 하고 있는 것을 말한다. 상품의 수송, 보관, 하역, 포장, 구색기능이 물적 유통기능에 속한다.
- 유통조성활동이란 상적 유통의 효율적인 경영활동을 위한 정보수집, 상품분류, 금융기능, 판매촉진기능을 수행하고 있으며, 유통업의 서비스경쟁력과 차별화전략은 촉진기능에서 담당하고 있다고 보아야 한다.

Tip 11-2 유통업의 기능

상거래기능, 물적 유통기능, 유통조성활동이 유기적인 시스템을 구축하고 상호 긴밀한 역할분담을 통해 통합적인 경영이 이루어져야 유통업이 제 기능을 발휘할 수 있다.

일반적으로 유통업의 기능은 상거래기능과 물적 유통기능의 2가지 축으로 이루어져 있으며, 유통업의 기능을 지원하는 부대기능으로는 촉진기능이 있다.

그림 11-4 | 유통업의 3대 기능

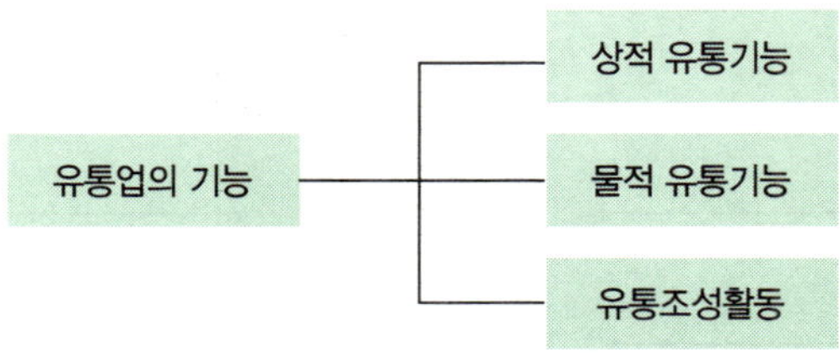

2.3 유통의 종합기능

- 생산자와 소비자 간의 직거래일 경우 발생하는 시간적 손실과 소비자들에게 개별적으로 판매할 때 소요되는 고비용문제 해소
- 상품분류 · 포장 · 전시 등 소비자들에게 효율적으로 상품을 전달하는 기능
- 상품의 저장 및 보관, 포장기능 수행
- 소비자들이 원하는 시간과 장소에서 구매할 수 있는 기능 제공

2.3.1 유통의 도매기능

전통적인 유통흐름에 있어 도매와 소매를 거쳐 소비자에 이르게 되는데 도매는 생산자로부터 이전받아 소매상에게 공급하는 기능이다.

그림 11-5 | 유통의 도매기능

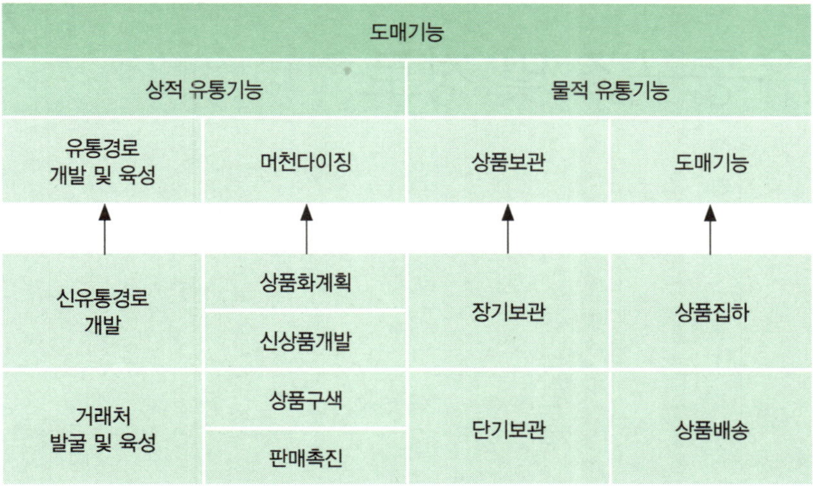

2.3.2 유통의 소매기능

유통흐름에서의 소매는 소매상이 소비자를 대상으로 공급(판매)하는 기능이다.

표 11-2 | 유통의 소매기능

소매기능	
대공급자	**대소비자**
• 최종소비자의 니즈 파악 • 시장정보제공 • 물류 유통(보관, 배송) 담당 • 재고유지 및 리스트 부담 • 인적 판매 • 광고, 홍보, 판촉 담당	• 상품, 서비스 니즈 파악 • 상품, 서비스 정보 제공 • 보관, 배송 • 품질보증 • 신용판매 • A/S

Chapter

02

유통구조 및 경로

1. 유통의 기본체계 및 구조

1.1 유통의 기본체계

그림 11-6 | 유통의 기본체계

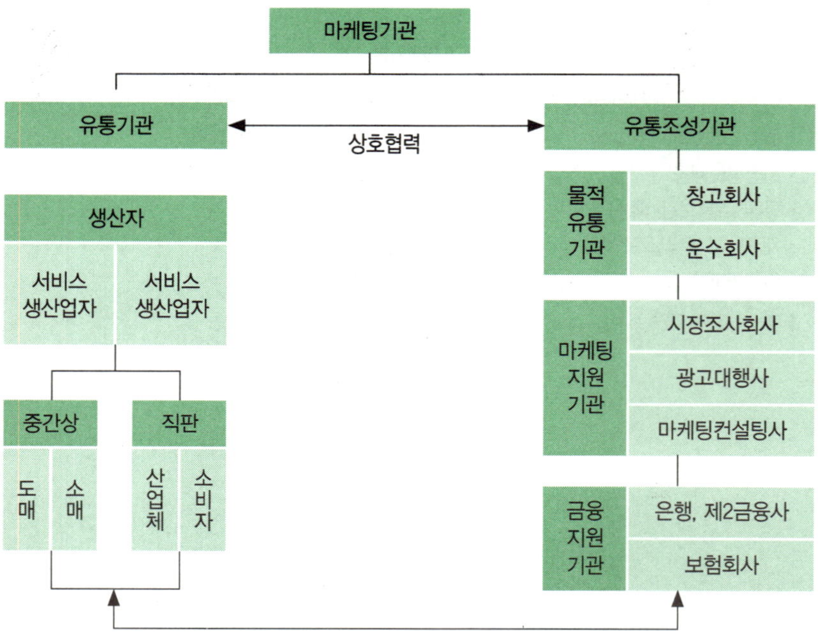

1.2 유통의 구조

- 유통의 구조는 산업재와 소비재의 유통경로로 구별할 수 있다.
- 경우에 따라서 두 가지 유통경로를 합친 복합경로가 존재하기도 한다.

1.2.1 산업재의 유통

- 상품의 전문성과 복잡성으로 인하여 고도의 전문성을 갖고 있다.
- 대량구매를 쉽게 할 수 있으며 애프터서비스를 지원하기가 쉽다.

그림 11-7 | 산업재 유통경로의 유형

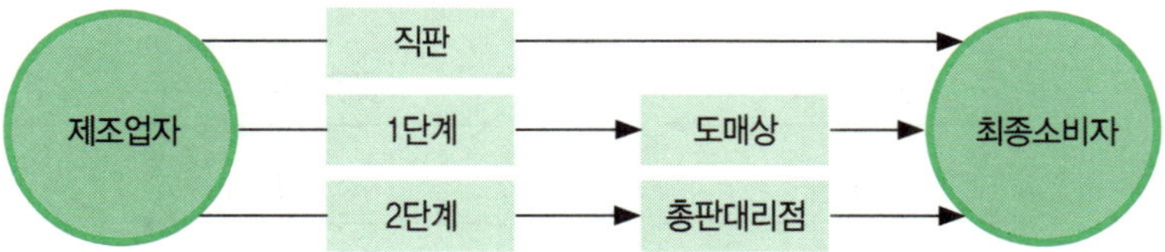

1.2.2 소비재의 유통

- 소비재의 상품은 다양한 유통채널을 가진다.
- 소비재의 유통경로가 길어질수록 중간상들은 더욱더 전문성을 갖게 된다.
- 전문화가 확대될수록 유통마진은 감소하거나 줄어들 수 있다.

그림 11-8 | 소비재 유통경로의 유형

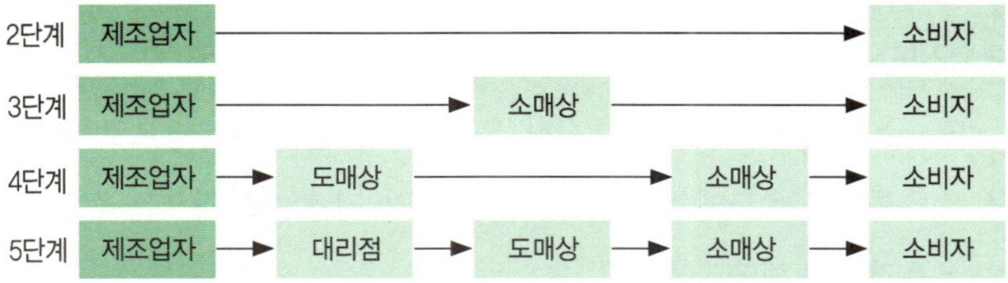

2. 유통경로와 전략

2.1 유통경로의 이해

2.1.1 유통경로의 의의

유통경로(Distribution Channel)는 상품 및 서비스를 제조업자로부터 최종 소비자에게 이전시키는 과정에 참여하는 모든 개인 및 기업의 결합으로 그 목적은 소비자에 대한 효용과 가치창조에 있다.

그림 11-9 | 유통경로와 흐름

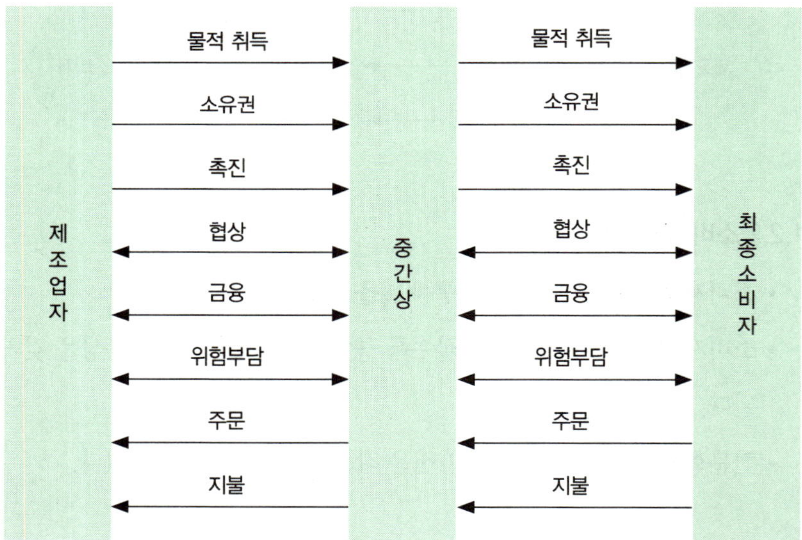

2.1.2 도 · 소매업의 유통경로

도 · 소매업의 유통경로는 직접 유통경로와 간접 유통경로로 나눈다. 직접 유통경로는 도매업 유통경로를 말하며, 간접 유통경로는 주로 소매업 유통경로에 해당된다.

그림 11-10 | 직접유통경로

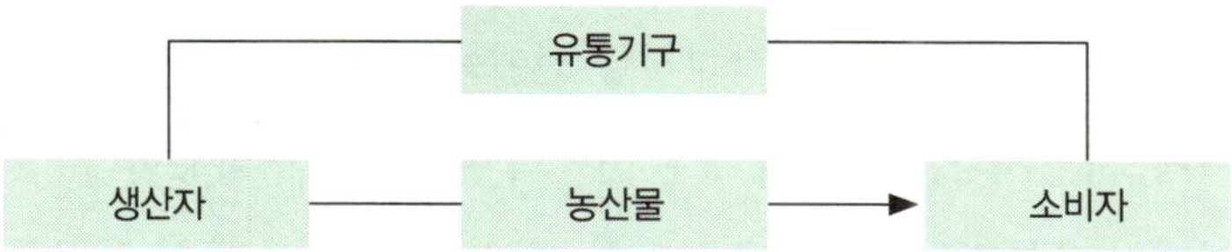

그림 11-11 | 간접유통경로

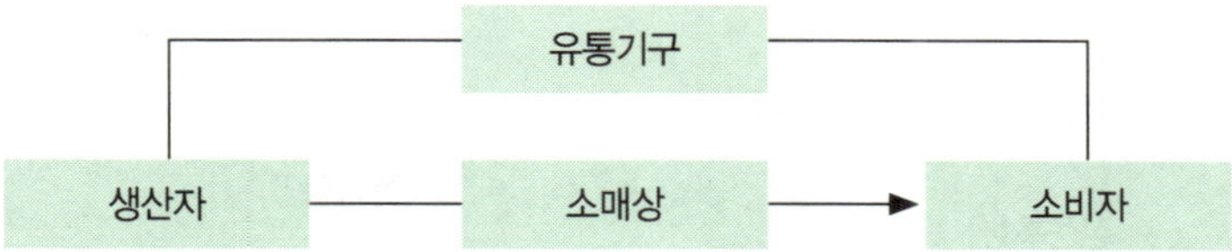

그림 11-12 | 도매기능의 유통경로

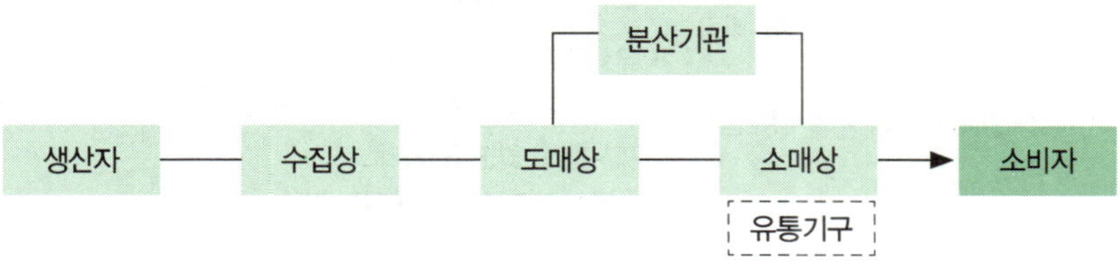

2.2 구매습관에 의한 유통경로전략

2.2.1 편의품 유통경로전략

- 편의품의 유통경로전략 : 개방적 유통전략을 채택한다.
- 개방적 유통전략 : 시장을 더 넓게 개척하기 위해 많은 경로구성원들을 이용함으로써 시장의 노출을 극대화하는 전략을 말한다.

표 11-3 | 편의품의 유통경로 전략

상품특성	유통경영	
	유통전략	소매업태별
• 차별화 정도가 낮음 • 판매가격이 저렴 • 구입에 시간과 노력을 할애하지 않으려고 함	• 진열위치 등으로 상품노출도 제고 • 가까운 점포에서 구입할 수 있도록 대형점과 소형점 복수유통설계	• 할인점 • 슈퍼마켓 • 편의점

2.2.2 선매품 유통경로전략

- 선매품 유통경로전략 : 가격지향 선매품의 경우 개방적 유통전략을 채택, 차별지향 선매품의 경우 선택적 유통전략을 활용한다.
- 선택적 유통전략 : 제품에 독특함, 희소성, 선택성 등의 차별화된 이미지를 부여하기 위해 시장범위를 제한하는 전략을 말한다.

| 표 11-4 | 선매품의 유통경로전략

상품특성	유통경영	
	유통전략	소매업태별
• 브랜드 충성도가 높음 • 경쟁기업과 차별화가 높아 비교 구매가능 • 가격지향 선매품과 차별지향 선매품 존재	• 품질, 성능 대비 가격특성 제시 • 일류소매기업보다 대중소매기업	• 할인점
	• 유행을 주도할 수 있는 경로 • 경쟁제품 대비 품질 · 성능을 비교 제시할 수 있는 유통경로 • 차별성 제고를 위한 독점적 경로	• 백화점 • 쇼핑센터 • 전문점

2.2.3 전문품 유통경로전략

- 전문품의 유통경로전략 : 선택적 유통과 전속적 유통전략을 활용한다.
- 전속적 유통전략 : 제품과 연결된 유일성(唯一性)의 이미지를 효과적으로 제고하기 위하여 정해진 구역에서 특정 경로구성원만이 활동하는 방식의 유통전략을 말한다.

| 표 11-5 | 전문품의 유통경로전략

상품특성	유통경영	
	유통전략	소매업태별
• 강한 브랜드 선호도 • 고가격, 낮은 구입빈도, 불규칙 구입 • 개인적 · 주관적 선호	• 선매품과 동일한 유통전략 • 유통경로 수직적 통합 → 소매점 단계의 경로통합	• 직영점 • 전문점 • 가맹점

3. 유통경로와 설계

3.1 목표설정

앞에서 설명한 바 있듯이 유통은 유통경로에 따라 이루어지고 그 목표가 다를 수 있기 때문에 경로별 목표를 설정한다.

3.1.1 목표설정요소

- 고객서비스 요구수준
- 유통침투수준
- 유통경로 관리비용(물류비)
- 유통경로 통제
- 중간상 및 상품공급업체

3.1.2 고객요구분석

- 위치 선정(입지의 접근성 및 편의성)
- 시간 소요(쇼핑 소요시간 및 대기시간)
- 다양한 상품 선택(상품의 구색갖춤)
- 주차장 및 고객 부가서비스

3.1.3 유통개념설계

- 참신한 아이디어와 마케팅능력
- 유통전문가들의 조언
- 유사 유통경로분석
- 유통업 경험 및 전문성

3.2 비용설정

유통기능 통제비용의 항목은 다음과 같다.

- 저장 및 배송비
- 재고유지비
- 판매촉진비
- 주문처리비
- 대금회수비
- 신용판매관리비

4. 유통경로와 갈등관리

4.1 수직적 갈등관리

생산자와 중간상 사이에서 발생하는 거래상의 문제점을 해결하는 방안을 마련한다.

4.1.1 문제발생의 원인

- 제품에 대한 지식부족으로 인한 상호 간의 이해 결여
- 다른 생산자의 제품 취급에 관련된 이해관계
- 상호 간 배려 부족으로 인한 문제

4.1.2 문제해결방안

- 마진보상, 인센티브, 판촉지원 등의 동기유발
- 조건차등, 제한거래, 거래종결 등의 통제강화
- 효율적인 동기유발과 통제강화로 파트너십 유지

4.2 수평적 갈등관리

소매상 상호 간 또는 도매상 상호 간에 발생하는 문제점의 해결방안을 마련한다.

4.2.1 문제발생의 요인

- 가격경쟁으로 인한 마찰
- 서비스경쟁으로 인한 마찰
- 판촉경쟁으로 인한 마찰

4.2.2 문제해결방안

- 적절한 해결방안을 위한 조합 또는 협의회 구성
- 협상과 타협을 통한 마찰 해소

4.3 기타 부문별 관리

- 고객관리 : 고객리스트, 핵심고객 거래내역(고객 DB화)
- 목표관리 : 판매원, 거래선, 중장기적 목표관리(매출목표관리)
- 가격관리 : 판매가격의 유지(가격전략)
- 이윤관리 : 손익계산서를 통한 적절한 이윤 유지
- 촉진관리 : 판매촉진 이행상태 점검
- 신규개척 : 다양한 판촉활동을 통한 신규고객 개척
- 운영관리 : 점포운영 노하우개발과 경영기법 지도관리
- 인력관리 : 판매원의 교육 및 훈련(접객 및 서비스관리)

Chapter 03

유통산업 발전사

1. 해외 유통산업 발전사

1.1 최초의 백화점

세계 최초의 백화점은 1852년 프랑스 파리에서 개점한 봉 마르셰(Bon Marché)로 부시코(Aristide Boucicaut)에 의해 설립되었다. 봉 마르셰는 근대 백화점의 시초이다. 백화점의 영업 및 판매방식은 지금의 셀프서비스 판매방법 외 근대 상업 판매기술의 복합이라 볼 수 있다.

Tip 11-3 백화점의 혁명적인 영업방법

- 모든 고객의 출입이 가능하다.
- 상품가격표시(정찰제 실시)
- 상품의 대량진열을 통해 고객이 만져보게 함
- 반품 실시
- 저이익, 고회전 영업방침 도입

1.2 각국의 초기 백화점

선진 3개국 백화점의 초기 탄생현황은 [표 11-6]과 같다.

| 표 11-6 | 각국별 벅화점의 초기 탄생

연도	미국	영국	프랑스
1826년	로드 앤드 테일러(Lord & Taylor)		
1841년	조단 마쉬(Jordan Marsh)		
1849년		해러드(Harrods)	
1850년	라자루스(Lazarus)		
1852년			봉 마르셰(Bon Marché)
1855년	만델(Mandel)		루브르(Louvre)
1858년	메이시스(Macy' s)		
1860년			프랭탕(Printemps)
1861년	워너메이커(Wanamaker)	휘틀레이(Whiteley' s)	
1863년			
1865년	알트만(Altman)		
1866년	마셜필드(Marshall Field)		
1869년			사마리텐느(Samaritaine)
1880년	김벨(Gimbel)		
1899년			라파예트(Galeries Lafayette)
1900년			
1927년		셀프리지(Selfridges)	

1.3 일본의 유통업 발전사

1.3.1 일본 백화점의 발전과정

일본 유통업의 발전은 1990년대 후반부터 현재까지 제1차 유통업 재편시기를 맞고 있다. 주요 현상은 백화점 간 협업 본격화, 20세기형 전통

유통업의 몰락 등이다. 또한 2006년 이후 제2차 유통업의 재편을 예고하고 있다. 주요 현상은 업태 간 합병 및 업종 간 합병, 21세기형 새로운 백화점의 탄생 등이 예상된다.

| 표 11-7 | 일본의 백화점 발달사

발전 단계	연도	주요 내용
도입기	1904~1955년	• 1904년 미쓰코시백화점 창립 • 1924년 긴자구역 마츠자카야백화점 설립
성장기	1956~1973년	• 사철자본의 교외 터미널 백화점 선언 • MD도입, 연평균 9.8% 고도성장
성숙기	1974~1991년	저성장 국면, 백화점 차별화, PB상품개발, M&A
쇠퇴기	1992년~	버블경기 붕괴, 백화점업태 붕괴론 대두, 구조개선 및 개혁

1.3.2 일본 백화점의 변천

일본 백화점은 1904년 포목점 계열의 미쓰코시백화점이 효시이다. 그 이후 1924년 마츠자카야백화점, 1919년 마쓰야백화점, 소고우백화점, 다카시마야백화점 등이 잇달아 설립되었다. 일본 백화점의 초기 탄생기는 1930년 이세단백화점으로 마감된다. 현재의 일본 백화점은 21세기 미래형 백화점으로 변신하기 위한 노력이 진행 중이다.

그림 11-13 | 일본 유통업의 변천사

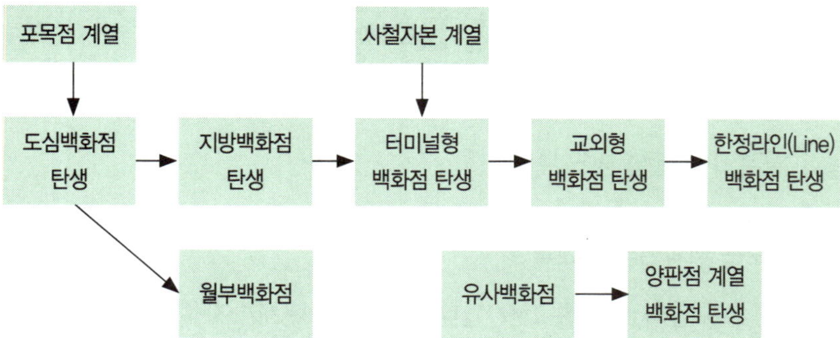

1.3.3 일본 대중양판점(General Merchandise Store : GMS)의 등장

일본을 대표하는 3가지 유통업태는 백화점, GMS, CVS(편의점)로 분류된다. 업태별 전성기도 백화점, GMS, CVS순으로 이어져 현재 일본의 유통업은 CVS가 대표적 소매업태로 자리 잡고 있다.

Tip 11-4 일본 GMS의 특징

- 다점포화를 통한 대형화(체인경영)
- 종합상품지향(식품, 의류, 잡화)
- 셀프서비스방식
- 저코스트 운영

| 표 11-8 | 일본 GMS의 출점현황

연도	회사	내용
1926년	자스코	
1952년	이즈미야	
1956년	세이유	
1957년	다이에 및 헤와도	'주부의 가게' 다이에 1호점 대판개점
1958년	이토요카도	

일본의 GMS업터의 특성은 백화점과 슈퍼마켓의 장점을 믹스한 소매업태로 미국의 디스카운트 스토어와 유사하다.

1.4 각국의 신업태 탄생

1.4.1 미국 슈퍼마켓의 탄생

1920년대 후반부터 1930년대 전반에 걸쳐 식품 중심의 소매업으로 발전, 슈퍼마켓은 로스앤젤레스에 1873년 설립된 랄프스(Ralphs)가 효시이다. 정설은 1930년 마이클 컬렌(Michael Cullen)이 뉴욕주의 롱아일랜드 자메이카 거리의 킹컬렌점을 설립한 것을 슈퍼마켓의 시작으로 보기도 한다. 1932년 12월 8일 로버트 오티스(Robert Otis)와 로이 도슨(Roy Dawson)이 뉴저지주 엘리자벳에서 빅베어(Big Bear)를 개점한 날로 주장하기도 한다.

1.4.2 미국의 쇼핑센터 탄생

1945년 이후 교외화시대 개막과 제2차 세계대전 후 탄생한 쇼핑센터가 미국 소매업의 대변혁시대를 주도했다.

Tip 11-5 미국 쇼핑센터의 유형

- 1947년 교외형 커뮤니티쇼핑센터(Community Shopping Center : CSC)
- 1960년대 광역 쇼핑센터(Regional Shopping Center : RSC)
- 1970년대 초대형 광역 쇼핑센터(Super Regional Shopping Center : SRSC)

미국 쇼핑센터의 유형과 발전과정은 점차적으로 대형화를 추진해왔다. 쇼핑센터 이후 새롭게 개발된 유통업태는 쇼핑몰로서 미래형 쇼핑센터로 소비자로부터 각광받고 있다. 쇼핑몰의 경쟁력과 매력은 단순한 쇼핑 외 호텔, 컨벤션, 엔터테인먼트기능을 고루 갖추고 있는 '원스톱 라이프형'을 추구하고 있다.

1.4.3 미국의 디스카운트 스토어 탄생 : 월마트(Wal-mart)

1962년 로저스(Rogers)에서 450평 규모로 1호점을 개점했으며, 당시 창업자는 샘 월튼(Sam Walton)이었다. 본부는 아칸소주 벤튼빌에 위치하고 있다. 운영 중인 주요 업태는 할인점인 월마트(Wal-mart)를 비롯해 슈퍼센터(Super Center), 샘스클럽(Sam's CLUB) 등이다. 현재 미국은 물론 세계에서 제일 규모가 큰 기업이 되었다.

1.4.4 프랑스의 하이퍼마켓 탄생 : 까르푸(Carrefour)

1960년 프랑스 동남부 아네사의 작은 슈퍼마켓에서 출발하여, 1963년 파리 교외 오를리(Orly)에서 최초 하이퍼마켓인 까르푸(Carrefour)가 탄생했다. 2,500m^2 규모로 300대의 주차가 가능하며, 설립자는 마르셀 푸르니에(Marcel Fournier)이다. 현재 미국의 월마트(Wal-mart)에 이어 세계 제2의 유통기업으로 도약했다.

2. 국내 유통산업 발전사

2.1 한국형 유통업태

국내 유통산업의 성장과 업태의 발전은 국내에서 자연적으로 생성되어 발전된 우리 고유의 전통적인 유형의 업태와 해외에서 도입된 업태의 2가지 유형으로 나눌 수 있다. 국내에서 자연적으로 생성되었거나 한국형으로 현대화된 업태를 정리하면 [표 11-9]와 같다.

| 표 11-9 | 재래시장 개발유형 유통업태

업태별	연도	명칭	내용
전통 재래시장	1905년	광장시장	동대문시장의 효시
	1921년	남대문시장	-
	1925년	동대문시장	-
	1961년	평화시장	근대화된 동대문시장
도매센터	1988년	진로도매센터	도매시장 현대화 추진
	1996년	거평프레야	정부지정 도매센터
패션 쇼핑몰	1984년	삼익쇼핑타운	패션쇼핑몰의 효시
	1990년	아트프라자	동대문쇼핑몰의 효시
	1998년	밀리오레	패션쇼핑몰의 붐(Boom)을 조성

2.2 서구형 유통업태

해외에서 기술과 노하우가 도입되어 발전된 업태는 백화점, 슈퍼마켓, 편의점, 할인점, 쇼핑센터 등이 있다. 백화점은 일본에서 도입되었으며, 할인점은 주로 미국에서 도입되었으나 우리 정서에 맞게 많은 개선을 통해 한국형 할인점으로 자리 잡게 되었다.

| 표 11-10 | 해외 도입 유통업태

업태별	연도	명칭(회사)	내용
백화점	1930년	미쓰코시백화점 경성지점	• 신세계백화점의 전신 • 1921년 조지아(정자옥)백화점 • 1934년 화신백화점
	1969년	신세계백화점	• 백화점 직영화 • 1954년 미도파백화점 • 1979년 롯데(LOTTE)백화점 탄생
슈퍼마켓	1968년	뉴서울	• 2호 상품(을지로) 탄생 • 새마을, 한남체인, 희성산업
CVS(편의점)	1981년	뉴코아	1982년 롯데세븐(신당)
할인점	1974년	하이퍼마켓	신세계(미아리)
	1963년	이마트	• 신세계 할인점(창동), 가격파괴 • 1996년 유통시장 전면개방
쇼핑센터	1989년	롯데월드(잠실)	• 백화점, 호텔, 상점가, 레저 · 놀이

2.3 한국과 일본 백화점의 비교

전통적인 5일장과 재래시장 중심이었던 우리나라 유통시장에 일제 강점기에 선진화된 소매업태인 백화점이 국내에 도입되었다. 순수한국자본의 최초의 우리나라 백화점은 종로에 세워진 화신백화점이었다.

| 표 11-11 | 한국과 일본의 백화점의 초기 탄생현황

연도	일본	한국
1904년	미쓰코시백화점	–
1910년	마츠자카야백화점	–
1919년	마쓰야백화점	–
	소고우백화점	–
	다카시마야백화점	–
1920년	다이마루백화점	–
1921년	조지야백화점	–
1922년	미나카이백화점	–
1926년	히라다백화점	–
1929년	한큐백화점	–
1930년	이세단백화점	미쓰코시백화점(신세계 자리)
1931년	–	화신백화점(박홍식)
1932년	–	동아백화점(민규식)

2.4 업태별 국내 유통산업의 발전

국내 유통산업 발전사를 한눈에 볼 수 있는 우리나라를 대표하는 최초

그림 11-14 | **업태별 국내 유통산업 발전사**

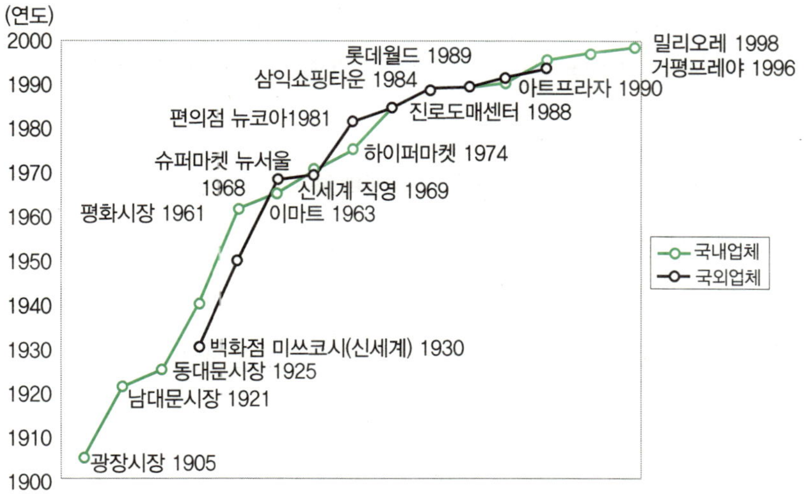

태동하게 된 업태들을 [그림 11-14]와 같이 연대별로 정리해보았다. 전통적인 재래시장에서 발전된 우리 고유의 업태와 해외에서 도입된 업태를 구분하여 표시했다.

2.5 한국의 유통역사와 신세계백화점

우리나라 유통산업 현대화와 백화점 역사를 이끌어온 신세계백화점의 발자취를 통해 우리나라 유통산업 발전사와 더불어 백화점의 역사를 되새겨보자.

| 표 11-12 | 신세계백화점 유통 70년사

연도별	내용	비고
1930년	한국 최초의 백화점 탄생	미쓰코시백화점 경성지점
1965년	직영백화점 전환	-
1965년	백화점 PB상품개발	-
1967년	최초의 바겐세일 실시	-
1969년	한국 최초의 신용카드 발행	-
1971년	금액 표시 상품권 발행	-
1963년	최초의 할인점 이마트 오픈	도봉구 창동
1997년	해외진출/이마트 중국 상해점	1996년 유통시장 개방
1997년	신세계 사이버몰 오픈	1996년 롯데백화점 사이버몰 오픈

국내 백화점은 1970년대까지 신세계백화점과 미도파백화점의 양대 백화점체제에서 1979년 소공동 롯데백화점의 등장으로 트로이카시대를 맞게 되었다. 그 후 백화점의 강남시대, 백화점의 지방화시대가 가속화되었다. 특히, 2003년을 정점으로 국내 소매업 유통시장의 왕좌 자리에 군림해왔던 백화점은 가격파괴를 앞세운 할인점의 거센 파고를 이겨내지 못하고, 업태 1위 자리를 양보하기도 했다.

Chapter 04

도 · 소매업의 이해와 변천

1. 도 · 소매업의 개념

유통의 상거래기능은 도매업기능과 소매업기능으로 나눈다. 특히 우리나라는 도 · 소매가 혼재된 상거래 특성을 가지고 있다.

1.1 도매업의 개념

도매업(Wholesaling)이란 재판매 또는 사업을 목적으로 구입하는 자에게 상품이나 서비스를 판매하는 것과 관련된 모든 활동을 수행하는 활동이다.

1.2 소매업의 개념

소매업(Retailing)이란 '최종소비자에게 상품과 서비스를 직접 제공하여 판매하는 활동'이며, 소매상은 '최종소비자에게 상품과 서비스를 직접 판매하는 상업자인 동시에 대리업자'이다.

1.3 도 · 소매업의 변화추세

도 · 소매가 혼재된 우리나라의 유통구조와는 달리 이웃 일본의 경우 도 · 소매의 기능과 역할이 상품의 흐름을 통해 유통채널이 구조적으로 명확해져 있다. 우리나라는 유통채널이 엄격하지 못해 도 · 소매기능의 역할이 구분되지 않고 혼재된 형태로 거래된다.

예를 들면 도매기능을 담당하고 있는 대표적 시장인 동대문 · 남대문 시장의 경우 새벽시장에는 주로 지방상인을 대상으로 도매기능을 하고 있으나, 주간 영업시간대는 최종소비자를 대상으로 소매기능을 수행하기도 한다.

최근에 도매업의 무용론이 대두되고 있는 이유는 제조업체의 판매채널 장악과 유통업체들의 대량판매로 인한 제조업체와의 직거래가 확대됨에 따라 기존의 도매업의 존립 기반이 서서히 약화되고 있기 때문이다. 즉 제조업체가 생산과 판매를 통합화했으며, 유통업체는 가격경쟁력 등을 내세워 도매상의 거래과정을 없애고 있는 실정이다.

또한 최근에는 농산물을 비롯한 상품 등이 직거래장터를 개설하여 생산자와 소비자 간에 유통경로 없이 직거래하는 거래형태가 늘어나고 있기도 하다.

2. 소매업의 역할

유통산업과 가장 밀접한 관계를 맺고 있는 소비자는 소매업을 경영하는 입장에서 보면 제일 두려워하고 중요시해야 할 존재임에 틀림없다.

최근 소비자보호와 소비자권익의 확대로 소비자파워가 단순히 구매력에서뿐만 아니라 제품의 개발과 생산에도 적지 않은 영향력을 미치고 있다.

Tip 11-6 소매업의 역할

- 올바른 상품을 제공하는 역할 : 품질이 좋고, 가격이 적정한 상품을 소비자에게 제공한다.
- 적절한 상품의 구색을 갖추는 역할 : 소비자의 구매수준에 맞게 필요로 하는 상품을 충분하게 구색을 갖춘다.
- 필요한 상품재고를 유지하는 역할 : 상품의 품절을 방지하고 적정한 재고를 유지한다.
- 각종의 정보를 제공하는 역할 : 상품정보, 유행정보, 생활정보, 각종 행사정보 등을 제공한다.
- 쇼핑장소를 제공하는 역할 : 점포를 통한 적당한 구매장소를 제공한다. 점포의 입지, 장소의 편리성 등이 고려되어야 한다.
- 쇼핑의 즐거움을 제공하는 역할 : 소비자를 위한 쾌적한 쇼핑환경이 되도록 노력한다.
- 쇼핑의 편의(추가서비스)를 제공하는 역할 : 상품판매 역할 이외에 배달, 품질보증, 애프터서비스, 신용제공, 반품허용, 주차시설 등의 서비스를 제공한다.

산업사회 초기에는 제품을 생산하는 제조업체의 파워가 득세했다. 이후 유통산업의 발달로 인해 바잉파워를 과시하는 유통산업으로 파워가 옮겨진 것 같이 보이지만, 소비자의 파워에는 결코 미치지 못하고 있는 것이 사실이다. 어떠한 제조업 제품도, 유통업에서 판매되는 상품도 소비자가 외면하면 그만인 것이기 때문이다.

3. 도 · 소매업의 기능과 유형

3.1 도매업의 기능

- 보관기능 : 도매상은 저장과 보관활동으로 생산자의 행위를 도와주며, 소매상들에게도 필요한 수량만큼의 구매를 가능케 하여 보관의 부담을 줄여준다.
- 물류기능 : 보관뿐만 아니라 포장, 운송 등 물적 유통행위를 함으로

써 생산자와 소비자의 비용부담을 덜어준다.

- 유통비용 절감기능 : 광고와 판매촉진은 물론 그 밖에 생산자나 소매상이 부담해야 할 갖가지 유통비용의 부담을 덜어준다.
- 수급조절기능 : 도매상은 생산자에게는 생산계획을, 그리고 소매상에게는 구매계획을 세울 수 있도록 시장정보를 제공하면서 수요와 공급을 조절해준다.
- 위험부담기능 : 생산자와 소비자들이 부담할 수밖에 없는 위험을 다소나마 분산 또는 경감시켜 준다.

3.2 도매업과 소매업의 차이

도매업과 소매업의 차이를 살펴보면 [표 11-13]과 같다.

표 11-13 | 도매업과 소매업의 차이점

구분	도매업	소매업
판매대상	소매상, 제조업(생산재)	최종소비자
유통채널	여러 유통단계에 분산	소비자 바로 앞 단계
재화종류	소비재와 생산재	소비재
판매방식	거점 중심적 판매	상권 내 고객에 대한 판매
유통기능	업자와 업자 사이의 매개	도매상과 소비자와의 매개

3.3 도매와 도매기관의 정의

- 도매 : 미국 연방센서스국의 정의를 보면 '소매기관, 상인, 산업적 또는 상업적 사용자들에게 상품을 판매하는 사람이나 기관들에 관련된 행위'를 의미한다.
- 도매기관 : 상인, 소매기관, 상업적 사용자들에게 상품을 판매하는 사람이나 조직을 말한다.

3.4 도매기관의 기능

3.4.1 제조업자를 위해 수행하는 기능

- 시장확대기능
- 재고유지기능
- 주문처리기능
- 시장정보 제공기능
- 고객서비스 대행기능

3.4.2 소매상을 위해 수행하는 기능

- 구색갖춤기능
- 소량단위 판매기능
- 신용 및 금융기능
- 소매상 서비스기능
- 기술지원기능

3.5 도매기관의 형태

3.5.1 상인 도매기관

취급하는 상품에 대해 소유권을 가지는 독립된 사업체의 도매기관을 의미한다. 종류에는 완전기능 도매기관과 한정기능 도매기관이 있다.

- 완전기능 도매기관 : 종합상인 도매기관, 전문상인 도매기관
- 한정기능 도매기관 : 현금판매 도매기관, 트럭 도매기관, 직송 도매기관 등

3.5.2 대리 도매기관(Agent)

상품에 대한 소유권 없이 공급자를 대신하여 판매하는 도매기관을 말한다. 종류에는 제조업자 대리인, 판매대리인, 수수료 상인, 브로커가 있다.

3.5.3 제조업자 도매기관

제조업자가 직접 도매기능을 수행하는 것이다. 대부분의 경우 제조업자의 생산자나 고객이 있는 시장에 가까이 위치하는 것이 특징이다.

4. 소매기관의 변천이론

4.1 소매업의 정의와 소매기관

4.1.1 소매업의 정의

소매업(Retail Trade, Retailing)이란 상품과 서비스의 유통 말단에 위치하여 최종소비자에게 상품 및 서비스 등 주로 종합생활자의 생활용품의 판매활동을 수행하는 업종으로서 소매상은 이 같은 소매업을 직접 수행하는 상인을 지칭한다.

4.1.2 소매기관의 종류

소매기관은 일반소매상(retailer), 집단형태의 소매시장(재래시장), 쇼핑센터, 상점가, 제조업 직영점, 소비자협동조합, 생산자협동조합 등이 있다.

4.2 소매업의 분류

소매업의 분류와 유형을 살펴보면 [표 11-14]와 같다.

| 표 11-14 | 소매업의 분류와 유형

기준	내용	예
소유권	소유 및 운영의 주체를 기준	독립 소매기관, 체인
취급상품수	상품의 다양성 및 구색을 기준	다양성 고/구색 고, 다양성 저/구색 저 등
업종	상품의 특징을 기준	자동차판매, 약국, 의류점 등
점포 유무	전자상거래시대 이후	점포 소매기관, 무점포 소매기관
소매상의 전략	수익모델 기준	저회전-고마진, 고회전-저마진 등
운영방법	머천다이징 기준	전문점, 백화점, 수퍼마켓 등
도입시기	시간 기준	신업태, 기존업태

4.3 소매기관의 변천이론

소매환경의 변화에 따라 다양한 소매업태들이 생성되고 사라지기도 했다. 이러한 신업태가 생성·발전되는 과정에는 소매기관의 변천이론이 작용해왔다.

4.3.1 소매수레바퀴가설

| 표 11-15 | 소매수레바퀴가설

이론	주장학자	이론의 특징
수레바퀴가설 (Wheel of Retailing Hypothesis)	• 맥너어(M. D. McNair) 교수 : 이론 제시 • 홀랜더(S. C. Hollander) 교수 : 증명	• 혁신적인 소매상은 항상 기존소매상보다 저가격, 저이윤 및 저서비스라는 가격소구방식으로 신규진입하여 기존업체의 고가격, 고마진 및 고서비스와 경쟁하면서 점차 기존소매상을 대체하게 된다는 이론이다. • 미국의 소매업태 변천과정에서 전문점 → 백화점 → 할인점순으로 소매점 유형이 등장하면서 입증되기는 하였지만 모든 국가가 이에 해당된다고 볼 수는 없다.

4.3.2 소매아코디언이론

| 표 11-16 | 소매아코디언이론

이론	주장학자	이론의 특징
소매아코디언 이론 (Retail Accordion Theory)	홀랜더(S. C. Hollander) 교수 주장	• 소매상의 변천을 제품구색의 변화에 초점을 맞추어 제품구색이 넓은 소매상에서 제품구색이 좁은 소매상으로, 다시 종합점으로 반복하여 변천한다는 이론이다. • 소매업태의 변천은 종합점 → 전문점 → 종합점의 과정을 되풀이하는, 즉 아코디언처럼 제품구색이 늘었다 줄었다 한다는 이론이다. 업태별 취급상품 및 상품구색에 역점을 두고 있다.

4.3.3 기타 소매변천이론

| 표 11-17 | 기타 소매변천이론

이론	이론의 특징
변증법이론 (Dialectical Process)	소매상의 변천을 변증법적 발전과정으로 주장하는 것으로 정 · 반 · 합(正 · 反 · 合)의 이론을 소매변천이론에 적용하고 있는 것이 특징이다. 일본의 유사백화점은 백화점(正)과 슈퍼마켓(反)이 합쳐진 형태(合)라고 말할 수 있다.
적응행동이론 (Adaptive Theory)	기존의 이론이 환경적 영향을 무시하는 데 비해 소매변천이론을 환경적 변수에서 찾고 있는 것이 특징이다. 소비자의 구매행동, 욕망, 기술발달, 법적 요인 등을 강조하고 있다.
라이프사이클이론 (Life-cycle Theory)	이 이론은 소매수레바퀴가설의 한계점과 단점을 보완하기 위해 만든 소매상의 지화와 정적 이론이다. 즉 상품의 라이프사이클이론을 소매상의 변천이론에 응용하여, 도입기 → 성장기 → 성숙기 → 쇠퇴기를 거쳐 발전한다는 이론이다.

Chapter 05

소매업태별 유형과 특성

1. 유통업태의 정의

1.1 업태의 정의

업태(業態 : Business Status)란 판매방식 및 기타 경영형태상의 차이에 의한 사업분류이다. 소매업의 경우 일반적으로 취급상품의 구색과 소매가격대를 중심으로 분류하기도 한다.

또한 상권의 범위, 대상고객층, 점포의 규모, 입지상의 특성, 취급상품의 종류 및 수량, 판매방법 등 다양한 요인을 배경으로 하여 유통업태가 구분되기도 한다.

1.2 업종의 정의

우리 주변에서 업태와는 별개로 '업종'이라는 말을 사회에서 널리 사용하고 있다.

예를 들면 '누가 사업을 시작했는데 어떤 업종을 선택했느냐' 하는 식의 질문을 많이 하게 된다. 우리는 흔히 업태나 업종을 동일한 개념으로

혼돈하여 사용하고 있지만, 유통업 종사자라면 업태와 업종의 차이점 정도는 분명히 구분해야 할 것이다.

업종(業種 : Type of Industry)이란 사업영역 또는 영업의 종류를 의미하며, 산업분류를 통해 구분되기도 한다. 즉 제조업, 소매업, 음식업, 서비스업 등으로 분류되고 있다. 취급상품의 범위로 볼 때 카테고리(Category)나 아이템(Item)도 좁은 의미의 업종을 뜻하기도 한다.

업태와 업종을 영문으로 표기할 때 [그림 11-15]와 같이 구분하여 사용하기도 한다.

그림 11-15 | 업태와 업종의 구분

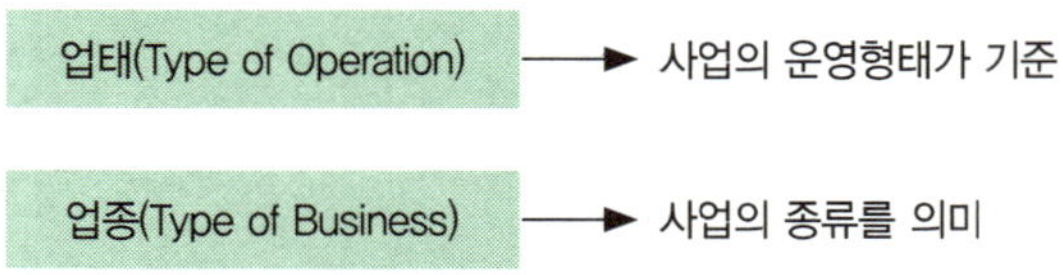

1.3 업태의 진전에 대한 이해

1.3.1 업태의 원칙과 응용

유통업에 있어서 제일 중요한 경영전략은 업태의 선정이다. 사업의 성공 여부도 업태 선정에 의해 결정된다고 해도 과언이 아니다. 이러한 업태의 중요성은 기업이 경영전략의 목표로 하는 영업형식을 뜻한다. 어느 시대나 그 시대를 리드하는 업태가 있기 마련이며, 이를 외면하는 업태전략은 성공하기 힘들다. 업태에 대한 이해를 돕기 위해 업태에 대한 원칙과 응용사례를 구체적으로 알아보도록 한다.

| 표 11-18 | 업태의 원칙과 응용사례

업태의 원칙	응용사례	비고
TPOS(용도)의 차이점에 의해	상품과 품질의 차이	고품질/저품질
가격대의 차이에 의해	판매가(고가, 저가) 차이	가격정책
고객 내점빈도에 의해	집적시설과 고객수의 차이	-
상권의 규모에 따라서	점포입지의 차이	접근거리

1.3.2 업태의 혁신과 진화

업태의 발전과 혁신은 기업에 있어서 고도의 마케팅전략이다. 이는 소비자의 라이프스타일에 부응하고, 서비스기법을 창조하기 위한 경영전략의 수단이기도 하다.

즉 업태혁신이란 어떠한 고객을 상대하여, 어떠한 상품과 서비스를, 어떠한 방법으로 판매할 것인가를 고민하고 연구하는 노력일 것이다. 판매효율을 높일 수 없는 업태나 점포라면 더 이상 운영할 가치가 없을 것이다. 업태에 대한 분화와 진화의 단계를 살펴보면 [그림 11-16]과 같다.

그림 11-16 | 업태의 분화와 진화 사유

1단계	규모 확대를 위한 분화	→	상품구색 확대와 편리성	규모 확대
2단계	고품질 · 저가격 실현을 위한 분화	→	상품개발 확대, 저원가경영시스템	품질과 가격
3단계	서비스기능 개선을 위한 분화	→	상품구색 확대와 편리성	서비스와 효율성

1.3.3 업태의 역할과 구성요소

업태가 존재하는 근본적인 이유는 고객을 위해 존재한다는 사실을 새롭게 인식하고, 유통업의 모든 경영구조는 고객을 최우선해야 한다. 고객에 대한 업태의 역할과 의미는 [그림 11-17]과 같다.

그림 11-17 | 업태의 역할과 의미

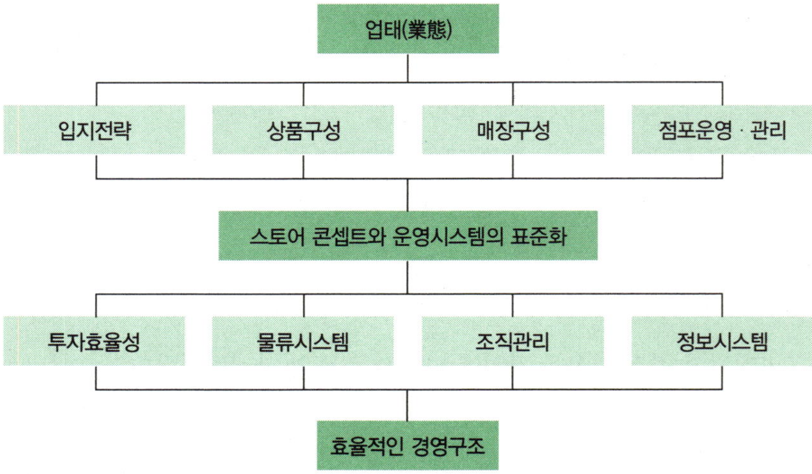

업태를 구성하는 3가지 요소는 마케팅(Marketing), 머천다이징(Merchandising), 매니지먼트(Management)이다. 머천다이징은 업태의 상품화계획을 의미하며, 매니지먼트는 업태의 운영이나 관리를 뜻한다.

그림 11-18 | 업태구성의 3요소

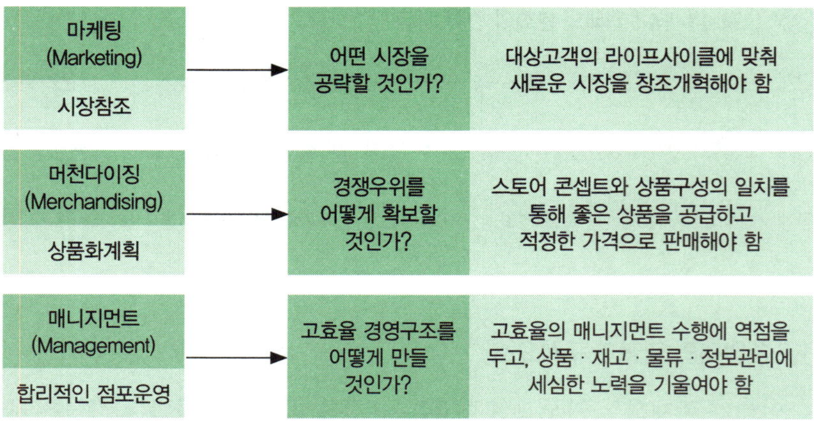

2. 소매업태별 발전추세

2.1 국가별 업태 발전사

유통업 선진국인 미국과 일본의 경제환경과 업태 발전사를 우리나라와 비교해 살펴보도록 한다.

표 11-19 국가별 경제환경과 업태별 발전사

국가	업태별 발전사		
미국	• 백화점(1870년)		
	• 양판점(1920년)		
	• 편의점, 슈퍼마켓(1930년)		
	• 할인점(1948년)		
	• 카테고리킬러(1950년대)		
	• 홈센터(1960년대)	• 창고점(1960년대)	• 재고점(1960년대)
	• 슈퍼스토어(1970년대)	• 복합점(1970년대)	• 도매클럽(1976년)
	• 하이퍼마켓(1980년대)	• 슈퍼센터(1980년대)	
일본	• 백화점(1904)		
	• 슈퍼마켓(1950년대)		
	• 양판점(1960년대)	• 홈센터(1960년대)	• 편의점(1960년대)
	• 창고형(1980년대)	• 복합점(1980년대)	• 슈퍼스토어(1980년대)
	• 도대클럽(1990년대)	• 카테고리클럽(1990년대)	
한국	• 최초 백화점(1930년)		
	• 슈퍼마켓(1968년)	• 직영백화점(1969년)	
	• 편의점(1988년)	• 패션쇼핑몰(1988년)	
	• 할인점(1993년)	• 도매클럽(1994년)	

[표 11-19]에서 보다시피 우리나라는 미국과 일본에 비해 업태의 종류가 한정되어 있으며, 아직도 국내에 도입되지 않은 신업태가 많음을 알 수 있다.

다시 말해, 미국의 경우 번성하고 있는 업태가 대략 30여 개가 된다면, 우리나라는 10여 개밖에 되지 않는다는 사실이다. 또한 일본의 경우 양판점이 발전하여 할인점의 기능을 대신한 점도 눈여겨봐야 할 것이다.

2.1.1 각국의 소매업태 출현시기

우리나라를 비롯해 미국과 일본의 주요 소매업태별 출현시기를 살펴보면 [표 11-20]과 같다.

| 표 11-20 | 한 · 미 · 일 주요 소매업태별 출현시기

연대	한국	일본	미국
1890~1920년	재래시장	백화점	백화점, 통신판매, 잡화점, 식료품체인, 드럭스토어
1930년	–	–	양판점, 쇼핑센터
1940년	–	–	슈퍼마켓
1950년	슈퍼마켓	슈퍼마켓, 통신판매	할인점
1960년	–	전문점, 대중양판점	편의점
1970년	–	할인점, 편의점, 홈센터, 방문판매	홈센터, 창고형클럽
1980년	전문점, 통신판매, 대중양판점, 편의점	쇼핑센터, 전문대형점	카탈로그 쇼룸, 하이퍼마켓, 파워센터
1990년	전문대형점, 창고형클럽, 할인점, 하이퍼마켓	창고형클럽, 카테고리킬러	슈퍼센터

2.1.2 각국의 소매업태별 도입격차

유통산업의 선진국인 미국을 기준으로 하여 일본과 한국의 업태 도입에 따른 성장연도 차이를 알아보자. 미국과 일본의 격차는 40~50년을 보이고 있으며, 일본과 우리나라의 격차는 대략 20여 년이 되는 것으로 나타난다. 특히 신업태인 할인점과 회원제 창고점은 비교적 짧은 기간 내에 우리나라에 도입된 것을 알 수 있다.

| 표 11-21 | 각국의 업태별 성장연도 차이 (단위 : 연도)

업태 / 나라	백화점	대비	슈퍼마켓	대비	편의점	대비	할인점	대비	회원제 창고점	대비
미국	1858	–	1903	–	1927	–	1948	–	1976	–
일본	1904	+46	1953	+50	1974	+47	1978	+30	1992	+16
한국	1930	+26	1971	+18	1989	+15	1993	+15	1994	+2

2.1.3 각국의 업태별 성장시차

업태 진전에 의해 발전해온 각국의 업태별 성장시차기간을 살펴보도록 한다. 새로운 업태가 탄생한다는 것은 그리 쉬운 일이 아닌 것 같다. 백화점에서 슈퍼마켓이 새로 개발되기까지 40~50년이 걸린 점을 보면 잘 알 수 있다. 그러나 최근에는 새로운 업태 탄생과 도입 사이클이 점차 짧아지고 있음을 알 수 있다.

이는 고객의 욕구가 빨리 변하고 있음을 의미하며, 유통업계도 발 빠르게 새로운 수익모델의 업태를 개발하고 있기 때문이다. 결과적으로 유통업태의 새로운 진전은 고객의 요구에 의해 신업태가 탄생된다는 점을 유념해야 할 것이다.

| 표 11-22 | 각국의 업태별 성장시차

업태 / 나라	백화점 → 슈퍼마켓	슈퍼마켓 → 편의점	편의점 → 할인점	할인점 → 회원제 창고점
미국	45년	24년	2년	28년
일본	49년	21년	0년	14년
한국	41년	18년	0년	1년

2.2 국내 소매업태의 발전추세

우리나라의 4대 업태인 백화점, 할인점, 슈퍼마켓, 편의점에 대한 업태별 변화와 발전추이를 [표 11-23]을 통해 살펴보도록 한다.

| 표 11-23 | 국내 소매업태별 변화추세

업태	1998년 이전	1998년 이후~2000년	2000년 이후
백화점	**성숙기** • 지방대도시 중심의 제한적 출점 • 할인 신업태에 의한 급속한 시장잠식 • 사업다각화를 통한 활로 모색 • 중소 및 지방 백화점 도산	**구조조정기** • 고급전문백화점으로의 전환 • 구조조정의 가속(M&A) : 기존 메이저 중심의 시장구도 강화(Big 4) • 도심, 부도심 중심의 성장	**재도약기** • 백화점 저성장시대 도래 • 메이저 중심의 과점화 가속 • 백화점의 대형화 · 복합화 추세 • 리모델링 및 콘셉트 조정
할인점	**성장 · 도입기** • 다수 기업의 진입러시 • 백화점과의 전면적인 업태경쟁 • 전략상권 중심의 동시 출점 • 강력한 마케팅리더의 부재	**시장팽창기** • 메이저 중심의 시장전개(이마트, 홈플러스) • 외국계 유통기업의 시장주도 • 다점포화를 위한 메이저 간의 과다경쟁 • 백화점과의 비경제적 공존관계 정립	**시장포화기** • 토종업계의 약진, 외국계 부진 • 도심형 출점경쟁 • 할인점 콘셉트 복합화 • 동일 상권 내 경쟁심화
슈퍼마켓	**정체기** • 외형 성장의 퇴조 • 상권지배력의 급속한 약화	**업태 재정립기** • 기존업체의 유사할인업태로의 전환 가속 • 대형화/차별화로 근린상권 중소업태로의 기반 구축	**재도약기** • SSM체제로 슈퍼마켓 재편 • 할인점 메이저업체 대거 진출 • 지역밀착형 슈퍼마켓 새 모델 제시
편의점	**성장 · 도입기** • 소자본 창업 출점러시 • 소비자 패턴 변화로 성장 예고 • 체인화 가속	**점포확장기** • 업체 간 점포확장 과열 • 업체 간 M&A(세븐일레븐의 로손 인수) • 편의점 은행기능화 및 업태 정착	**시장팽창기** • 편의점시장 포화 진입 • 부실점포 정리 및 퇴출 • 로컬 편의점 약진 • 편의점기능 복합화

2.3 업태의 결정요인

업태와 업종을 좀 더 이해하기 쉽게 설명하면 [그림 11-19]와 같다. 이는 업태에 대한 구분을 결정짓는 요인을 살펴보면 잘 알 수 있다.

그림 11-19 | 업태의 결정요인과 특성

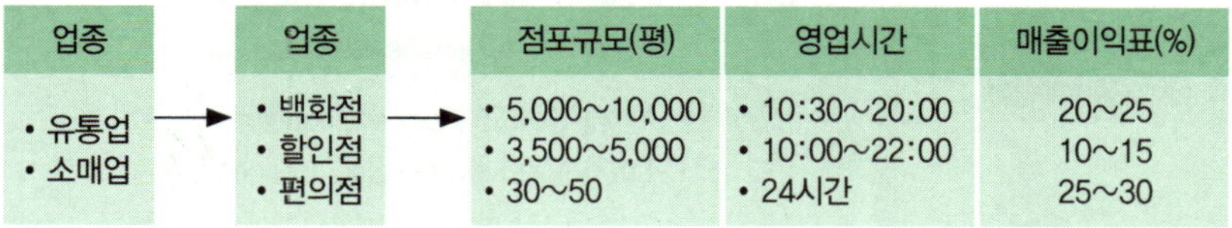

그림에서 알 수 있듯이 업태는 점포운영과 관리형태에 의해 결정됨을 알 수 있다. 또한 취급하는 상품을 업태에 관계없이 동일하게 취급할 수도 있다. 다만 백화점은 식품보다 의류 중심이며, 할인점은 식품과 공산품 비중이 높을 뿐이다.

3. 소매업태별 유형과 분류

3.1 소매업의 분류방법

표 11-24 | 소매업태의 분류

구분	분류내용
상품의 계열	• 종합구색 판매점 : 백화점, 대형할인점 • 한정구색 판매점 : 전문점 • 식품 · 생활용품 판매점 : 슈퍼마켓 • 일상편의품 판매점 : 편의점, 드럭스토어 • 용역 등 서비스판매점 : 서비스소매점
가격대	• 저가 소매점 : 할인점 • 중가 소매점 : 슈퍼마켓 • 고가 소매점 : 백화점, 전문점

판매방법	무점포판매	• 주문판매업 : 홈쇼핑, 인터넷쇼핑몰, 카탈로그 • 자동판매업 : 자동판매기(커피, 음료, 기타) • 방문판매업 : 화장품, 요구르트, 서적 등
	인적판매	• 대면판매(Face to Face Sale) • 셀프판매(Self Sale)
시스템통제방법	체인스토어	• 레귤러 체인(Regular Chain) • 볼런터리 체인(Voluntary Chain) • 프랜차이즈 체인(Franchise Chain)
	협동조합	• 소매점 협동조합(Retailer Cooperative) • 소비자 협동조합(Consumer Cooperative)
	독립점	독점판매기관

3.2 소매업태별 특징

3.2.1 백화점(Department Store)

● 백화점의 정의

- 백화점의 어원은 독일어 '갖가지 종류의 상품을 취급하는 집'이라는 의미인 'Warenhaus'이며, 백화점은 이것의 일본식 번역어이다.
- 백화점이란 선매품을 중심으로 생활필수품, 전문품에 이르기까지 다양한 상품의 계열을 취급하며, 대면판매, 현금정찰판매, 풍부한 인적 · 물적 서비스로써 판매활동을 전개하는 대형소매기관이다.
- 「유통산업발전법」 기준의 정의 : 다양한 상품을 구매할 수 있도록 현대적 판매시설과 소비자 편의시설을 설치하고, 직영비율 30% 이상이 운영되는 3,000m^2 이상 규모의 매장을 말한다.

● 백화점 성장의 요인

환경적 요인으로 유리한 경쟁조건 및 입지조건, 강력한 스토어 로열티를 지닌다.

내부적 요인으로는 수많은 기술혁신이 전개되고 있다. 예를 들어 상품의 풍부한 구색, 현금정찰판매, 각종 무료서비스 제공, 유리한 매입활동, 풍부한 인적서비스 등이 있다.

- 백화점의 매입방식
- 보통매입 : 제조업자나 도매업자로부터 상품을 구매하는 형태이다.
- 위탁매입 : 일정기간 동안만 상품을 맡고 판매하는 형태로 판매하지 못한 상품은 반품이 허용된다.
- 판매분매입 : 팔린 것만 매입하는 방식이다.

3.2.2 연쇄점(Chain Store)

- 연쇄점의 정의

연쇄점은 동일한 유형의 상품을 판매하는 다수의 점포가 본사의 통제를 받아 운영되는 소매조직을 말한다.

- 연쇄점경영의 특징

중앙본부의 관리체제, 상품의 동질성에 있다.

- 연쇄점의 분류
- 회사형 연쇄점 : 레귤러 체인이라고 하며, 국제체인스토어협회의 정의에 가장 적합한 형태이다. 이 유형의 연쇄점은 자기자본과 자기 책임하에서 점포를 여러 곳에 전개시키는 형태이다.
- 가맹점형 연쇄점 : 임의형 연쇄점, 협동형 연쇄점, 프랜차이즈 가맹점으로 구분된다.
  - 임의형 연쇄점 : 가맹점형 연쇄점의 가장 대표적인 형태로서 소매점을 가맹점으로 모집하여 그룹화한 형태이다.
  - 협동형 연쇄점 : 소매점 자체가 주체적인 연쇄점을 말한다.
  - 프랜차이즈 가맹점 : 프랜차이즈시스템에 의해 가맹한 점포를 말

한다. 본부와 가맹점의 계약에 따라 운영되는 형태이다.

3.2.3 전문점(專門店, Speciality Store)

신사복, 가전제품, 신발, 악기, 스포츠용품 등 한정된 특정 상품군(群) 만을 취급하는 소매점포이다.

표 11-25 전문점의 유형 분류

구분	정의 및 대표기업 사례
패션전문점	국내의 경우 앤비, 유투존 내셔널브랜드 직영점 및 대리점
전문할인점	• 특정 상품부문에 전문화하고 그 상품은 타 점포와 비교가 안 될 정도의 다양하고 풍부한 상품과 저가격 수준을 유지하는 소매점포 • 토이저러스(Toys"R"Us : 완구), 서킷 시티(Circuit City : 가전), 오피스디포(Office Depot : 사무용품), B&Q HOME(롯데마트 구로점)
아울렛스토어	• 저가지향형인 자사의 재고상품 또는 직매입한 상품을 판매하는 상설 행사매장 형태의 소매점포 • 2001 아울렛, 킴스아울렛, 금강제화아울렛, 마리오패션아울렛 등 • 국내에서의 아울렛은 패션아울렛이 아울렛을 대표하고 있음

3.2.4 양판점(量販店, General Merchandising Store : GMS)

의류 및 생활용품을 다품종 · 대량판매하는 대규모화된 점포를 의미한다. 중앙집중 매입정책을 기본으로 운영하고 있으며, 일본의 경우 식품을 취급해 백화점과 대형슈퍼마켓의 중간형태의 소매점포로 운영한다. 국내의 경우는 갤러리아백화점의 전신인 한양유통에서 시도했던 업태이다.

3.2.5 슈퍼마켓(Super Market)

- 슈퍼마켓의 정의

식품 또는 기타 상품을 취급하며, 가공식품부문은 셀프서비스방식으로 충분한 주차공간을 갖추고 저코스트, 저마진, 대량판매 및 셀프서비스에 의해 운영되는 점포를 말한다.

- **슈퍼마켓의 특징**
- 셀프서비스와 자기선택식 진열
- 보통 체크아웃 카운터에서의 고객서비스에 집중
- 저가격 소구
- 대규모 시설
- 다양한 상품구색

3.2.6 편의점(便宜店, Convenience Store)

- **편의점의 정의**

매우 편리한 위치에 입지하여 24시간 영업을 하며, 한정된 수의 품목만을 취급하는 소매점을 말한다.

- **편의점의 기본조건**
- 입지의 편리성
- 시간상의 편의성
- 필요한 상품의 구색성
- 친절한 서비스
- 소수의 직원으로 운영

3.2.7 드럭스토어(Drug Store)

대부분이 의약품을 중심으로 한 상품을 취급하지만, 화장품 및 담배, 일용잡화 등 일상용품도 취급하고 있는 업태이다. 약품을 제외하고는 셀프서비스방식으로 판매하며 매장면적은 200평 이상이다. 국내에는 제일제당에서 운영하고 있는 올리브영(Olive Young)이 최초이다.

국내는 약사법에 의한 의약외품의 판매제한이 엄격하여 현재는 건강부문, 위생 및 미용부문에 국한하여 운영하는 특징이 있다. 국내에서는 사실상 업태를 시험 중인 상태이고 점포입지, 규모, 취급상품 등에 대한 논의가 활발하며 콘셉트 정립에 고심 중이다.

3.2.8 할인점(割引店, Discount Store)

- 할인점의 정의
- 미국의 할인점 정의 : 정가 이하의 가격으로 주로 내구소비재상품을 소비자에게 항시 싸게 판매하는 소매점을 말한다.

| 표 11-26 | 할인점 발달에 따른 용어의 정의

구분	취급상품에 따른 용어의 정의
디스카운트 하우스	가구 등 내구재상품 중심의 할인점
디스카운트 스토어	디스카운트 하우스 + 생활용품, 잡화, 의류 취급 할인점
슈퍼센터	디스카운트 스토어 + 식품류 취급 할인점

- 국내의 할인점 정의 : 일반적 정의에 따르면, 항시적으로 모든 상품을 모든 소비자에게 통상적인 판매가격보다 저렴하게 판매하는 소매점포를 말한다. 취급상품을 기준으로 할 경우 미국의 슈퍼센터 형태와 프랑스의 하이퍼마켓 형태와 유사하다.

  법률적 정의에 따르면, 매장면적의 합계가 3,000m^2 이상인 점포의 집단으로서 상품을 통상의 소매가격보다 저렴한 가격으로 계속하여 판매하는 점포의 집단을 말한다.

| 표 11-27 | 할인점의 유형 분류

취급상품에 의한 분류	대상고객에 의한 분류
• 일반할인점(Discount Store) • 전문할인점(Category Killer) • 아울렛(Outlet)	• 일반할인점 • 회원제할인점(Membership Wholesale Club : MWC)

• 할인점의 운영원리

• 매일 저가격판매경영(EDLP)

– 낮은 점포 출점비용 : 부지매입비용, 건축비용, 인테리어비용

– 낮은 점포 운영비용 : 단품관리에 의한 낮은 재고비용, 단순화 · 표준화 · 전문화로 인적자원 가용범위 확대, 통합물류시스템

• 매일 최저가판매 : 저원가경영에 기초한 박리다매(薄利多賣) 실현

• 한국형 할인점의 업태(사례)

한국형 할인점에 대한 업태개념을 정리해보면, 분명한 것은 할인점 업태가 외국에서 도입된 신업태임을 부인해서는 안 될 것이다. 따라서 한국형 할인점의 업태유형은 선진국의 할인점 콘셉트를 우리나라 정서에 맞게 개선했다는 점이다.

결과적으로 외국의 선진화된 시스템도 우리 사정에 맞지 않으면 경영성과를 기대할 수 없다. 또한 국내에서 영업 중인 세계적인 외국계 할인점이 국내에서는 토종할인점에 밀려 고전하는 이유도 우리나라 쇼핑정서에 맞는 현지화에 실패했기 때문이기도 하다.

그림 11-20 | 업태의 도입모델

미국형 슈퍼센터 → Supercenter : Wal–mart(식품보강, 진보형)

일본형 슈퍼스토어 → Superstore : 다이에, 자스코(GMS + 가격파괴 도입)

유럽형 하이퍼마켓 → Hypermarket : 까르푸(식품강화)

한국형 할인점 → 대형/종합할인점(Full Line–Discount Store)
• 소매 위주, 비회원제 : Self Service
• 중저가 실용상품 저가판매 : 저비용 운영, 다점포 전개

한국형 대형할인점은 일반소비자들을 대상으로 사용목적 중시형 실용상품인 식품을 중심으로 잡화 · 의류를 취급, 매일 저가격판매, 원스톱쇼

핑(One-stop Shopping) 제공으로 한국인의 쇼핑정서와 구매습관을 최대한 살린 주부편의형 종합할인점(Full Line-Discount Store)을 의미한다.

3.2.9 쇼핑센터(Shopping Center)

- **쇼핑센터의 정의**
- 쇼핑(Shopping)의 중심지(Center)
- 디벨로퍼(Developer)라고 일컬어지는 계획개발자에 의해 미리 특정 지역의 상황·수요의 분석 등을 실시, 전체 규모, 레이아웃, 점포구성, 판매촉진책 등을 구성해서 형성된 계획적·집합적 대규모 소매기관

- **쇼핑센터의 운영원리**
- 키 테넌트(Key Tenant)라고 불리는 핵심소매업체를 배치한다.
- 각종 소매점포의 밀집지대로서 교통이 편리하며 즉석에서 대다수 소비자의 욕구가 충족될 수 있는 상품을 취급하여 고객의 원스톱쇼핑을 지원한다.

| 표 11-28 | 미국 쇼핑센터의 유형 및 정의

구분		콘셉트	규모 (평방피트)	유인점포		상권범위
				점포수	유형	
스트립센터	네이버후드 센터	편리성	3~15만	1개 이상	슈퍼마켓	3마일
	커뮤니티 센터	일반상품, 편리성	10~35만	2개 이상	할인백화점, 슈퍼마켓, 드럭스토어, 가정용품점, 대형 의류전문할인점	3~7마일
	파워센터	카테고리킬러와 소규모 입점업체	25~60만	3개 이상	카테고리킬러, 가정용품점, 할인백화점, 창고형 클럽 오프-프라이스	5~10마일

쇼핑몰	지역센터	일반상품, 패션	40~80만	2개 이상	백화점(전 계열 상품취급), 청소년백화점, 양판점, 패션의류전문점	5~15마일
	슈퍼 지역센터	지역센터와 유사종류와 구색 많음	80만 이상	3개 이상	백화점(전 계열 상품취급), 청소년백화점, 할인백화점, 양판점, 패션의류전문점	5~25마일
	패션/전문 센터	고급/패션 지향	8~25만	없음	패션	5~15마일
	아울렛센터	팩토리 아울렛	5~40만	없음	팩토리아울렛	25~75마일
	테마/페스티벌 센터	오락/여행객 대상	8~25만	없음	레스토랑	없음

3.2.10 TV홈쇼핑

• TV홈쇼핑의 정의

케이블TV라는 영상매체를 통해 상품정보를 제공함으로써 손쉽게 상품을 구매할 수 있도록 한 유통방식으로 택배를 통해 소비자의 집까지 배달하는 서비스를 제공한다.

• TV홈쇼핑의 특징

- 쇼핑호스트에 의한 대리체험 : 실연 및 시식으로 상품정보를 제공
- MD의 상품책임기획 및 판매제도
- TV매체에 대한 소비자 신뢰 : 정식인가를 받은 홈쇼핑에 대한 잠재적 신뢰형성

• TV홈쇼핑의 유형

- 우편물을 이용하는 경우 : 카탈로그 통신판매, 우편(Direct Mail) 등
- 인쇄매체를 이용한 경우 : 신문, 잡지의 광고를 이용하는 형태 등
- 인터넷을 이용하는 경우

- 케이블TV를 이용한 인포머셜 방송

그림 11-21 | TV홈쇼핑의 진행과정

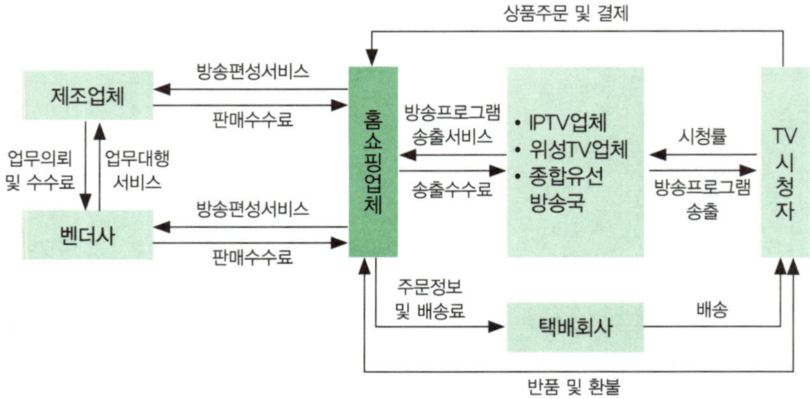

표 11-29 | 우리나라의 홈쇼핑업체

법인명	(주)지에스 홈쇼핑	(주)씨제이 홈쇼핑	(주)현대 홈쇼핑	(주)롯데 홈쇼핑	(주)엔에스 홈쇼핑	(주)홈앤 쇼핑	공영 홈쇼핑
로고	GS SHOP	CJ O SHOPPING	현대Hmall	LOTTE Homeshopping	NSmall	hnsmall	–
개국연도	1995. 8	1995. 8	2001. 11	2001. 10	2001. 9	2012. 1	2015. 7
인터넷몰	gsshop.com	cjmall.com	hmall.com	lotteimall.com	nseshop.com	hnsmall.com	–

자료 : 한국TV홈쇼핑협회 홈페이지, 홈쇼핑 산업>홈쇼핑 역사(www.kota.re.kr)

3.2.11 인터넷쇼핑몰(Internet Shopping Mall)

- 사이버쇼핑몰이라고도 한다.
- 가상세계를 뜻하는 사이버공간과 이용자전용상가를 뜻하는 쇼핑몰의 합성어이다.
- 인터넷의 가상공간에 상품을 진열하고 판매하는 소매점포로서 기업과 소비자(B2C) 사이에 이루어지는 전자상거래의 가장 대표적인 형태이다.
- 실제 매장을 갖추는 데 비하여 비용이 적게 든다.

• 시간 · 공간적 제약이 없다.

• 건물임대료 등 운영비도 크게 줄어들어 저가판매가 가능하다는 장점이 있다.

그림 11-22 | 오픈마켓과 소셜커머스에서의 유통경로의 비교

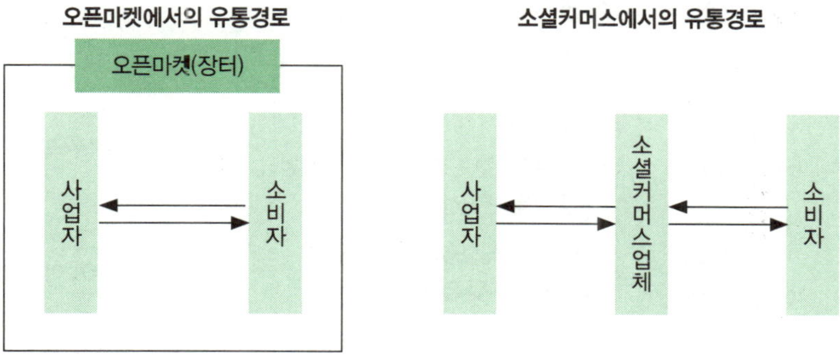

| 표 11-30 | 주요 유통업태별 특성 요약

업태 유형	업태 특징	해당 업체
백화점 (Department Store)	• 단일 자본의 경영관리체계 • 다종다양의 상품구색과 다품목 • 고급화 추구, 고품질, 고가격, 고서비스 위주 • 패션 및 명품 중심의 MD • 대면접객서비스 및 서비스 제일주의 • 다양한 고객편의시설 완비	롯데, 현대, 신세계, 갤러리아
할인점 (Discount Store)	• '1일 최저가격제(EDLP)'의 판매(가격파괴) • '가격 대비 표준상품 신뢰성' 소구 중심 • PB 육성 및 확대 • 상품구성의 '넓이'와 '깊이' 병행 • '고객이 원하는 상품을 기획' 강점 부각	이마트, 홈플러스, 롯데마트, 월마트
회원제 도매클럽 (Membership Wholesale Club)	• 철저한 회원 특전 • 회원가입 확대 • 저원가 운영 • 상품구색 한정 • 고회전 품목 중심	샘즈클럽, 코스트코, 프라이스클럽

대중양판점 (General Merchandise Store)	• '중산층 중심 구매편의성' 집중 소구 • '셀프서비스'를 통한 저렴한 가격 구매가능 소구 • PB 집중 소구 및 업체 특화 강화 • 중저가(백화점과 할인점의 중간)상품의 자체 개발	일본에서 발달, (구)한양 잠실점
카테고리킬러 (Category Killer)	• 특정 상품군의 전문적 취급(부문파괴 전문점) • 다점포화 • 저마진, 고회전 • 비용절감	토이저러스 (Toy"R"Us), 하이마트
하이퍼마켓 (Hypermarket)	• '스피드한 제품 지원' 소구 • 저가격판매 • 대형슈퍼마켓 + 할인점(유럽형 할인점) • 가공식품 및 신선식품 강화	까르푸(프랑스)
아울렛 스토어 (Outlet Store)	• 재고 및 이월상품의 저가판매 • 패션제조업 및 유통업 진출	2001 아울렛
편의점(CVS)	• 접근편의형 소매점 • 일용품 및 간편식품 위주 • 연중무휴 24시간 영업 • 체인스토어형 다점포화	GS25, 훼미리마트, 세븐일레븐
무점포판매 (통신판매 및 홈쇼핑)	• 상세한 상품 특징 설명(TV 및 카탈로그) • 구입 제한성 판촉 소구 : 00명 한정 특전 등 • 저렴한 가격, 사은 특전 등으로 구매유인	GS, CJ오쇼핑, 롯데, 현대, 농수산

4. 유통업 경영전략

4.1 소매업의 경영특성

4.1.1 소매경영의 이해

소매업 경영에 대한 이해를 돕기 위해 우선 소매업에 대한 정의와 특성을 다시 한 번 살펴보도록 한다.

- 유통산업의 역할은 생산과 소비를 연결해주는 파이프의 역할과도 같다.

- 소비자에게 상품이나 서비스를 제공함으로써 생활수준을 유지 · 향상시켜 주는 중요한 역할을 담당하고 있다.
- 소매업(Retailing)이란 상품과 서비스를 최종소비자에게 판매하는 활동을 영위하는 것을 말하며, 우리 주변에서 흔히 볼 수 있는 각종 점포, 즉 백화점, 할인점, 슈퍼마켓, 전문점, 재래시장 등이 소매업의 대표적 점포들이다.
- 소매업의 기능은 생산자로부터 소비자에게 상품과 서비스를 사회적으로 유통시켜 인격적 · 시간적으로 소비자에게 적합하도록 이전시키는 기능이 가장 중요한 소매기능의 핵심이다.
- 소매경영의 특성은 소비자에게 상품과 서비스를 판매 또는 제공한 후에 특정 이익을 실현하는 것이다.

4.1.2 소매경영의 특징과 유형

- 소유권과 경영의 주체에 따라 독립소매기관과 체인 등으로 구분된다.
- 취급상품의 다양성과 구색 정도에 따라 업태가 결정된다.
- 유점포 형태와 무점포 형태의 소매경영으로 나눈다.
- 판매하는 상품의 품목이나 업종에 따라 구분된다.
- 상품회전율, 소매마진 정도에 따라 소매업태가 구분된다.
- 점포의 경영기법이나 운영시스템에 따라 소매업태가 결정된다.
- 소매업태의 도입시기에 따라 기존업태와 신업태로 구분된다.

위와 같은 소매업의 특징과 유형에 따라 업태별로 소매업 경영전략이 제각기 다르게 수립되어야 한다.

그림 11-23 | 소매경영 메커니즘

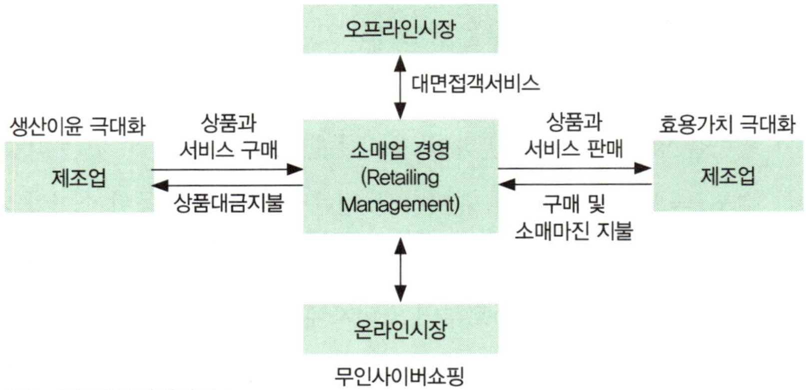

자료 : 한국유통경제연구소

4.2 소매업의 경영전략

4.2.1 소매업의 경영환경

그림 11-24 | 유통산업 경영환경의 변화구도

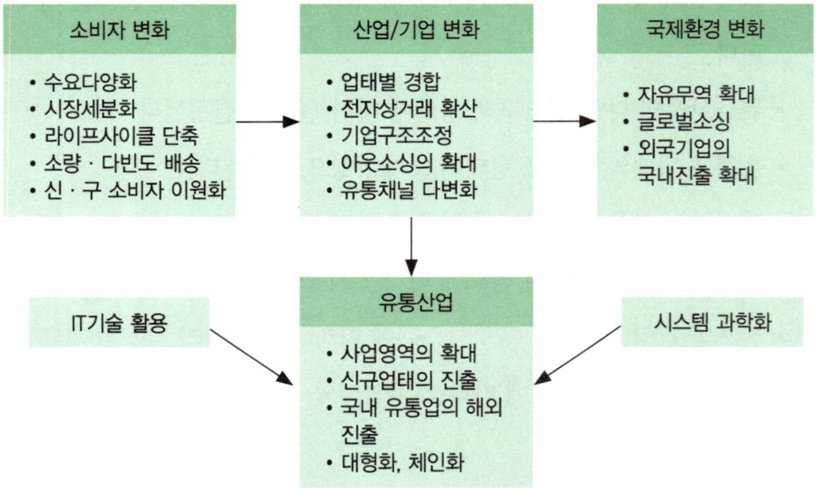

4.2.2 국내 유통시장의 판도 변화

우리나라 유통시장의 과거 · 현재 · 미래를 재조명해보고 업태별 대응 전략을 수립해야 할 것이다.

- 업태별 경쟁에서 유·무점포 간 경쟁시대 도래
- 토종업태와 다국적기업 간의 승부 판가름(M&A 가시화)
- 국내 유통업의 해외진출 본격화
- 백화점(百貨店)에서 특화점(特貨店)으로의 전략선회(백화점의 독점적 차별화)

| 표 11-31 | 국내 유통시장의 판도 변화구도

과거	재래시장, 백화점, 슈퍼마켓	전통시장과 현대화된 유통업태 공존
현재	할인점, 백화점, 복합쇼핑몰, 전자 카테고리 킬러, 사이버쇼핑몰	• 할인점 돌풍 • 틈새업태 탄생 • 사이버쇼핑시대 개막
미래	• 유통업태별 특화·다양성 • 메가쇼핑몰의 등장 • 사이버쇼핑몰의 약진	• 빅 유통그룹 탄생 • ON-OFF Line 경쟁시대 • 메가쇼핑몰의 돌풍

4.2.3 유통업의 경영전략

| 표 11-32 | 유통업의 경영포커스

기업의 목표	경영포커스	IT전략(정보화)
새로운 루트를 통한 매출증대	• 새로운 마켓의 발굴 • 마켓쉐어의 증대 • 소비자에게 새로운 방법으로 접근	• 글로벌지원역량 확보 • 향상된 경영지식 • E커머스
공급망(Supply Chain)에서 시간과 비용절감	• 공급망(Supply Chain) 회전율의 상승 • 재고투자 감소 • 매장까지 운반시간 단축	• 통합된 커뮤니케이션 자동보충 • 계량화되고 유연한 인프라 구축
소비자에게 상품과 가치를 증대	• 매장 인지도 향상 • 새로운 단골고객 유인방안 제공 • 새로운 채널, 서비스 발굴	• 업그레이드된 매장시스템 • 소비자지원시스템 • E커머스, 콜센터
브랜드의 레버리지 및 확장	• 항시 높은 질의 서비스 제공 • 세계화 • 새로운 채널	• 고객관리(Relation) • E커머스

자료 : 삼성테스코

유통업 경영전략의 3대 핵심요소는 점포전략, 시스템전략, 상품전략으로 나눈다. 소매업 경영전략이 성공하기 위해서는 3대 핵심요소의 차별화가 이루어져야 경쟁력을 가지는 점포가 될 수 있다.

그림 11-25 | 유통업 경영전략구도

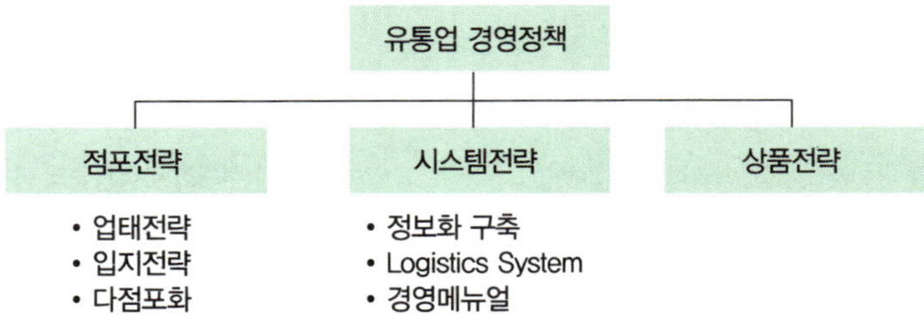

4.2.4 백화점과 할인점의 경영전략상 차이점

백화점과 할인점의 경영전략상 차이점을 이해하기 위해서는 백화점과 할인점의 콘셉트의 차이점과 업태속성을 충분히 파악해야 할 것이다. 백

그림 11-26 | 백화점과 할인점의 경영전략상 차이점

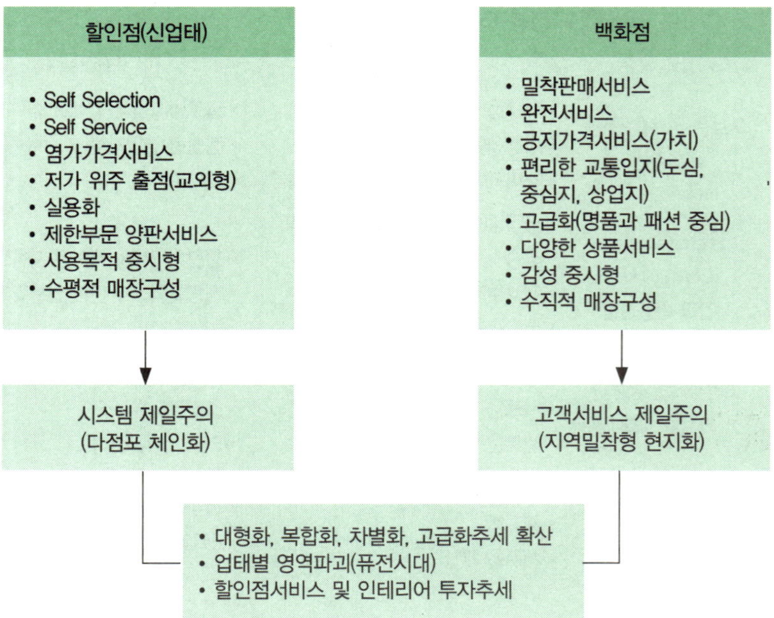

화점과 할인점의 비교를 통해 업태별 차별화된 경영전략의 수립이 가능해질 것이다.

4.2.5 소매업의 기업가치전략

소매업에 있어서 가치경영은 소매업 가치경영모델을 참고하여 전사적 차원의 점포별 유기적인 결합을 통해 소매업 기업가치전략이 수립되어야 할 것이다.

그림 11-27 | 소매업 가치경영(Retail Value Creation)

유통정보기술 (Retail Information Technology)	머천다이징 최적화(Merchandise Optimization)
	마케팅과 광고효율성(Marketing/Advertising Effectiveness)
	매입과 구매혁신(Procurement Reengineering)
	점포와 수익성전략(Store/Customer Contact Reengineering)
	입지전략(Real Estate Reengineering)

자료 : Accenture

4.3 유통업과 제조업의 차이점

유통업과 제조업의 경영관점은 제각기 다르다. 상호 간 경영관점의 이해를 통해 파워게임에서 벗어나 상호 공존과 바람직한 윈윈(win-win) 전략을 모색해야 한다.

| 표 11-33 | 유통업과 제조업의 경영관점 차이

소매유통업	제조업
• 투자 대비 이익률	• 시장점유율 극대화
• 지역시장규모 확대 및 장악	• 전국시장규모 확대
• 점내 공간활용의 최적화 및 극대화	• 진열공간의 확보 및 확대
• 경쟁점 간의 가격우위	• 자사제품 가격유지
• 경쟁점과의 상품 및 서비스 차별화	• 제품취급률 확대

표 11-34 유통업과 제조업의 전략적 시각차이

구분(전략)	유통업	제조업
이미지 구축(강화)	회사, 점포(Store Royalty)	상품(Brand)
머천다이징 주체	상품구매본부	마케팅본부
신상품개발	신상품발굴	신제품개발
매출 및 이익원천	상품회전율	브랜드파워
소비자 기대욕구	무형적 가치만족	가격과 효용

표 11-35 유통업과 제조업의 경영체계

구분	유통업 경영체계	제조업 경영체계
전략 부문	• 스토어 콘셉트(Store Concept) • 스토어 로열티(Store Royalty) • 무형의 가치중시(Service)	• CI(Corporate Identity)계획 • 기업 및 브랜드(Brand) 이미지 강화 • 브랜드 설정과 포장(Packing)
마케팅 부문	• 고객에게 제공하는 무형의 가치 - 장소적 효용(가장 적당한 지역) - 환경적 효용(물적 · 인적 대응) - 상품입수의 조건적 효용 • 구색과 체계 구축 - 정보의 효용(정보제공과 쇼핑지원) - 편의적 효용(신용공여, 배달, 교환, 주차, A/S 등 편의 제공)	• 시장조사와 수요예측 • 제품개발, 계획개량, 전환 • 가격설정 및 수정 • 마케팅 커뮤니케이션(광고선전) • 상적 유통경로 편성(유통채널) • 영업활동 • 물적 유통기능 담당 • 마케팅서비스 및 A/S

Part 12

상품관리

Chapter

01

상품관리의 정의

1. 상품관리의 정의

상품관리(Merchandise Management)란 상품의 매입에서부터 판매할 때까지의 실태를 분석하고 과정을 관리하는 것이다. 환언하면 어떤 상품이 잘 팔리고 있는가를 통계적으로 파악하고 분석하여 상품의 판매 · 재고량을 효율적으로 관리하는 것을 의미한다. 따라서 상품관리는 상품의 품절을 방지하고 불량재고를 줄여 전반적으로는 상품회전율을 높이고자 하는 데 그 목적이 있다.

2. 상품관리의 중요성

기업은 변화하는 상품동향, 판매동향, 소비동향을 신속 · 정확하게 파악하여 상품회전이 빠른 상품은 대량으로 준비하고, 매출이 저조한 상품은 적정재고수준을 벗어나지 않도록 철저하게 관리하는 것이 중요하다. 상품관리는 최근 급속히 발달한 정보처리기술에 의해 실시간 관리체계를 요구하고 있으며, 특히 POS(Point Of Sale)시스템의 발달은 판매시점에서부터 정보의 즉각적인 피드백(Feedback)에 의한 상품관리를 가능하게 한다.

Chapter

02

효율적인 상품관리

상품관리는 판매 · 매입과 아주 밀접한 관계를 가진다. 효율적인 상품관리는 판매나 매입의 성과에 크게 영향을 미치며 소매업의 재무건전성을 가져다주고 수익증진 등 성과창출에도 크게 기여한다.

상품관리의 기능과 내용을 종합한 것을 상품관리의 일이라고 한다면 여기에는 다음과 같은 8가지가 포함된다.

1. 적정한 상품구성 실현

상품관리기능 중 하나는 적정한 상품구성을 실현하는 일이다. 고객에게 최대한의 만족을 제공하는 동시에 소매업체도 최대한의 이익을 얻기 위해서는 적정한 상품구성이 관건이 된다.

2. 적정한 재고량 유지

상품관리는 적정한 재고량을 유지하는 데 있어 중요한 기능을 발휘한다. 즉 적정한 상품구성에 입각해 각각의 상품재고량을 적정하게 유지하고 동시에 점포 전체가 총재고량을 적정하게 유지하는 일이다. 과잉 재고를 보유하는 것은 자본이 헛되이 잠식되고 있다는 것을 의미한다. 또 불량재고의 발생원인이 되기도 한다.

3. 적정한 발주량 결정

적정한 1회 발주량을 결정하는 것은 매입 또는 매입관리의 중요한 활동이면서 상품관리의 일이기도 하다. 다시 말해 1회 발주량 결정은 매입관리와 상품관리의 접점에 있는 일이라고 할 수 있다.

4. 정확한 재고 파악

재고상품은 그 수량을 매일 정확하게 파악해야 한다. 이것은 적정재고량을 유지하기 위해, 또 적정발주량을 결정하기 위해 빼놓을 수 없는 일이다.

5. 정확한 검수 실시

매입부서로부터 상품이 납품된 경우에는 정확한 검수가 이루어져야 한다. 검수란 납품된 상품을 전표와 비교해서 주문한 상품과 실제 납품된 상품이 품질, 사이즈, 치수, 수량 등이 정확한지, 배송 중 손상은 없었는지를 점검한 뒤 수령하는 일이다.

6. 상품의 출납과 보관

납품된 상품은 검수를 완료한 후 창고에 반입·보관하고 매장의 요청에 따라 출고하는 것을 뜻한다.

7. 물류관리

물류관리란 물적 유통관리를 뜻한다. 물적 유통이란 상적 유통에 대응하는 말로 상품의 수송, 재화의 취급 및 보관을 뜻한다.

8. 확실한 재고조사

POS의 데이터나 전표상으로 아무리 정확하게 재고상품을 파악하고 있더라도 시간이 경과하면 현품과 장부상에 오차가 생긴다. 그러므로 계획을 세워 정기적으로 현품재고조사를 하는 것이 바람직하다.

Chapter 03

다양한 상품관리

상품관리의 종류는 크게 8가지로 나누어진다. 고객에게 상품정보를 전달하고, 상품의 가치표현활동을 하는 진열관리, 발주량을 조정하여 적정한 재고를 유지하는 재고관리 등을 비롯하여 발주관리, 선도관리, 검수관리, 판매관리, 광고 및 판촉, 차별화전략 등으로 구분된다.

1. 진열관리

상품을 고객에게 보여주기 위한 매장 및 매대구성활동으로 정보전달, 상품의 가치표현, 고객의 구매욕구촉발로 인한 판매촉진효과를 목적으로 하여 행해지는 종합적인 활동을 말한다.

2. 재고관리

적정한 재고수준을 결정하고 이를 유지하기 위해 계획하고 통제하는 활동을 말하며, 재고량 과잉이 되지 않고, 품절이 되지 않는 재고수준을 유지하는 것이다. 판매량을 예측하고 매출추이에 맞추어 발주량을 조정하여 적정한 재고를 유지할 수 있도록 해야 한다.

2.1 재고관리의 구성

재고관리는 재고유지비용, 구매비용, 주문비용, 품절에 대한 위험비용 등으로 구분된다.

첫째, 재고유지비용은 재고를 유지하고 보관하는 데 발생하는 보관비용, 보험류, 관리비용, 자금을 재고에 묶어두기 때문에 발생하는 기회비용과 자본비용 등을 포함하며 재고관리에서 가장 큰 영향을 미치는 비용으로 연간 제품가격의 20~40%를 차지한다.

둘째, 구매비용은 다량으로 구입하여 수량, 규모의 할인이 가능한 경우에는 주문량이 클수록 적게 발생한다.

셋째, 주문비용은 한 번 주문할 때 필요한 서류, 주문 및 검사, 운반절차에 따라 발생하는 비용을 말하며, 주문횟수에 따라 증가하는 특징을 가지고 있다.

넷째, 품절에 대한 위험비용이란 재고가 부족하여 품절이 일어나고 이로 인해 생산이 중단되거나 감소되는 등의 위험이 발생할 때 나타나는 비용을 말한다. 이는 기회의 상실에 대한 비용과 브랜드나 고객불만 등에 따라 발생하는 비용으로 구성되어 있다.

2.2 재고관리의 기법

재고통제시스템은 순환재고와 안전재고를 유지하면서 최소비용을 달성하기 위해 매번 같은 양을 주문하며 이때 최적의 주문량을 찾는 정량주문시스템이 있으며, 정기적으로 재고량을 조사하고 출하가 있었다면 적정재고 보충수준과의 차이만큼 주문하는 정기주문시스템이 있다.

3. 발주관리

소매점은 발주에서 시작하여 발주로 끝난다. 팔고자 하는 상품을 적시에 구입하여 고객에게 제공해야 한다. 매일 판매상품을 파악하여 고객이 찾는 상품이 적시에 구비되어 있도록 점포별로 일정의 상품매입을 위한 기준을 정하여 발주를 실시해야 한다.

4. 선도관리

상품의 신선도관리로 가공식품의 보관온도 및 유효기간관리를 해야 한다. 선도관리는 고객이 구입하여 실제로 먹을 때까지 보존기간을 계산하여 판매선도기준을 정하는 것으로 식품의 선도는 고객식용에 크게 좌우된다. 특히 유제품, 냉동 · 냉장 · 부식류 등의 식품은 매일 2회 이상 선도를 확인, 의심스러운 상품은 폐기처분해야 한다. 채소 및 청과류는 선도표시를 할 수 없기 때문에 '눈, 코, 입'에 의한 확인이 중요하다.

5. 검수관리

협력업체에서 발주에 의한 상품입고 시 상품의 수량, 금액, 선도, 품질, 유통기한 등의 상태를 살피는 일이며, 제출되는 거래명세표가 그 기준이 된다.

6. 판매관리

주어진 목표달성을 위한 관리로, 예를 들면 점포에서 8월의 판매목표가 1억 원이라면 목표를 달성하기 위하여 상품부문별로 매출을 관리하기 위하여 ABC분석과 같은 방법을 사용한다.

ABC분석은 상품별 매출액과 총이익을 기준으로 주력상품(매출의 80%), 보조상품(매출의 15%), 구색상품(매출의 5%), 팔리지 않는 상품(퇴출상품)으로 분류하는 것이다.

7. 광고 및 판촉

상품을 소비자들에게 노출시키기 위한 광고와 사은품, 적립금 등으로 대표되는 판촉으로 소비자들을 점포로 유인한다.

8. 차별화전략

고객의 편익을 위한 차별화는 고객이 구매하고 사용하는 모든 단계에서 가능하다는 것이다. 유형적인 면은 물론이고, 새로운 편익을 추가하고 브랜드의 자산을 활용한 차별화전략을 펼쳐야 한다.

차별화전략의 사례는 '서울우유'의 제조일자 표시, 페트병 무게를 줄인 코카콜라 생수 '순수', 코스트코의 엄청난 환불정책, Dell사의 고객과실도 보상해주는 서비스 등이 있다.

Chapter 04

상품관리는 단품관리에서 출발

소매경영에서 중요한 것이 바로 취급하고 있는 상품에 대한 관리이다. 제조업에서는 상품개발에 중점을 두는 반면 소매업은 상품구성을 우선시하는 경향이 많다. 이처럼 상품관리는 해당 업종의 성격과 유형에 적합하게 이루어져야 하며 오히려 마케팅전략인 가격, 유통, 판촉 등보다 중요하게 인식되는 경향이 있다.

1. 상품관리의 원칙

상품관리를 효과적으로 하기 위해서는 상품의 사이즈, 색, 용량 등으로 분류할 수 없는 데까지 분류하여 그 단위품목을 정하고, 단위품목별로 관리하는 방법인 개별 상품관리를 해야 한다. 즉 상품관리에서는 품목 하나하나의 움직임을 발주 단계에서부터 고객에게 판매될 때까지 파악하는 과정인 단품관리가 기본적인 범주의 원칙에 속한다.

2. 상품관리의 판매원칙

상품이 판매되는 경우 통상적으로는 단품으로 판매되므로 효율적인 재고관리 등을 위해서는 단품별로 움직임을 잘 알아야 한다. 단품관리의 중요한 점은 소비자의 니즈에 무한대로 접근하여 개별 상품 하나하나에 대한 상품정보를 신속히 파악하여 납품처나 본부에 신속하게 제공하는 것이다.

처음 소매점이 파악하는 개별 상품정보는 단순한 발주정보에 그칠 수 있다. 그러나 이것을 소비자욕구의 예측분석정보로 활용하고, 그렇게 분석한 정보를 기초로 판매력과 정보력을 얻을 수 있다.

또한 가격파괴 소매업태는 이러한 개별 상품정보의 가공을 통한 소비자의 선호상품관리에 의해서, 품절로 인한 기회비용의 발생을 억제하고 사양상품관리를 통한 재고비용을 감소시켜 EDLP를 실현하고 있는 것이다. POS 데이터를 활용하여 가설을 정하고, 이를 검증하는 작업을 통해 인기상품과 사양상품을 찾아내고, 이렇게 찾아낸 사양상품은 원칙적으로 구입하지 말고, 인기상품은 집중적인 재고관리로 품절을 막을 수 있는 것이다.

3. 상품관리의 진열원칙

상품진열의 목적은 손님이 쉽게 상품을 인지하고 그 상품을 사게 만드는 데 있다. 미국 할인점의 1위 업체인 월마트는 진열을 위해서 심리학자와 인류학자까지 동원하여 연구한다고 한다. 그만큼 진열이 판매에 중요한 역할을 한다.

따라서 상품진열은 고객들이 보기 쉽고 사기 쉽게 이루어져야 하고 다음과 같은 기본적인 원칙이 있다.

첫째, 주력상품은 잘 보이는 곳에 진열한다. 벽면이나 진열장을 이용할 경우 고객의 눈에 잘 띄는 곳에 상품을 진열하는 것이 기본이다. 특히 고객들이 쉽게 손을 내미는 매장 바닥으로부터 60~170cm 높이의 공간이 좋다. 특히 85~125cm를 '골든 스페이스'라 하여 가장 효과적인 진열 범위로 본다.

둘째, 관련상품은 함께 진열한다. 상하좌우로 서로 관련된 상품이 배치되어 있으면 고객들이 편리함을 느낄 수 있다. 이 외에도 이동공간을 넓혀 상품이 잘 보이도록 해야 하고, 상품의 브랜드와 가격이 잘 보이도록 해야 한다. 상품의 수량과 색상을 다양하게 진열하고, 회전율이 낮은 상품이나 고가품은 최소한의 양만 진열하는 것이 좋다. 무엇보다 고객이 원하는 상품을 쉽게 찾을 수 있도록 하는 것이 효과적이다. 이를 위해서는 용도별, 대상별, 색상별, 가격별로 상품을 분류해야 한다.

4. 백화점 단품관리 사례

수요가 탄력적인 상품이냐 비탄력적인 상품이냐에 따라 백화점의 세일품목이 달라지는데 이러한 수요의 탄력성은 진열방식에도 지대한 영향을 미친다.

보통 수요가 탄력적인 상품, 즉 가격에 민감한 상품일수록 더 가까운 곳에 진열하는 것이 일반적이다. 여성복 코너가 남성복 코너보다 아래층에 위치하는 것도 여성이 남성보다 가격에 민감하기 때문이고, 캐주얼 코너보다 정장 코너가 아래층에 위치하는 것도 캐주얼보다는 정장이 가격에 민감하기 때문이다.

또한 상품진열높이에 따라 진열상품이 다르다. 매장 바닥과의 접촉부분인 10cm '클리니스존(Cleaness Zone)'은 청결을 유지해야 하고, 80cm '디스카운트존(Discount Zone)'은 할인판매를 하는 상품이나 어린이용 상품, 캐릭터상품을 진열한다. 110cm '실버존(Silver Zone)'은 '골든존(Golden Zone)' 다음의 유효진열장소이다. '골든존(Golden Zone)'은 140cm로 가장 보기 쉽고 만지기 쉬운 주력 · 중점상품을 진열하는 곳이다. 160cm 이상인 '시존(See Zone)'은 고객의 눈을 머물게 하는 신상품, 육성상품, 구색상품을 진열한다. 160~180cm의 '스톡존(Stock Zone)'은 저빈도상품, 계절외상품, 기프트(Gift)상품의 진열에 적절하다.

Chapter 05

상품관리의 정보화

1. 상품관리시스템이란

기업활동에서 상품의 구입, 보유, 판매, 발송 등의 여러 원활한 활동을 하기 위해 상품의 흐름을 종합적으로 관리하는 시스템이다. 재고상품의 수량관리, 매상 및 지출입자금의 관리, 고객별 입금이나 출하의 관리 등이 그 주요사항이며, 컴퓨터화에 의한 사무처리비용의 절감을 지향하며, 또 상품이나 돈의 흐름에 관해서 파악한 정보를 경영전략에 이용하고 있다.

2. 상품관리시스템의 종류

2.1 POS시스템

소매점에서 매출이 발생한 시점에서 기계가 판독할 수 있는 형식으로 표현된 상품명이나 가격 등에 관한 데이터를 기계에 판독시켜 데이터처리를 수행하는 시스템이다. 보통 상품에 붙은 라벨(Label)의 판독기구와

금전등록기가 한몸으로 된 장치를 사용하여, 판독한 트랜잭션을 다른 데이터매체상에 기록하든가 데이터링크를 거쳐서 중앙측의 컴퓨터시스템에 전송하여 처리하는 방식을 취한다.

2.2 ABC 재고관리시스템

ABC관리모형이란 재고자산을 그 가치나 중요도에 따라 다음과 같은 몇 개의 그룹으로 분류한다.

- A그룹 : 가치는 높지만 사용량은 적은 품목으로 재고자산은 매우 높은 수준의 주의를 기울여 신중하고 집중적인 재고관리를 실시한다.
- B그룹 : 가치와 사용량이 중간인 품목으로 재고자산은 보통 수준의 주의를 기울여 재고관리를 수행한다.
- C그룹 : 가치는 낮지만 사용량이 많은 품목으로 재고자산은 단순하고 간단한 수준의 재고관리를 실시한다.

2.3 적시재고시스템(JIT)

적시재고시스템(Just-In-Time Inventory System)이란 필요한 원재료와 부품 및 제품을 적시에 적량조달하여 생산함으로써 재고를 최소한으로 줄이고 작업자의 능률을 최대로 발휘하게 하는 생산 또는 재고관리시스템이다.

2.4 RFID(Radio Frequency Identification)

IC칩과 무선을 통해 식품·동물·사물 등 다양한 개체의 정보를 관리할 수 있는 인식기술을 지칭한다. '전자태그' 혹은 '스마트태그', '전자라벨', '무선식별' 등으로 불린다. 이를 기업의 제품에 활용할 경우 생산에서 판매에 이르는 전 과정의 정보를 초소형 칩(IC칩)에 내장시켜 이를 무선주파수로 추적할 수 있다.

2.5 CM(Category Management)

상품군관리를 뜻하며, 소비자욕구를 충족시키기 위해 상호 대체할 수 있다고 뚜렷이 확인되는 상품 및 서비스를 한 그룹으로 묶어 관리하는 기법이다. 소비자 수요창출과 판매 · 마케팅활동을 효율적으로 추진하고자 하는 공급망관리(SCM)의 수요 측면 응용기술의 하나이다.

Part 13

진열관리

고객을 사로잡는 **머천다이징**

Chapter
01

진열의 의의

1. 디스플레이와 진열

디스플레이(Display)를 단순하게 보면 진열이라고 할 수 있겠지만 디스플레이는 특정 계획과 목적에 따라 상품을 전시하는 기술이고 진열은 상품을 여러 사람에게 보이기 위해서 벌여 놓은 상태를 말한다.

1.1 디스플레이와 진열의 처리

| 표 13-1 | 요소별 디스플레이와 진열

요소	디스플레이(VP/PP)	진열(IP)
상품	어떻게 보이느냐가 중요	보이는가 안 보이는가가 중요
방법	상품을 표현적으로 보여줌	상품을 설명적으로 보여줌
소구	• 감성에 호소 • 상품용도가 소구의 중심점	• 이성에 호소 • 상품 자체가 소구의 중심점
비용	비용/효과 중시	작업 코스트 중시
표현	기술과 감성 중시	기능과 작업성 중시
내용	전문적/기술적	관리적/직업적
주의점	구도/구성이 요점	정리/정돈이 요점

1.2 머천다이징 프레젠테이션(Merchandising Presentation : MP)

그림 13-1 | VP/PP/IP의 개념과 역할

VP		PP		IP
Visual Presentation		Point of Presentation		Item Presentation
연출과 테마의 종합표현으로 점포와 상품 이미지를 높인다(보여주는 기능)	+	분류된 상품의 판매포인트를 보여준다(판매유도)	+	개개의 상품을 분류 · 정리하여 보기 쉽고 고르기 쉽게 진열한다(판매)

2. 진열은 판매의지의 표현

2.1 진열의 방법

그림 13-2 | 진열방법의 변화

현재의 진열방식		앞으로의 진열방식
• 무너지지 않는(안전성 강조) • 손에 잡기 쉽고 • 고르기 쉽고 • 비교하기 쉬운 • 상품지식을 얻을 수 있는 • 느낌이 좋은 • 생산성이 좋은 • 가격에 호소	→	• 이익을 생각하고 • 즐거움이 있는 • 맛과 질을 알 수 있는 • 냄새를 알 수 있어야 하는 • 듣고 볼 수 있는 • 상품이 움직여야 하는 • 계절감이 명확하게 표현되는 • 진열에 설득력이 있어야 하는

2.2 진열의 요소

그림 13-3 | 진열의 5가지 요소

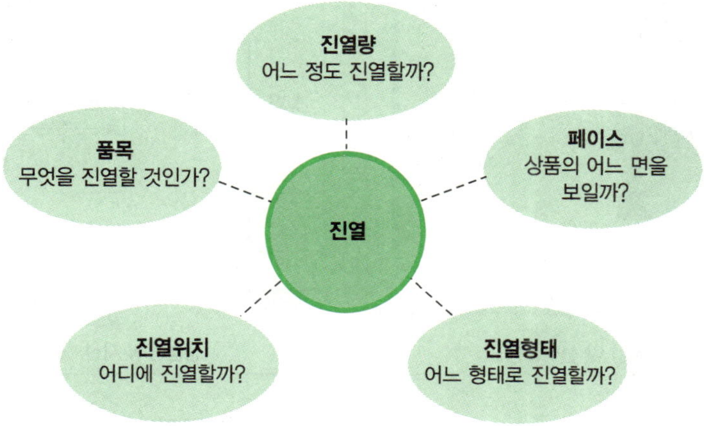

3. 동선과 진열

3.1 고객동선에 따른 평대 위치의 영향

고객동선을 고려한 진열은 매출증감에 많은 영향을 미칠 수 있다. 특히 평대 진열을 위한 평대의 위치는 고객동선에 따라 매출이 달라질 수 있기 때문에 우위 위치와 열위 위치가 있다.

3.2 쇼케이스상품

쇼케이스(Showcase)는 '유리진열장', '전시하다', '소개하다' 등의 의미가 있으며 쇼케이스상품은 쇼케이스에 진열되는 상품을 말한다.

그림 13-4 | 쇼케이스 상품탐색

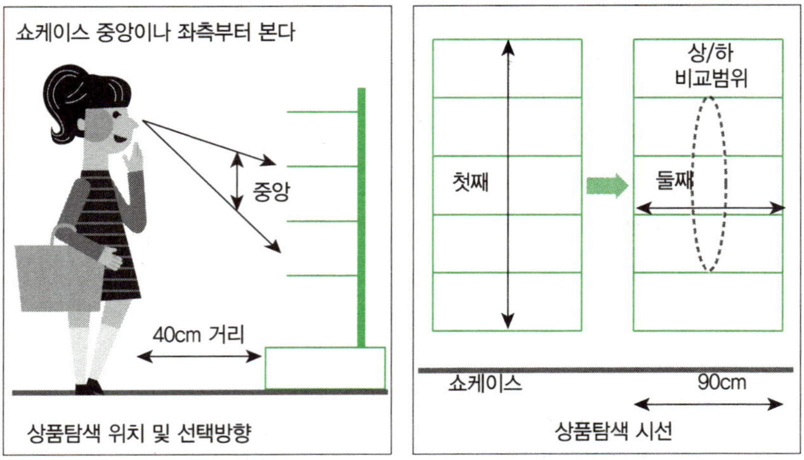

3.3 통로폭과 골든존

통로폭은 고객이 쇼핑하는 길이다. 골든존은 소비자의 시각을 제일 많이 흡입하는 공간으로 통로폭의 영향을 받을 수 있다.

그림 13-5 | 통로폭과 골든존

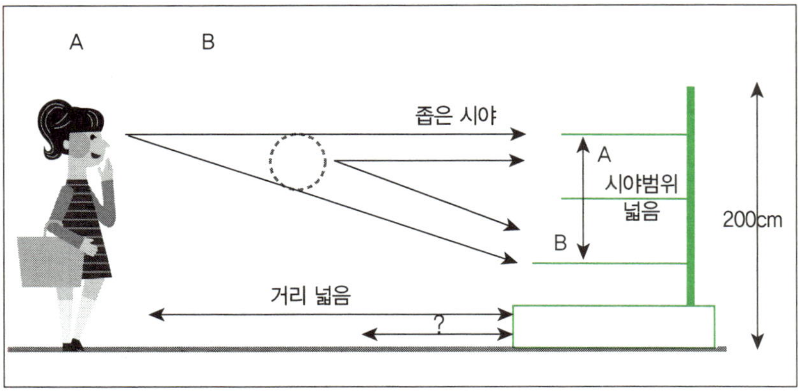

4. 진열의 기초지식

4.1 메인 페이스(Main Face)

모든 상품은 얼굴을 가지고 있다. 즉 상품에는 상표가 붙어 있는 얼굴이 있다. 상품은 소비자에게 정면(Main Face)으로 향하도록 진열한다.

4.2 페이스수

페이스는 가로수를 가리킨다. 어느 상품을 가로로 몇 개 진열하는가를 페이스라고 한다. 그 진열량 모두를 페이스수, 혹은 페이싱(Facing)이라고 부른다. 즉 깊이의 진열이 아닌 넓이의 진열을 말한다. 같은 선반 위에 몇 단을 쌓아 올리는 것은 페이스수와 관계가 없다.

4.3 페이스 탄성치

페이스 증가는 판매량 증가를 가져온다. 페이스효과란 페이스의 증감이 판매량에 미치는 효과를 말한다.

그림 13-6 | 페이스효과

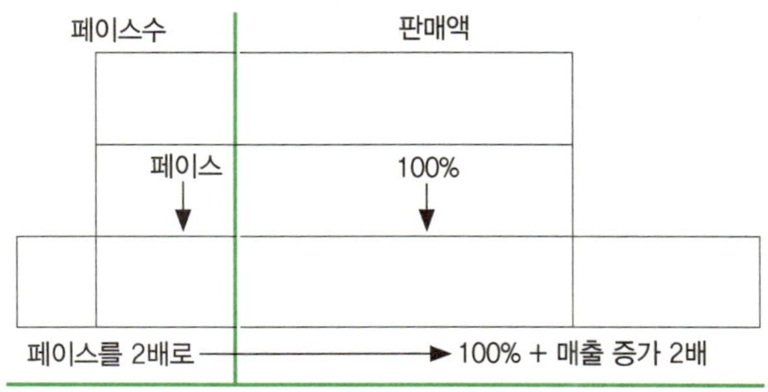

4.4 상품력과 페이스효과

팔리는 만큼의 페이스수 진열원칙에 입각하여 잘 팔리는 고회전상품의 페이스를 확대 진열하는 것이 매장 전체의 판매를 증가시킨다.

그림 13-7 | 페이스효과 체감 법칙

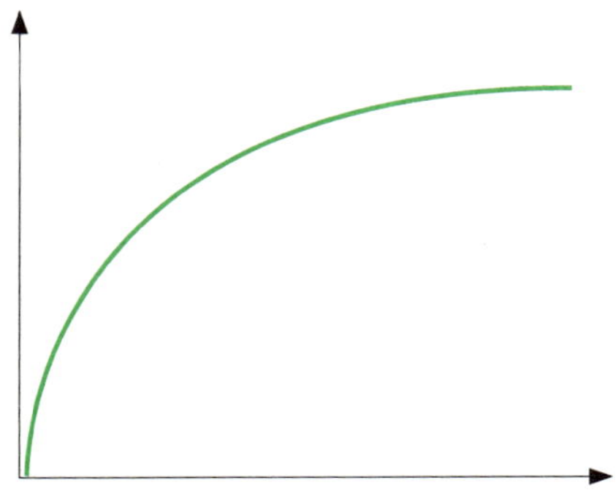

4.5 구성계획 순서

그루핑(Grouping)이란 각 상품의 묶음(부문화)을 말한다. 공통점이 있는 품목끼리 모아 관련상품끼리 묶는다. 고객 입장에서 상품탐색기준과 선택기준을 생각해서 행한다.

조닝(Zoning)이란 각 묶음(그룹)의 배치를 말한다. 그룹단위 매출구성비, 그룹 간 연관(용도별)을 생각해서 각 부문을 어디에 배치할 것인가를 정하고 각 부문에 어떻게 스페이스를 할당할지 정한다.

페이싱이란 페이스수와 진열위치의 결정을 말한다. 매출구성비, 이익구성비에서 진열 스페이스 배분, 진열 위치 등을 결정한다.

4.6 페이싱(페이스수와 진열 위치)

그림 13-8 | 페이싱

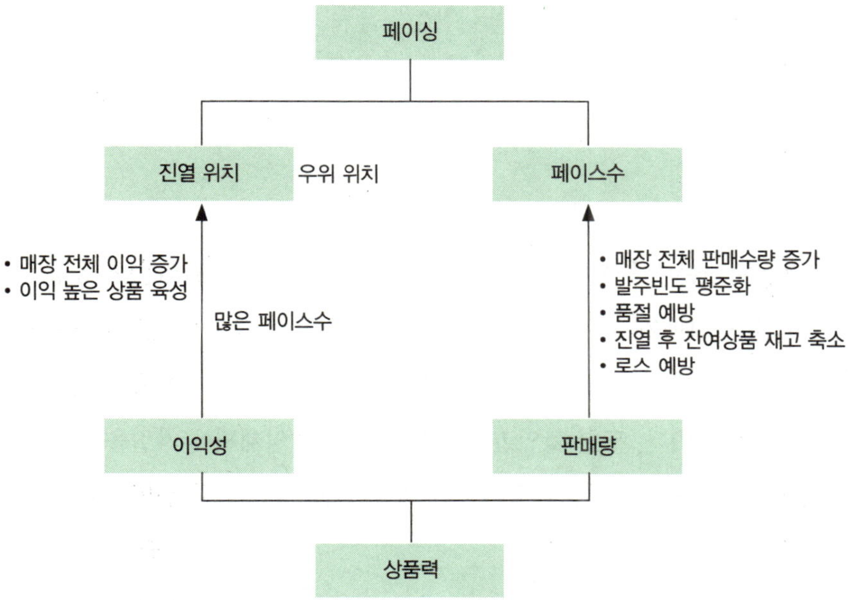

4.7 부문화(Grouping)

표 13-2 | 부문화의 기준

고객이 상품을 선택하는 기준으로 구분	작업효율성 기준으로 구분
• 같은 종류 상품끼리(찰/완숙/방울토마토) • 구매동기 측면에서(수험생용품, 유아용품) • 상품보관을 위한 진열 설비에 따라(냉장, 냉동) • 고객층에 따라(연령, 성별, 사이즈, 가격대) • 계절에 따라(하절기용품, 추석맞이용품) • 용도에 따라(김치 재료, 나들이용품) • 소재에 따라(병류 상품, 미니드링크상품)	• 품종 • 포장형태 • 가격 • 등급 • 상품가치

4.8 부문화된 상품군의 배치(Zoning)

조닝이란 그룹단위 상품판매와 관련이 되는 상품그룹을 연관하여 배치하는 것이다.

5. 품목관리

품목관리는 부동상품 퇴치에서 시작한다. 매장에 안 팔리는 부동상품이 많다면 판매가 부진한 점포가 된다. 부동상품이 많아진다면 신상품이 들어오기 어렵다. 진열장소 부족, 자금운영 어려움, 창고 부족현상이 나타나기 때문이다. 또한 할인판매 등으로 당초 이익계획에 차질을 일으켜 라벨의 변색 · 훼손으로 제품가치가 하락하게 된다. 또한 불필요한 노동력이 투입된다.

5.1 ABC분석과 구색갖춤

ABC분석은 무엇을 어떻게 갖추고, 진열량을 어떻게 결정하고, 보충진열은 어떠한 방법으로 하며, 발주관리는 어떻게 할 것인가 등과 관련하여 분석을 실시하는 것이다.

그림 13-9 | ABC분석

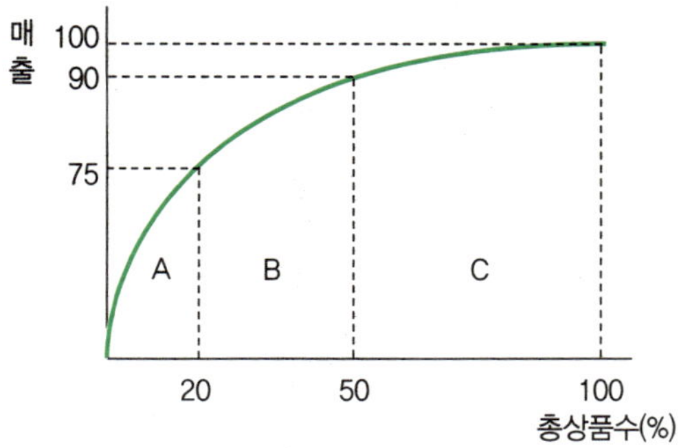

5.2 ABC분석과 상품 줄이기

상품공급을 중지해도 수요를 대체할 수 있는 다른 상품이 있어야 하는데 전체상품을 대상으로 ABC분석을 하는 것이 아니라 고객의 선택대상이 되는 소부문을 ABC분석하는 것이 필요하다.

5.3 ABC분석의 종류

- 판매금액 ABC분석을 한다.
- 판매수량 ABC분석을 한다.
- 순이익 ABC분석을 한다.
- 경합점이나 경쟁점 매장의 매출을 체크한다.
- 상품판매동향이 상향인지 하향인지 체크한다(계절적 요인 등 파악).

5.4 대체상품 체크포인트

그림 13-10 | 대체상품 검토요소

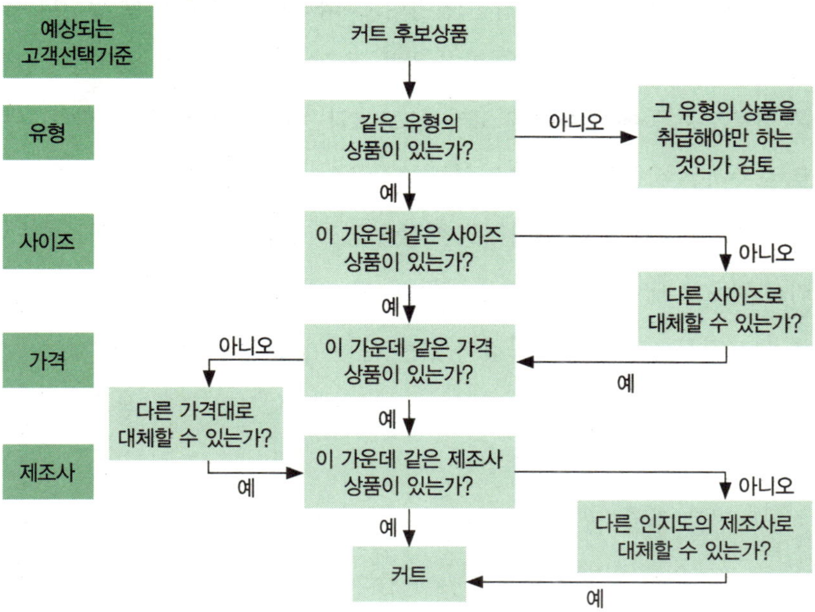

6. 진열의 종류

수직 진열이란 매대 내에서 동일품종상품을 세로로 진열하는 방법이다. 수직 진열의 장점으로는 고객에게 균등히 볼 기회를 제공할 수 있고, 고객 시선의 흐름을 수직화하여 상품부문을 효과적으로 보이게 하며, 고객 눈에 띄기 쉽다. 또한 시선이 상하로만 움직여도 상품찾기가 쉽다는 것이 장점이다.

수평 진열이란 수직 진열이 갖고 있는 대부분의 장점을 단점으로 갖고 있어 좋은 진열방법이라 할 수 없다. 소분류상품 내에 극히 강한 자석부문(power group)이 있고 각 부문의 회전율이 차이가 있는 경우 수평 진열이 유리하다.

샌드위치 진열이란 진열대 내에서 잘 팔리는 상품 곁에 이익은 높으나 잘 팔리지 않는 상품을 진열해서 고객 눈에 잘 띄게 하여 판매를 촉진하는 진열이다. 특징은 무형의 광고효과, 진열대 내의 사각공간(죽은 공간)을 무력화, 효율 높은 진열방법이라고 할 수 있다.

라이트 업(Right Up) 진열은 한마디로 '좌측보다 우측이 잘 팔린다'이다. 사람의 시선은 상품명을 읽기 위해 좌측에서 우측으로 움직인다. 같은 상품부문 중에서 우측에 고가격, 고이익, 대용량상품을 진열한다. 새로 보충하는 상품은 좌측에 진열하며 상품의 선입선출작업에 이용한다.

전진 입체 진열이란 매력적인 매장을 만들기 위해 적은 수량의 상품이라도 앞으로 내어 쌓는 진열을 말한다. 가능한 한 진열 선반 앞에까지 상품을 전진시키고 위에도 공간이 있는 한 쌓아 올린다. 적은 양의 상품을 갖고도 풍부한 진열감을 연출할 수 있다. 제조일자가 빠른 상품과 오래된 상품은 앞으로 내어 진열한다.

곡면전고 진열이란 벌크 매대의 효과적인 진열방법으로 완만한 곡면의 산 모양의 진열방식이다. 특징으로는 양감 있는 진열방식이라는 것,

고객이 접하는 부분을 완만한 고면으로 만들며 진열 시 선입선출에 유의해야 한다는 점을 들 수 있다.

컬러 컨트롤(Color Control) 진열이란 상품의 색채 특성을 파악하여 효과적으로 운용하는 것을 말한다. 색채 배열 순서는 밝은 색 → 어두운 색, 맑은 색 → 탁한 색, 옅은 색 → 짙은 색으로 배열하면 좋고 배열 방향은 왼쪽 → 오른쪽, 앞 → 뒤, 위 → 아래로 하는 것이 효과적이다.

컬러 컨드롤 진열의 주의사항은 진열상품의 주력색을 정하고 진열상품의 양, 위치, 형태를 파악해야 한다는 것이다. 주위의 색환경을 고려하며(유행컬러 참조) 색상, 채도, 명도관계를 고려한다. 또 조명을 활용하도록 한다.

사이드 진열이란 엔드(End) 좌측 또는 우측에 밀착시켜 돌출하는 진열기법이다. 주력상품과 직·간접으로 관련된 상품을 추가로 '갖다 붙이는' 진열방식이다.

사이드(Side) 진열의 주의사항은 통로가 넓어야 하고 병목현상을 피해야 한다는 점이다. 철수 및 이동이 용이하도록 바퀴 달린 캐리어를 이용하여 박스상품을 커팅 진열하거나, 점블 바스켓(Jumble Basket) 진열대를 사용한다. 또한 어떤 경우에도 맨바닥에 상품을 놓지 않는다.

평대 진열이란 선반(Shelf) 진열과 달리 사방에서 상품에 접근이 용이한 진열방법이다. 주로 청과, 야채 등 생식품 행사용 진열대로 활용되어 왔으며 최근 공산품 가운데 행사상품이나 기획상품 진열에도 적극 활용된다. 주의사항으로는 통로가 넓어야 하며 재고관리에 주의하여 보조구 활용 및 양감 진열을 한다. 단점으로 공간 로스가 문제이고 하단부분의 효율을 높이기 위해 홈을 파서 다단식 선반 처리를 해 평대 진열상품과 연관 진열한다.

트레이팩(Tray Pack) 진열이란 평대 진열과 유사하나 하단 부분을 팰릿(Pallet) 또는 받침대(깔판)만 처리하고 진열상품의 박스 하단부분을 트레이 형태로 커트해 박스째 쌓아올린다. 주로 할인점이나 슈퍼마켓 매장에서 대량으로 상품을 쌓아 진열하며 통로폭이 확보된 매장에서 유용하다.

슬롯 변환(Slot Converter) 진열이란 곤돌라(Gondola) 선반 일부를 떼어 내어 세로로 긴 공간을 만들어 그곳에 박스 커팅 등 대량 진열을 하는 방법이다. 곤돌라가 직선 진열로 지루함을 주기 때문에 단조로움을 방지하고자 실시하는 변화 진열의 일종으로 엔드효과와 유사한 매력을 갖고 있다.

돌출 진열이란 본 매대 전면에 튀어나오게 하는 진열로 일반 진열보다 확장되고 양감 있는 느낌을 주며 보조기구가 필요하다. 주의사항은 통로가 넓어야 하며 상품 자체의 매출에 도움이 되지만 그 돌출로 인한 사각지대 발생으로 눈에 보이지 않는 손실이 크다는 것이다. 고객동선 장애에 의한 고객통행이 불편하므로 특별한 경우 이외에는 금지하며 본 매대와 일체감이 있게 한다.

후크(Hook) 진열이란 선반을 이용하지 않고 후크를 이용하여 진열하는 방식이다. 후크에 걸어야 하기 때문에 구멍이 있는 상품만이 가능하며 상품이 잘 보이는 장점이 있다. 주의사항은 후크 진열대 최상단 선반을 떼지 말고 관련 진열을 해야 한다는 점이다. 진열상품 아래 낱개로 흩트려서 하는 진열은 금물이다. 후크에 스토퍼(Stopper)를 부착하며 프라이스(Price)카드를 100% 부착한다. 후크 곤돌라는 4대(폭 90cm×4) 정도가 연속될 때 상품력이 가장 뛰어나다.

엔드 진열이란 평대 양 끝에 있는 진열대를 뜻하며 양감 있게 진열한다는 특징이 있으며, [그림 13-11]과 같은 기능 · 효과가 있다.

그림 13-11 | 엔드 진열의 기능 및 효과

효과와 기능	5가지 포인트	기대효과
• 유도기능 (Magent효과) • 소구기능 (커뮤니케이션) • 판매기능 – 양판효과 – 판매증대	• 양감(박력) • 계절감 • 소구력 • 이미지 (우수한 품질, 저렴함) • 설득력	• 집객력 증대 (충동구매나 정리구매) • 판촉수단 연계 (매출 증가) • 신상품소개, 도입 시 효과적 (신상품코너 운용함) • 계절, 유행에 맞는 판촉 (계절감, 생활제안 소구) • 관련 진열, 테마 진열 • 이미지 향상 기능

엔드 진열방식은 단품 진열, 다품 진열, 관련 진열의 세 가지로 분류된다. 단품 진열은 신상품, 기획상품 등 특정 브랜드 판매를 극대화시키기에 적당하다. 다품 진열은 생활제안, 메뉴제안, 시즌상품 등 명확한 테마를 갖고 엔드에 연출하는 효과적인 진열방법이다. 관련 진열은 상품력이 높은 주력품목의 진열 페이싱을 확보한 후 그에 관련된 보조상품을 일정 비율로 추가구성하여 연출하는 방법이다.

기타 진열방법으로는 다단 셀프 진열과 코너 진열이 있다. 다단 셀프 진열은 선반을 이용하는 방식으로 편의점 쇼케이스에서 흔히 볼 수 있다. 코너 진열기법은 고객이 쇼핑을 할 때 코너를 피하려는 경향이 있어 곡선으로 회전하려 한다. 때문에 자석상품(Power Category)을 배치한다. 통로 양면을 보게 만드는 기법은 자석상품을 양편 진열대와 엇갈리게 배치하여 양쪽 진열대를 번갈아 보면서 걷도록 한다. 매장 처음 진열대에 자석상품을 배치하는 기법은 매장에 방문한 후 최고 진열상품은 그냥 지나치기 쉽기 때문에 자석상품을 배치한다.

이익을 만드는 진열기술은 다음과 같다.

• 품절을 메꾸어서는 안 된다. 품절을 메꾸어 놓을 경우 구색이 빈약한 매장으로 보이고, 발주하는 것을 잊어버리기 쉽다. 이 기술의 장

점은 평상시 그 상품의 판매상태를 알 수 있으며, 점포 측은 발주를 정확히 할 수 있다. 또한 페이싱을 유지할 수 있다.

- 선입선출을 생활화한다. 매대에 진열된 상품이 누적되어 상품선도가 저하되는 것을 예방할 수 있다.
- 곤돌라 등판이나 선반의 밑판을 보여서는 안 된다. 밑판이 보일 경우 진열상태가 엉망으로 보이고 물량감이 없어진다. 또한 상품높이에 맞게 선반을 맞추고 가득한 상품으로 선반을 채운다.
- 진열정리작업이 중요하다. 보충 진열작업을 철저히 한다. 전진 진열은 보충 진열작업과 별도로 시간을 정하여 시행한다. 상태점검지침을 살펴보면, 흐트러져 있거나 무너져 있으면 바로 고치고, 전진이 안 되어 있으면 전진시키고, 상품얼굴이 정확하게 정면을 향하도록 하고, 상품선도를 본다(라벨상태, 가격표 선명도, 상품훼손상태, 유통기한 등).
- 직선을 무너트리지 않는다. 밑면이 1cm라도 나오면 고객은 진열대를 피해 간다. 판매량을 늘리기 위해서는 밑면과 직선을 이루어 진열한다.
- 같은 품종상품은 함께 진열한다. 토마토는 토마토끼리, 고추 종류는 고추 종류끼리 등, 같은 품종끼리 진열하고 진열된 품종과 관련된 상품을 진열하면 객단가를 상승시킨다. 이것이 연관 진열의 원칙이다.
- 무너질 것 같은 진열은 하지 않는다. 보기 좋게 진열하였다 하여도 만지면 무너질 것 같은 진열은 좋은 진열이라고 보기 어렵다. '만지기 쉽게 진열하는 것'은 진열방법 중 아주 중요한 기본요소이다.
- 바닥에 가까운 진열은 위에서 내려다볼 수밖에 없다. 고객의 시선방향은 위쪽(세로 방향)을 먼저 보게 되기 때문에 곤돌라의 밑면은 내려다볼 수밖에 없다. 상품을 비스듬히 옆으로 눕혀서 얼굴을 보게

한다든가 하는 연구가 필요하다.

- 소재별 진열을 무시하지 말라. 용도별로 진열 시 상대적으로 가격차가 크게 발생할 경우에는 소재별로 진열하는 것이 효과적이다.
- 속이 보이는 진열은 하지 않는다. 봉지로 포장된 상품을 세워서 진열한다면 한쪽으로 기울어져 버리고 빈 공백이 생겨 고객들로 하여금 불쾌감을 준다. 이런 경우 눕혀서 진열한다.
- 계산대 엔드는 반복한다. 계산대 앞에 놓인 작은 엔드 진열대의 상품은 서로 엇갈리게 반복해서 진열하는 것이 좋다. 계산대 엔드 진열은 지금까지의 이야기처럼 모아서 진열한다거나 소재별 진열을 하지 않아도 좋다.
- 상품에 용도와 설명서를 붙인다. 조리방법 등을 고객들이 알기 쉽도록 사용설명서를 게시한다.
- 진열집기는 항상 청결을 유지한다. 정결한 매장의 이미지를 위해서는 항상 진열대의 먼지를 제거해야 한다.

신선식품의 진열원칙은 다음과 같다.

- 진열량 최소화원칙에 따라 소량 · 다빈도 진열을 한다.
- 선도 열화가 심한 엽채류 등은 아침부터 전량 진열하는 것은 피한다.
- 물량감 표현을 위하여 산더미처럼 상품을 쌓아 올리지 않는다(상품의 선도관리가 어려워짐).
- 더미(Dummy)를 활용하여 실제 진열량은 최소화하고 고객에게 풍성한 물량감을 나타낸다.
- 디바이더, POP, 프라이스카드에 의해 진열 위치를 유지한다.
- 진열 매대 바닥이 보여서는 안 된다(물량감 부족).
- 위험한 진열을 하지 않는다(고르기 쉽게 안전한 진열).

이익을 만드는 진열기술은 단품마다 판매수량을 파악하여 곤돌라 진열 시 좌우관계를 결정하고 단품마다 연간 평균판매액을 파악하여 곤돌라 진열 시 상위 위치를 결정한다.

그림 13-12 | 이익을 만드는 진열기술

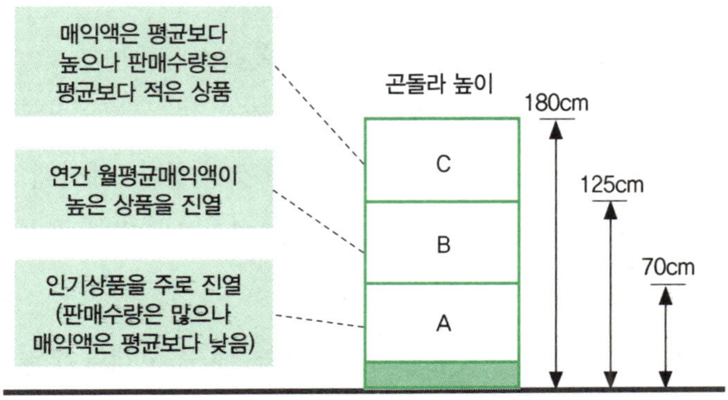

Chapter

02

상품진열과 매출의 상관관계

1. 상품진열의 위치와 매출의 상관관계

우리가 쉽게 찾아가서 쇼핑을 즐기는 백화점과 매장의 상품진열은 그들만의 법칙과 목적성이 있다. 에스컬레이터를 타고 위층으로 이동하기 위해서 층을 바꿀 때마다 어김없이 보이는 것은 상품의 기획판매 코너이다. 이것은 고객들이 다른 층으로 이동하기 전에 그들의 발목을 잡을 수 있는 강력한 미끼이기도 하다.

실제로 통로 정면을 매력적으로 보이기 위해서 백화점과 대형마트는 많은 노력을 기울이고 있다. 매력적인 통로 정면은 고객의 동선을 연장시키는 효과가 있기 때문이다. 진열대 하단은 항상 폭을 넓혀 풍성한 느낌을 주도록 연출하고 있으나 정작 잘나가는 상품을 하단에 진열하지는 않는다. 대부분의 고객들은 서서 쇼핑을 하기 때문에 고객의 눈과 어깨 높이에 맞춘 상단에 판매우선순위가 높은 상품을 진열하고 있다.

상품진열의 분류를 보면, 구매가능성이 높은 주력상품은 매장의 주통로, 주력상품을 보조하며 꾸준한 매출을 보이는 베이직한 준주력상품은 매장의 부통로, 지명구매율이 높아 안정적으로 팔리는 부속상품은 계산대 또는 사각지대에 진열하는 것이 효과적이다. 이러한 계획하에 이루어진 상품진열은 매출에도 상당한 영향을 미치고 있다.

또 소비자의 발길과 시선이 가장 잘 닫는 골든존도 적극 활용된다. 쇼핑객의 시선과 동선은 오른쪽 방향을 향하기 때문에 입구에서 계산대에 이르는 주요 동선을 따라가면서 오른쪽으로 주요 코너가 들어선다. 진열대의 경우 고가상품부터 눈에 띄는 경우가 많다. 고객들은 비싼 상품을 먼저 보게 되면 나중에 본 것이 상대적으로 저렴하게 느껴지기 때문에 가격에 대한 심리적 저항이 줄어든다는 점을 활용한 진열전략이다. 이러한 상품진열전략은 대형마트에서 매출 상승과 수익률 상승을 이뤄내고 있다.

그리고 연관상품의 효과적인 진열도 중요하다. 이른바 짝퉁상품 마케팅이라고 불리는 이것은 상품판매에서 짝을 이루거나 소비를 할 때 서로 관련이 있는 상품을 묶어 함께 진열 · 판매하는 방식이다. 유통업체들은 연관상품을 가까이 진열하여 매출에 큰 도움을 받고 있다. 연관상품 매장으로는 백화점의 1층 잡화에 있던 남성구두가 신사복 매장으로 옮긴 것이 대표적이다. 신사정장 매장에는 넥타이, 가방, 셔츠 등 코디상품도 함께 진열되고 있다. 이것은 비의류상품 매출이 증가하는 효과를 가져왔고 덩달아 의류상품의 매출도 증가하고 있다.

대표적인 연관상품으로는 샐러드 야채와 드레싱소스, 무 · 배추와 고춧가루, 오이 · 감자와 야채칼, 생닭과 수삼 · 황기, 생선회와 소주, 골뱅이와 소면, 멸치와 국물용 망 등을 들 수 있다. 최근에는 와인과 케이크도 같이 진열하고 있다. 베이커리 매장의 경우에는 풍선과 폭죽, 파티용 모자 등을 같이 진열하기도 한다. 효율적인 상품진열은 곧 매출과 연결되므로 진열 자체가 유능한 판매직원이기도 하다. 또한 진열기술은 이미 어느 정도 구입할 의사를 가지고 매장을 방문한 고객에게 직접 접근하여 구매욕구를 자극하는 기술이므로 매우 효과적인 판촉기술이다.

2. 상품진열의 종류과 매출의 상관관계

대형마트에서는 매출기여도가 높은 상품을 파워상품으로 분류한다. 파워상품은 제품의 종류에 관계없이 전체 매출의 80%를 차지하고 있다. 20%에 해당되는 파워상품은 나머지 80%의 상품이 있어야만 효과를 발휘하기 때문에 하위 80%의 상품을 없애면 잘 팔리던 파워상품의 매출도 떨어질 수 있다.

온라인 유통에서도 비슷한 현상이 나타난다. 인터넷쇼핑몰에 등록된 상품들이 모두 잘 팔리는 것이 아니고 대략 20%의 상품만이 잘 팔리기 때문에 오프라인유통과 비슷하다고 할 수 있다. 인터넷쇼핑몰 고객은 조금만 실망해도 다른 쇼핑몰로 이동하기 때문에 고객의 신뢰를 얻는 것이 중요하다.

그러므로 방대한 상품을 보유한다는 사실 자체가 고객을 붙잡는 요인이 될 수 있다. 이것을 다시 생각해보면, 소비자는 단지 필요한 것을 구입하기 위해서 쇼핑하는 것이지만 새로운 상품을 구경하거나 이런저런 상품의 값을 알아보기 위해서도 쇼핑을 즐긴다는 것을 알 수 있다. 언제라도 원하는 상품을 구입할 수 있는 매장을 갖추고 있다면 고객들의 욕구를 충족시킬 수 있기 때문에 방문객은 늘어날 수 있다.

흔히 상품의 관점에서 효자상품과 들러리상품이 있다. 경우에 따라서는 파워상품이 들러리상품이 될 수 있고 들러리상품이 효자상품이 될 수도 있다. 소비자들은 시대 변화에 따라 구매성향의 변화를 보이기 때문에 이러한 현상이 나타나는 것이다. 그렇다고 해서 무작정 많은 상품을 진열할 수는 없다. 이런저런 조건을 고려해 적절한 종류의 들러리상품을 찾는 것이 MD의 중요한 능력이다.

3. 상품진열의 이미지와 매출의 상관관계

고객들과 접점이 형성되어 실제로 판매·구매행위가 발생되는 매장에서는 사소한 진열과 단순한 조명의 차이도 전체 매출의 양과 개별 상품별 매출에 영향을 주는 요소이다. 매장에서의 상품진열과 디스플레이도 결국은 무엇을 팔 것인가가 아니라 어떻게 팔 것인가로 귀결되는 것이다. 여기서는 상품 그 자체보다 인테리어나 조명 등을 통한 브랜드의 이미지 연출이 매출과 상관관계가 있다. 다시 말해 상품진열의 이미지는 단순히 매출 상승효과를 위한 도구라기보다는 브랜드 이미지를 소비자에게 가장 잘 어필시키는 역할을 해야 한다. 브랜드 이미지 연출과 매출은 밀접한 상관관계가 있기 때문이다.

판매하고자 하는 상품만을 진열해 놓는다고 해서 소비자의 구매로 바로 이어지는 것은 아니다. 속이 뻔히 보이는 매장진열은 소비자에게 부담을 안겨주고 상품에 대한 시선을 분산시킬 수 있다. 특히 패션상품 같은 경우에는 이러한 이미지 마케팅이 매출의 성패를 좌우할 수 있다. 상품의 특성이나 브랜드 이미지에 맞는 현명한 상품진열이 요구되는 것이다.

예를 들어 단골고객층이 감각화된 젊은 여성들이라면 디자인과 색감을 중심으로 분류를 하고 감각적인 디스플레이로 눈길을 사로잡아야 하며 고학력의 화이트칼라들이 고객층이라면 편안하고 빠르게 옷을 선택할 수 있도록 사이즈별, 가격대별로 분류하는 안정적인 디스플레이가 필요하다. 이것은 단기간에 매출을 올릴 수 있는 방법은 아니지만 장기적으로 고정고객을 확보하고 브랜드 이미지를 상승시켜 매출에 큰 도움이 된다.

또한 가장 쉽게 소비자들의 시선을 사로잡을 수 있는 것이 색이기 때문에 브랜드의 이미지에 어울리는 매장 인테리어의 색감에도 신경을 써야 하고 상품의 색상에도 주의를 기울여야 한다. 화려한 색깔과 달콤한

향으로 구매욕구를 자극하는 과일 매장의 경우 상품이 일단 풍성하게 보이도록 과일을 높이 쌓아두고 고객이 필요한 만큼 구입하도록 하는 벌크(Bulk)판매를 많이 하고 있다. 특히 식욕을 자극하고 기분을 좋게 하는 주황색 계열 과일인 귤, 오렌지, 한라봉 등을 매장 전면에 배치하는 것이 일반적이다. 이때 사이사이에 완전히 다른 종류의 과일을 진열하여 강렬한 색상 대비를 통해 소비자의 시선을 끌고 그것이 구매로 연결되기도 한다.

Chapter

03

진열 표준화방안

1. 진열 표준화의 개념

진열의 효율을 높이기 위해서는 상품구색 및 진열계획 수립, 진열도 작성 등을 일정한 툴(Tool)에 의거, 주기적으로 통합관리하는 것이 중요하다. 이에 따라 유통기업들은 시장경쟁력을 갖기 위해 진열 표준화시스템을 도입하고 있다. 예를 들어 롯데마트의 경우에는 SCM(Supply Chain Management)팀 내에 POG(Plan-O-Gram)파트에서 이 업무를 담당하고 있으며 정확한 진열지침과 표준진열관리를 통해 점포진열에 업무효율을 높이고 있다. 테스코는 SRD(Space Range Display)총괄부에서 본 업무를 맡고 있으며 전 점포 매대타입별로 표준진열관리를 실시하고 있다. 이마트는 판매본부 내 점포개선팀에서 이 업무를 맡고 있으며 현재 발주시스템과 연계하여 POG업무를 실시하고 있다.

2. POG의 정의와 구성요소

POG는 카테고리 및 SKU(Stock Keeping Unit)단위의 상품구색, 진열

계획 및 실행, 성과분석 및 평가 등을 지속적으로 수행하여 매대효율 최적화를 지원하는 의사결정 프로세스이다. 이것은 카테고리 간 효율분석을 통한 레이아웃 구성 및 진열면적을 할당하고 카테고리별, 점포별 SKU 구색관리와 표준진열대장을 작성한다. 그리고 작성된 POG에 따라 상품진열, 분석, 평가, 피드백하는 정기적인 진열 프로세스로 이루어진다.

POG의 구성요소는 상품구색, POG단위, 클러스터(Cluster), POG레이아웃으로 이루어져 있다. 이러한 구성요소를 통해 찾기 쉬운 매장, 팔림새에 의한 진열, 상품구색을 갖추어 매출 증대 및 결품 감소에 기여함을 목적으로 한다.

Chapter 04

매장 디스플레이 사례

1. 이마트 디스플레이

대형마트 3사의 매장 디스플레이 사례를 통해 최근의 변화를 살펴본다. 먼저 이마트의 디스플레이 사례이다.

진열 이미지	내용
	**매일매일 990원 채소** • 전략 – 매일매일 990원의 가격으로 소포장된 채소 판매 – 깨끗하게 손질된 채소와 깔끔한 포장 – 정확한 원산지 표기 • 진열상품 : 양파, 감자, 고추, 고구마, 콩나물, 마늘 등
	**쉽고 맛있는 캠핑** • 전략 – 자신의 행복을 위한 소비자들의 증가로 캠핑 열풍 → 캠핑족들을 위한 기획전 – 캠핑하면서 먹을 수 있는 다양한 식품을 한 공간에 배치 • 진열상품 : 주류, 라면, 레토르트식품, 과자

<table>
<tr><td></td><td>자연주의 친환경
• 전략
– 가격보다는 건강을 생각하는 소비자의 증가로 유기농식품에 대한 선호 증가 → 한코너를 모두 친환경식품들로 구성
– 소비자들이 한 공간에서 모든 친환경제품 쇼핑 가능
• 진열상품 : 친환경설탕, 친환경과자, 친환경통조림, 친환경조미식품, 친환경전통식품 등</td></tr>
<tr><td></td><td>피코크와 함께 떠나는 캠핑여행
• 전략
– 캠핑 갈 때 필요한 모든 용품을 한 공간에 모아 놓음
– 모든 상품들이 이마트 식품 브랜드인 피코크(Peacock)제품임
• 진열상품 : 텐트, 레토르트식품, 물, 음료, 과자 등</td></tr>
<tr><td></td><td>독특한 과자 진열
• 고객들이 쉽게 과자를 꺼낼 수 있도록 상자를 알맞게 뜯어 놓음
• 허니 열풍에 맞춰 허니관련 과자로 진열하여 사람들의 관심 유도
• 진열상품 : 허니버터 아몬드, 허니버터 마카다미아</td></tr>
<tr><td></td><td>맥주 진열
• 맥주 진열 내 바코드 인식 설명 디스플레이 설치
• 인기 맥주 순위, 추천 맥주, 맥주명을 검색(종류별 · 국가별)할 수 있음
• 처음 접하는 맥주에 대한 정보를 알 수 있음
• 다양한 맥주 중 자신에게 맞는 맥주 추천기능이 있어 쉽게 선택하지 못하는 고객들에게 유리함
• 자동 바코드 인식기능이 있어 손쉽게 사용이 가능</td></tr>
</table>

2. 롯데마트 디스플레이

다음은 롯데마트의 디스플레이 사례이다.

진열 이미지	내용
	Soy Food Zone • 전략 : 콩요리 재료를 한 코너에 모두 모아 진열하여 소비자들이 편리하게 선택할 수 있도록 유도, 여러 가지 상품을 가격비교할 수 있어 유리 • 진열상품 : 두부봉, 두부, 두부 스테이크, 순두부찌개 재료, 마파두부 재료, 나또 등
	World Beer • 세계 맥주를 한곳에 모아 진열 • 맥주 옆에 소시지(예 : 천하장사, 맥스봉, 키스틱)를 연관 진열하여 구매 유도 • 다양한 수입 맥주의 구색을 갖춰 소비자들에게 다양한 선택 유도
	와인 진열 • 와인병 모양으로 진열대를 제작하여 소비자들의 관심 유도 • 와인병 모양에 따라 둥글게 진열되어 있어 고객들이 지나가면서 꺼내기 쉬움 • 레드 · 화이트와인, 상그리아 등 색깔이 대비되는 와인들을 진열함으로써 고객의 시선을 유도
	미니 꿀호떡 진열 • 삼립빵 '허니 꿀호떡'을 큰 종이컵을 연상시키는 통에 넣어 진열하여 사람들의 관심 유도 • 1,000원이 아닌 990원으로 가격을 설정하여 소비자들에게 더 저렴한 제품 이미지 제공

	**기저귀 진열** • 아기 다리 모양의 투명 풍선 위에 실제 기저귀를 입혀 진열함으로써 소비자들에게 더 정확하게 제품에 대한 정보 제공 • 실제 펼쳐진 기저귀를 보여줌으로써 고객의 시선 유도 • 하트 모양의 POP카드로 귀여운 아이 이미지를 상상하게 함
	**요거트 진열** • 거대 DP를 진열대 위에 놓아 멀리서도 소비자들이 쉽게 보고 찾아올 수 있게 유도 • 롯데마트 PB상품을 둠으로써 자사제품 홍보도 가능 • 상품의 앞모습뿐 아니라 여러 좋은 성분이 나타나 있는 뒷모습도 정면에 제시함으로써 건강한 요거트라는 점을 강조

3. 홈플러스 디스플레이

다음은 홈플러스의 디스플레이 사례이다.

진열 이미지	내용
	**가공식품 진열** • 다양한 가공식품을 보기 좋고 찾기 쉽게 진열 • 바닥을 이용하여 소비자의 시선을 주목시키고 구매를 유도하는 POP
	**수입 열대과일 진열** • 수입 열대과일만을 모아 한곳에 진열하여 소비자의 편의를 도모 • 별도의 특색 있는 매대를 설치하여 분위기를 돋아주는 특징

전처리 채소 진열

- 소비자의 편의를 고려한 전처리 채소 진열
- 소량구매가 가능하도록 별도의 매대를 설치

14
Part

레이아웃관리

고객을 사로잡는 **머천다이징**

Chapter 01

스토리가 있는 레이아웃

1. 레이아웃이란

레이아웃이란 고객의 심리를 파악하고, 무의식적으로 점포 안을 자유롭게 많이 걷게 함으로써 보다 많은 상품을 보여주어 구매하도록 하는 기술로, 효율적인 매장구성이나 상품진열, 고객동선, 작업동작 등을 위한 일련의 배치작업을 말한다. 그 중 대표적인 레이아웃인 진열은 판매를 목적으로 적정량의 제품을 진열 매대에 보기 좋게, 만지기 쉽게, 선택하기 쉽게, 청결하게 함으로써 정리정돈하여 상품의 품질, 기능, 용도, 가격, 패키지 등 필요한 정보를 제공한다. 또한 소비자가 상품을 구매할 때 선택이나 결정을 도와주며, 더 나아가서 판매를 촉진시켜 주는 제안을 말한다.

2. 레이아웃의 목적

레이아웃은 고객동선을 길게 하고, 상품과 접하는 시간을 오래 유지하여 매출을 늘리기 위한 것으로 매우 중요하다.

매장의 레이아웃은 매장의 시설물, 상품의 판매 및 비판매영역 간의 부서와 통로 등의 공간을 효과적으로 배치하고 상품노출의 효율성을 극대화해 고객의 주목과 관심을 끌어 구매로 연결할 수 있도록 하는 환경과 편리를 제공해 매출을 증가시키고 매장유지의 경제성과 효율성을 높이는 것을 목적으로 한다.

예를 들면 고객의 이동을 편리하도록 하고 상품운반을 용이하게 하며 한눈에 전체 매장이 들어오도록 만들어야 한다. 결국 고객으로 하여금 구매를 촉진시키는 것이 중요한 과제이다. 또한 라이프스타일 등에 따른 상품결합이나 구매저항이 적은 합리적인 부문 배치를 통하여 시각적 어필을 함으로써 쇼핑의 만족도를 높여야 한다.

3. 진열의 목적

3.1 편리한 쇼핑 제공

고객이 무의식중에 갖고 있는 '업태별 구매제안시간(편의점은 5분, 드럭스토어는 10분, 슈퍼마켓은 30분 등)' 이내에 쇼핑을 마칠 수 있도록 해준다. 여유가 없는 사람이나 중 · 장년층에게는 찾기 쉬운 레이아웃이 보다 중요하다.

3.2 매출과 이익의 극대화

스토리가 있는 매장을 구성하면 고객의 잠재의식을 움직여 충동구매를 일으키고 매출과 이익을 높일 수 있다.

3.3 비용의 최소화

고객동선을 단축시켜 비용을 억제하고 도난로스 같은 상품로스를 방지할 수 있다. 이를 통해 더욱 판매를 잘할 수 있도록 하고, 좋은 점포 분위기를 연출하게 하며, 거래를 신속하게 할 수 있도록 한다. 또한 상품을 충분히 보호하고 충분한 정보를 확인할 수 있도록 한다.

Chapter 02

사기 쉽고 고르기 쉬운 레이아웃

1. 레이아웃의 설계

레이아웃을 정한 뒤 건물을 생각한다. 건물은 레이아웃을 비바람으로부터 보호하기 위해 있는 것이다. 레이아웃은 주, 건물은 종이다. 대부분의 점포경영자들은 건물이 세워진 뒤에야 레이아웃에 대해 생각한다. 그러나 어디까지나 레이아웃이 먼저 확정되어야 그에 적합한 건물을 건축할 수 있는 것이다.

더구나 레이아웃은 예상매출액에서 산출한 각 상품부문 스페이스를 합산해 설계하는 것인데, 건물을 세우고 나서 과연 이 점포에서 어느 정도 매출이 오를 것인가를 예상하는 것은 순서가 뒤바뀐 것이다. 레이아웃을 구성할 때 이미 예상매출 · 예상재고가 정해져야 하고, 이것에 의해 건물이 세워지지 않으면 안 된다. 레이아웃의 설계 시 고려해야 할 점은 다음과 같다.

첫째, 카테고리별로 나누어야 한다. 즉 같은 상품군별, 코너별 공간배분에 대한 계획을 한다.

둘째, 고객이 이동하는 동선을 예측하여 매장구성을 배치해야 한다.

즉 고객이 통로를 걸어다니며 상품을 사게 하기 위한 동선의 계획을 수립한다.

셋째, 진열공간 및 면적이 확정이 되면 진열 지도서를 먼저 작성하여 진열한다.

2. 레이아웃의 전개순서

2.1 점포 레이아웃

점포 콘셉트를 결정하는 단계이다. 점포를 경영해서 무엇을 실현시키려고 하는 것인가, 어느 대상고객에게 어떠한 상품을 제공할 것인가를 결정하고, 구체적인 점포의 모습을 정하는 일이다.

2.2 매장 레이아웃

각 층과 매장마다 매장의 용도 · 목적을 결정하고 실생활에서 어떤 장소인가를 고려한다. 각 매장별 방침에 의거해 '매장별 상품구성', '매장별 동선계획', '주통로 설정', '자석상품 배치'를 정한다.

2.3 부문 레이아웃

각 매장마다 특정 위치에 어떤 상품을 놓을 것인가를 정한다. 상품과 매장의 분류를 기초로 매장통로별 성격을 부여한다. 통로별 상품배치, 상품군별 통로 설정, 통로별 상품계획을 세밀히 해나간다.

2.4 곤돌라 레이아웃

부문 레이아웃에 의거해 어느 곤돌라, 어느 집기에 무엇을 놓는가를 결정한다. 생활용품이나 중점상품방침에 따라 부문별 품종의 배치, 곤돌라 내 위치 등을 정한다. 제3의 자석상품배치, 특화상품이나 용도, 식단 등을 호소하는 코너 만들기를 정한다. 곤돌라에 비교적 장기간 진열판매하는 '항시상품'은 상관없으나 엔드 진열대나 행사 매대에 단기간 진열판매하는 '임시상품'은 진열 위치를 고정시키지 말고, 수시로 이동이 가능한 엔드나 평대 등의 행사 진열대를 이용한다.

2.5 페이스 레이아웃

품목별 배치를 결정한다. 곤돌라별 상품구성을 갖게 하기 위해 단품마다 페이싱(Facing)을 결정해 나간다. 고객이 사기 쉽고, 비교하기 쉽고, 고르기 쉽도록 어느 위치에 무엇을 진열할 것인가, 어떤 상품과 어떤 상품을 연결하여 진열할 것인가 등을 각 단품마다 차례차례 정해 나간다. 또 단품별 판매실적에 의거해 재고관리방침과 적정진열량을 정한 후 진열 선반을 할당해 나간다.

Chapter
03

쉽게 체험할 수 있는 레이아웃

매장과 통로, 진열대 및 상품 등과 점포의 시설들이 적절한 연관성을 갖도록 배치하며 고객의 심리를 파악하고, 매장 모두를 연결해야 한다. 다음은 레이아웃의 원칙을 크게 매장 레이어드(Layered), 동선, 진열로 구분한 것이다.

1. 매장 레이어드의 원칙

첫째, 매장 내 입장을 최대한 쉽고 편리하게 한다. 드나드는 고객수를 충분하고 정확히 예상하여 입구의 폭을 충분히 확보한다. 매장 내 분위기와 상품이 잘 보일 수 있도록 하고 매장 내 조명 또한 충분히 밝게 하여 고객의 입장을 유도하는 방법이다.

둘째, 스스로 자연스럽게 돌아보게 한다. 주동선과 보조동선이 적절한 폭을 유지하여 동선이 꺾이는 곳이나 일정한 간격마다 볼거리를 연출하여 체류시간을 길게 함으로써 판매기회를 최대한 많이 늘리도록 한다.

셋째, 보기 쉽게 한다. 예를 들면 통로에서 볼 때 낮은 집기부터 높은 집기순으로 배치(3차원 효과)하여 고객들이 한눈에 여러 상품을 볼 수 있도록 환경을 조성해준다.

넷째, 만지기 쉽게 한다. 너무 깔끔하게 정리정돈되어 있으면 보기에는 좋지만 고객들이 만지기가 부담스러워 매장 깊숙이 들어가려 하지 않으므로 매장에 들어온 이상 보는 것도 중요한지만 만지고 체험할 수 있게 해주는 것도 중요하다.

다섯째, 상품분류를 명확히 한다. 레이아웃의 목적은 매장 내에서의 고객회유에 있으며 고객은 상품을 보면서 매장을 자연스럽게 돌게 되므로 상품의 배치에 있어 명확한 분류에 의해 그루핑(Grouping)배치가 요구된다.

2. 동선관리의 원칙

우선 여유 있는 동선을 확보하고, 생산성이 높도록 공간을 설계해야 하며, 고객이 점포에 머무르는 시간이 최대한 길어지도록 고객의 동선을 극대화해야 한다.

또한 고객의 동선과 종업원의 동선은 교차하는 지점이 가능한 적도록 구성해야 하고 동선은 가급적 보행거리가 짧도록 하는 것이 좋다. 더불어 상품이동동선은 고객동선과 교차하지 않도록 구성해야 한다.

3. 상품진열의 원칙

상품진열의 원칙은 첫째, 잘 팔리는 상품(주력상품)은 잘 보이는 곳에 진열해야 하고 너무 높거나 너무 낮은 곳에 진열하지 않으며 관련상품군은 함께 진열한다.

둘째, 이동공간을 넓혀 상품이 잘 보이도록 하고 여기에서 상품의 브랜드와 가격이 잘 보이도록 진열하는 것이 중요한 포인트이다.

셋째, 상품의 수량과 색상을 다양하게 진열하고 회전율이 낮은 상품, 고가품은 최소한의 양만 진열한다.

Chapter

04

반복구매가 쉬운 레이아웃의 유형

레이아웃의 유형은 쇼케이스, 진열대, 계산대, 곤돌라, 집기, 비품 등 진열기구가 직각상태인 격자형, 자유롭게 배치하는 자유형, 굴곡통로로 고리처럼 연결되어 점포 내부가 경주로처럼 뻗어나가는 루프형 등 크게 몇 가지 유형으로 나누어진다.

1. 격자형

설비나 통로를 반복적인 패턴의 사각형으로 배치하며, 진열 쇼케이스, 진열대, 계산대, 곤돌라 등 진열기구가 직각상태로 배치되어 있다. 고객의 동일제품에 대한 반복구매빈도가 높은 소매점, 즉 슈퍼마켓이나 디스카운트 스토어의 경우에 주로 쓰이는데, 여기서는 주통로와 직각으로 보조통로가 있으며 그 넓이는 똑같다.

비용이 적게 들며, 표준화된 집기배치가 가능해 고객이 익숙해지기 쉽다. 주로 슈퍼마켓, 드럭스토어, 버라이어티 스토어, 디스카운트 스토어, 하이퍼마켓, 슈퍼센터, 홈센터, 오피스디포, 스포츠타운 등에 이용된다.

그림 14-1 | 격자형

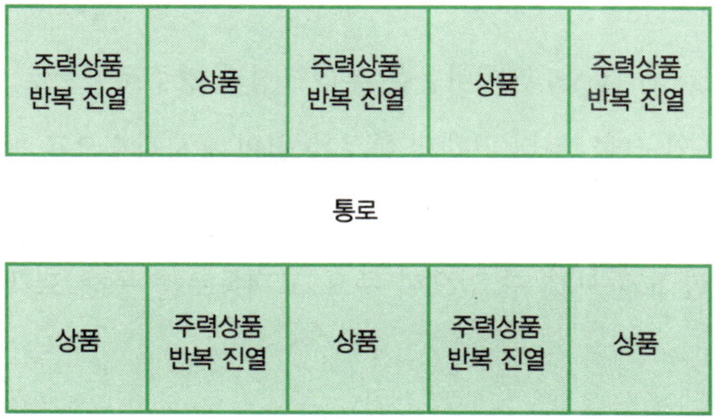

2. 자유형

진열 쇼케이스, 진열대, 계산대, 운반카, 집기, 비품이 자유롭게 배치된 것을 말한다. 고객이 자유로운 쇼핑과 충동적인 구매를 기대하는 매장에 적격인 점포배치이다. 패션지향적인 점포에서 많이 사용되는 유형으로 백화점이나 전문점에서 주로 쓰인다. 이는 사용하는 집기, 비품류의 대부분이 원형, U형, 아치형, 삼각형과 같은 불규칙한 형으로 배치한다.

그림 14-2 | 자유형

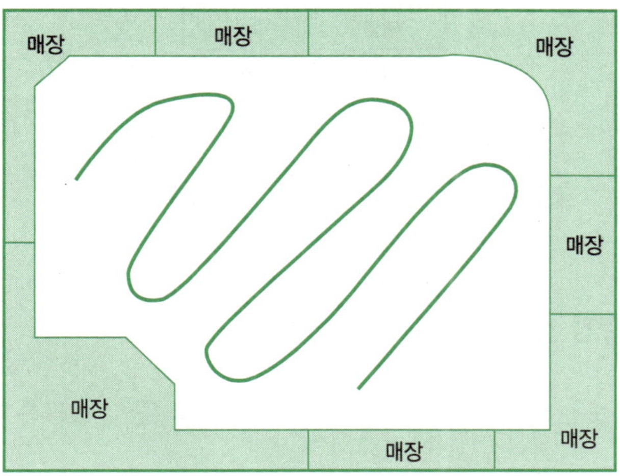

3. 루프형

루프형(Loop Type) 레이아웃은 부티크형과 경주로형으로 나눌 수 있다. 점포의 입구에서부터 고객의 통로를 원이나 사각형으로 배치하여 점포의 생산성을 극대화시키기 위한 레이아웃이다. 진열된 제품을 고객들에게 최대한 노출시킬 수 있으며 주요 고객통로를 통해 고객의 동선을 유도한다.

3.1 부티크형

부티크형 점포배치는 자유형 점포배치의 형태에서 나온 것이며, 백화점 내 소형 점포로서 주로 비싼 의류를 취급하는 선물점, 백화점 등에서 널리 이용된다. 주요 점포는 안쪽에, 특별 전시품목들을 통로 주변에 배치한다.

그림 14-3 | 부티크형

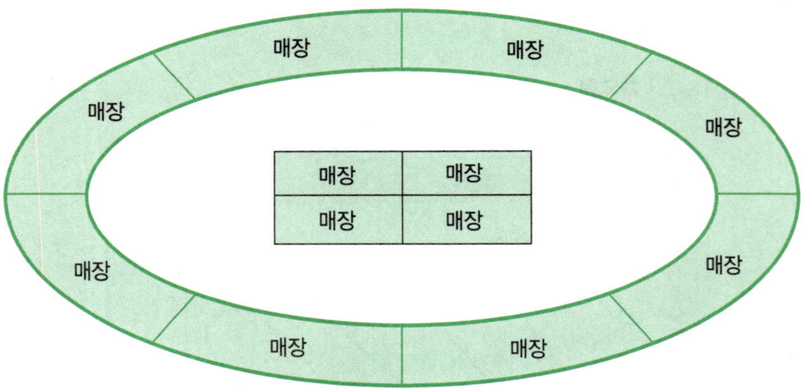

3.2 경주로형

주된 통로는 여러 소규모의 독립점포들을 둘러볼 수 있도록 매장 전체를 하나의 고리로 연결한다. 고객들이 여러 매장들을 손쉽게 둘러볼 수 있다.

그림 14-4 | 경주로형

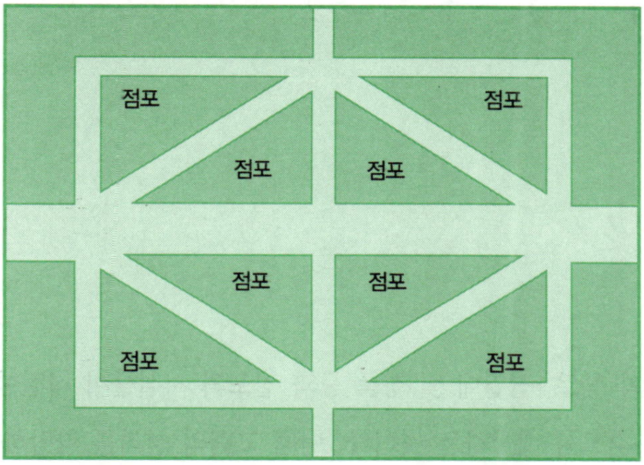

Chapter 05

편리한 고객동선이 레이아웃의 핵심

매장과 통로, 진열대 및 상품 등과 점포의 시설들이 적절한 연관성을 갖도록 배치하는 것이다. 이때 고객의 심리를 파악하고, 매장 모두를 연결해야 한다.

1. 매장 레이아웃의 착안점

- 동선 길이 : 매장을 어느 정도 걸어 다닐 수 있게 할 것인가?
- 접근율 : 걷는 과정에서 각 진열대에 어느 정도 다가설 수 있게 할 것인가?
- 인식률 : 다가서서 어느 정도 상품을 인식하게 할 것인가?
- 구입률 : 인식한 것 중 어느 정도 구입할 수 있게 할 것인가?
- 구입수량 : 보다 많은 상품을 구입하게 할 수 있는가?
- 상품단가 : 상품단가가 높은 상품을 구입할 수 있게 할 것인가?

위의 착안점 6가지를 고려하여 동선조작을 한다거나, 유사상품들끼리 배치한다거나, 연계상품을 묶는다거나 하는 여러 가지 전략에 따라 점포 매출을 향상시키는 결과를 유도하므로 결국은 고객동선이 레이아웃의 핵심이 된다고 볼 수 있다.

2. 점포의 공간 및 환경관리

2.1 매장시설공사와 실내 인테리어 및 내부장식

개업에 앞서 매장시설공사와 실내 인테리어 및 내부장식은 투자계획에 따라 예상투자비를 초과하지 않는 범위 내에서 추진한다. 매장시설은 전문업체와의 일괄계약이 유리(허가관련 처리가 용이)하며, 체인점이나 대리점의 경우는 본사에 직접 의뢰하거나 본사에서 제공하는 설계에 따라야 한다.

2.2 점포의 외관 디자인

점포의 외관 디자인은 고객이 노력하지 않고도 쉽게 발견할 수 있도록 구성한다. 고객흡인형 점포는 외부에서 점포 내의 분위기를 느낄 수 있도록 설계하여 고객흡인기능을 중시하여야 하며, 고객선별형 점포는 목표고객만이 점포 내로 들어오도록 점포의 성격을 알릴 수 있는 외관설계에 치중해야 한다. 그러므로 점포의 외관은 상품의 성격에 따라 달라진다.

2.2.1 일용품점의 경우 : 오픈형

고객은 쇼윈도가 아니라 직접 상품이나 가격을 보기를 원하므로 점포를 완전히 노출시켜 고객들이 직접 볼 수 있도록 하는 것이 바람직하다.

2.2.2 준일용품점의 경우 : 반오픈형

의류점이나 완구점 등의 준일용품점에서는 고객들이 구매목적을 설정한 후 상품을 구입한다. 그러므로 개방도는 그리 높지 않아도 되나 고객들의 흥미를 유발하기 위해 진열장 옆에 주요 품목을 보기 좋게 진열한다.

2.2.3 전문점의 경우 : 폐쇄형

고급 카메라, 귀중품, 보석류 등의 고액상품일 경우 점포의 외관을 화려하고 고급스럽게 하며 고객들에게 우월감을 줄 수 있도록 한다.

2.2.4 고객에게 호감을 주는 간판

간판은 그 점포를 한 번도 방문하지 않은 고객을 불러들이는 중요한 요소이므로 다른 부문의 비용을 줄이더라도 간판만은 신경을 써서 만들어야 한다.

2.3 점포의 내부 디자인

점포의 내부 디자인은 고객의 구매욕구를 높이기 위해 점포 내의 분위기를 즐겁게, 상품을 보다 매력적으로 느낄 수 있도록 설계한다. 내부 면적의 배분은 매장 및 비매장 면적의 비율과 매장 면적을 상품구색별로 구분하여 가장 효율적인 비율로 구성하는 것에 신경 써야 한다.

2.4 점포의 바깥조명

점포의 바깥조명은 고객을 흡인하고 인도하며 영업시간 외에도 점포의 존재를 기억시키는 역할을 할 수 있도록 한다. 점포 안의 조명은 고객으로 하여금 상품에 시선을 끌게 하여 품질과 가격의 검토에 도움을 주어 구매의욕을 일으키게 설계한다.

Chapter 06

레이아웃이 잘된 사례

1. 잘된 레이아웃, 열 직원 안 부럽다 : 유니클로

다양한 상품의 종류만큼이나 매장의 레이아웃방식에는 여러 가지가 있다. 컬러별, 기능별, 가격별, 아이템별 등 다양한 방식 중에 판매하고자 하는 상품에 가장 적합한 방식으로 매장을 꾸민다. 예를 들어 전자제품의 경우 소비자가 다른 제품과 기능 비교를 하며 구매할 수 있도록 기능별로 진열한 뒤 2차적으로 가격별로 분류하는 방식을 택한다.

레이아웃이 잘된 매장은 효율적 운영이 가능하다. 일본의류회사 유니클로는 체계화된 상품진열방식으로 소비자가 원하는 제품이 어디에 위치하는지 한눈에 알 수 있도록 한 레이아웃으로 유명하다.

고객이 잘 짜여진 진열시스템 속에서 원하는 곳에 가서 물건을 픽업하는 방식이고, 점원은 진열장이 비지 않도록 채워주는 방식으로, 원하는 고객에게만 도움을 주는 방법을 택하였다.

그림 14-5 | 유니클로의 상품진열

2. 매장의 레이아웃을 디자인하라 : 다운트 서점

매장에서 어떤 기준을 가지고 레이아웃을 하는가는 소비자의 특성과 제품의 판단기준을 반영하고 있기 때문에 중요하다. 소비자의 특성은 점점 더 다양화되고 있다. 그 말은 레이아웃의 방법도 다양화되어야 한다는 것을 의미한다.

영국의 다운트 서점은 레이아웃방식의 중요성을 보여준다. 아마존 같

그림 14-6 | 영국 다운트 서점의 진열모습

은 온라인서점으로 인해 세계적으로 오프라인서점이 위기에 놓인 상황에서 다운트는 그들만의 진열방식으로 살아남았다.

다운트는 여행 책은 물론 관련소설이나 작품을 대부분 국가별로 분류해 놓는 특이한 방식을 택하였다. 그 결과 특정 국가와 관련된 책을 찾기 쉽다는 장점으로 여행자의 서점으로 알려지게 되었다. 또한 많은 서점에서 사용하는 베스트셀러 진열방식이 아닌 그들이 추천하는 책을 진열하는 독특한 방식을 사용하여 다른 서점과는 차별화를 두었다.

특이한 방식의 레이아웃 덕분에 다운트는 여행 가이드북 『론니플래닛』이 2011년 선정한 세계 10대 서점 중 하나로 꼽혔으며 여행을 위해 디자인된 서점이라는 수식어까지 얻게 되었다. 다운트는 인터넷사이트에서 서점의 진열방식을 볼 수 있는 시뮬레이션서비스를 제공하고 있는데 이것은 레이아웃을 상품화한 것으로도 볼 수 있다.

3. 새로운 레이아웃서비스의 발전가능성

소비자의 구매특성에 맞춘 새로운 레이아웃서비스를 만드는 것은 어려운 일이다. 새롭게 제품을 나누어 진열하는 것에는 위험이 따르기 때문이다. 소비자들은 이미 대다수의 매장이 제공하는 레이아웃서비스에 익숙해져 있다. 그것을 깨고 새로운 정보를 입력하는 일은 거부감이 들게 할 수 있어 위험성이 따른다.

따라서 새로운 레이아웃을 구성할 때에는 우선 소비자의 구매특성에 대한 리서치가 필요하며, 이들이 새로운 것에 익숙해질 때까지 도움을 줄 수 있는 시스템이 필요하다. 또한 새로운 레이아웃이라고 해도 매장 전체가 일관적인 흐름을 가져 한눈에 봐도 어떤 기준으로 어떻게 나누어졌는지 알 수 있으며 매장의 이미지가 그려질 수 있도록 정교화된 카테고리화가 필요하다.

잘 짜여진, 체계화된 레이아웃은 다른 매장과의 차별화를 둘 수 있으며, 비용을 줄일 뿐만 아니라 고객이 스스로 자신이 원하는 상품이 있는지 없는지 한눈에 파악할 수 있다. 매장에 오래 머무는 손님은 제품을 살 의사가 충분히 있다는 것을 말한다. 더 다양하고 미분화된 방식의 진열로 고객을 만족시키고 많은 사람들 중에 구매가능한 고객을 찾아 더 좋은 서비스를 제공할 때 진정으로 매장과 소비자는 소통하였다고 말할 수 있다.

❙ 참고문헌 ❙

류세종, 유통의 맥, 새로운제안, 2010.

설봉식, 마이크로 경영, K미디어, 2010.

설봉식, 유통학 코드, 중앙대학교출판부, 2009.

통계청, 2010 상반기 히트상품 속 통계 열전, 2010.

허철무, 소매업 머천다이징, 한국체인스토어협회출판부, 2006.

허철무, 식품유통의 전략포인트, HNCOM, 2011.

허철무, 히트상품으로 대박나기, 한진, 2011.

| 저자약력 |

허철무

호서대학교 벤처전문대학원 정보경영학과 교수
(주)MD아카데미유통교육원 이사
(사)농어촌산업유통진흥원 원장
(사)한국벤처창업학회 부회장
한국MD포럼 회장
삼성경제연구소 포럼 상품마케팅연구소 운영자(www.seri.org/forum/productmarketing)
다음카페 'MD가 꿈꾸는 세상' 카페지기(http://cafe.daum.net/MDCLUB)
이메일 : cmheo@hoseo.edu

학력 및 주요경력

숭실대학교 화학공학과 졸업
중앙대학교 유통산업전공 경영학 석사
호서대학교 벤처경영전공 경영학 박사
1991년 롯데그룹 상품개발부 입사, 일본/인도네시아/홍콩/베트남 지역 등 해외상품개발, 39쇼핑 상품기획팀장, 농수산홈쇼핑 상품기획팀장, 지식경제부 마케팅위원, 농림수산식품부 농특위 위원, SBS 아이디어하우머치 평가위원, (주)MD아카데미유통교육원 대표이사, (주)케이푸드마트 대표이사, 유한대학교 겸임교수, 안산대학교 겸임교수 등 역임

수상경력

2011년 지식경제부 유통산업진흥공로장관상 수상
2013년 농어촌공사 사장상 수상

강의경력

삼성전자, 롯데백화점, 롯데마트, 롯데슈퍼, 홈플러스, 이마트, 신세계백화점, 농협유통 외 150개사 초청특강

주요저서

나는 MD에 미쳤다, 린Books, 2013.
창업론, 명경사, 2012.
한 권으로 유통관리사 2급 자격증 취득하기, 한진, 2011.
식품유통의 전략포인트, HNCOM, 2011.
히트상품으로 대박나기, 한진, 2011.
인터넷쇼핑몰 상품기획 실무 스타일 가이드, 비비컴, 2009.
머천다이징 일반, 서울시교육청, 2009.
온라인 창업가이드, 한국체인스토어협회출판부, 2007.
소매업 머천다이징, 한국체인스토어협회출판부, 2006.
유통관리사 2급, 한국체인스토어협회출판부, 2006.

이성순

(주)베스트키퍼스 대표이사
경희대학교 겸임교수
협성대학교 객원교수
한국생산성본부(KSA) 전문위원
한국표준협회(KPC) 전문위원
사)한국소공인진흥협회 평가위원
농업기술실용화재단 창업보육 자문위원
(사)한국문화산업학회 부회장
이메일: ssleemkt@naver.com

학력 및 주요경력

중앙대학교 무역학과 졸업
중앙대학교 마케팅전공 경영학 석사
홍익대학교 마케팅전공 경영학 박사
고려대학교 경영대학원 최고경영자과정 수료(AMP71기)
1988년 삼성그룹 공채(29기)로 입사하여 (주)신세계에서 영업기획과 마케팅업무를 담당
(주)이마트에서 천안점 및 월계점 점장을 맡아 점포운영을 총괄하였으며 2011년부터는
MD기획담당과 고객서비스 운영담당(상무이사) 업무를 총괄

강의경력

중앙대학교, 경희대학교, 홍익대학교, 을지대학교, 협성대학교, 안양대학교 등 학부 및 대학원 강의를 하고 있으며, 삼성전자, 신용보증기관, 롯데제과, 농협유통, 농업기술실용화재단, 한국체인스토어협회 유통교육원, 한국생산성본부(KSA), 한국표준협회(KPC) 외 다수의 기관 및 기업체 출강

주요저서

상품기획 및 매장운영, KSA, 2015.
마케팅백서, 신세계, 1991.

고객을 사로잡는 머천다이징

2015년 8월 25일 1판 1쇄 인쇄
2015년 8월 30일 1판 1쇄 발행

저 자 | 허철무 · 이성순
발행인 | 이수영
발행처 | 도서출판 청람
서울시 마포구 독막로 288(대흥동, 세양상가 109호)
전 화 | 02)3272-2601~2
팩 스 | 02)3272-2603
이메일 | crbooks@hanmail.net
홈페이지 | http://www.crbooks.co.kr
등 록 | 2000.8.26. 제6-0509호

ISBN 978-89-5972-478-9 93320 [정가 22,000원]